قِصَّتِي

مَعَ أَصْدِقَائِي الْمُسْلِمِين

My Story

With My Muslim Friends

الشيخ

صَموئِيل فَوزِي خير

Elder

Samuel Khair

اسم الكتاب: **قصتي مع أصدقائي المسلمين**

المؤلف: **صموئيل فوزي خير**

المطبعة: **مينا برنت**

الناشر: **المؤلِّف**
تليفون: 4752-303 (626) 1+
بريد ألكتروني:
sam_faw@hotmail.com
sam.faw.khair@gmail.com
الطبعة : **الثانية؛ 2019**

المراجعة: **الدكتور مراد عزيز**

يُطلب من: **المؤلف، وقناة الكرمة الفضائية، وموقع أمازون** *Amazon (Kindle)*

Copyright© 2018 Samuel Khair

MY STORY
With My Muslim Friends

Copyright © 2018

Publisher: The author

Author: Samuel Khair

First Edition 2018
ISBN: 978-0-578-40337-3

مُحْتَوَيَاتُ الْكِتَابِ

إهداء 5

كلمة شكر 7

تقديم بقلم الدكتورة مَي مُجيب 9

تقديم بقلم الدكتور نبيل جبور 13

تقديم بقلم الشيخ الدكتور عزيز عابدين 17

1 البداية 19

2 الخَلق الجديد 25

3 قافلة في الفيُّوم 35

4 أسرار العمل 41

5 صديقي الأوَّل: محمود 45

6 شباب من أفريقيا 55

7 الكنيسة الواحدة والقمُّص زكريَّا بطرس 59

8 الوصيَّة الأخيرة 67

9 المُلتحي الأول 75

10 الحاجُّ ناظر المدرسة 83

11 المفتاح والتَّجسُّد 113

12 دروس عمليَّة 129

13 المغضوب عليه 139

14 أسراري الزَّوجيَّة 143

3

15	سُلَّم الكرازة	149
16	التَّوحيد	157
17	البقاء لله	175
18	عائلتي الكبيرة	179
19	التَّلمذة	185
20	صديقي رمضان	191
21	سوريٌّ ويهوديَّة	203
22	عيد الأُمِّ	213
23	البقاء في الموقع	215
24	قصَّتي مع الخوف	233
25	الشَّيخ بَهَاء	245
26	مُحمد عَبد الحَيِّ	261
27	مؤتمر الحوار الأول	275
28	نظرة إلى المستقبل	287
29	المسيح والشريعة	297
30	لماذا أحببت يسوع؟	305
31	رسالتي الأخيرة	309
	خاتمة: معاناة العابرين	315

إهْدَاءٌ

إلى أخي الدكتور نبيل جبور،

الذي أرسَله الله في طريقي ليمسك بيدي ويعلمني ويتلمذني، ويكون مع زوجته باربرا مثالًا وقدوة لحياتي ولحياة زوجتي، ولكثيرين من الخدام المصريين، الذين تتلمذوا على يديه، وباركهم الله من خلاله سواء في مجال التلمذة أوالكرازة أو الأسرة، وأصبحوا قادة وخدامًا متميزين للكرازة وللكنيسة، من خلال خدمة أخي نبيل جبور وزوجته باربرا في مصر لمدة 15 سنة، في خدمة المسيح والكنيسة والمصريين.

كَلِمَةُ شُكْرٍ

من كل قلبي أشكر إلهي الذي أنقذني من الشرير وحررني بنعمته الغنية وغفر لي كل خطية، وأعطاني البنويَّة، ووهبَني الحياة الأبدية، والذي سار معي في رحلة البرِّيَّة بمعيَّة، كراعٍ أمين.. أشكره على ما علمني إياه خلال السنين، وهذا ما أسجل بعضًا منه في هذا الكتاب .

وأشكر زوجتي العزيزة على ما تحملتْه من أعباء إضافية، بمحبة وصبر وتضحية، وأولادي الذين تحملوني كل السنين سواء في سفري الكثير أو انشغالي المستمر بالتلمذة والقوافل، أو قاموا باستقبال ضيوفي في البيت الذي تحول إلى مركز للخدمة.

وأشكر كل من ساعدني على إخراج هذا الكتاب بهذه الصورة الجميلة، بعد المزيد من المراجعة الدقيقة والتصحيحات اللغوية واللاهوتية. أشكر الدكتورة مَي مُجيب، والشيخ فتحي، والدكتور نبيل جبور، والدكتور مراد عزيز، والدكتورة آمال توفيق، والشيخ نعيم عاطف، والمهندس إحسان والمهندسة جيهان عائيد، والأخ بهجت عدلي.. على كل مجهود بذلوه في مراجعة هذا الكتاب. الله وحده يبارككم ويكافئكم على تعب محبتكم.

صموئيل خير

كاليفورنيا؛ أكتوبر 2018

تَقْدِيمٌ

بِقَلَمِ الدُّكتُورَة مَي مُجيب[1]

"قصتي مع أصدقائي المسلمين".. عنوان لكتاب جاءتني نسخته قبل النهائية بهدف الاطلاع والمراجعة وإبداء الرأي بكل حرية في فحوى المتن.. رحبتُ بشدة لأن الدعوة أتتني من عزيز جدًّا على قلبي -إن جاز التعبير من أب وليس مجرد صديق- ولم يدُر بمخيلتي أن أقرأ ما قرأت بتلك السلاسة والشفافية والتفصيل!

عنوان الكتاب يعطي انطباعًا أَوَّلِيًّا بأننا بصدد كاتب لا يدين بديانتي الإسلامية- فهو يدين بديانة أخرى -قد تبدو من اسمه- هي المسيحية، وإنْ تَكَشَّفَ لي أنه هو نفسَه يقول إنه لا يؤمن بالمسيحية كدين، كما يصرح في أقاصيصه بالكتاب.. وإن كنت حاولت أن أفهم ذلك مع كل قصة، إلا أنني تيقنت مِن المقصود مع السرد وتكرار بعض المَشاهد.

"الشيخ صمويل" (مِثل قسّ في الكنيسة الإنجيلية المشيخية) تعرفت عليه منذ نحو خمس سنوات.. كان تعارفنا بمعرفة الأستاذ منير بشاي رئيس جمعية أقباط المهجر بكاليفورنيا، عندما كنت أقوم بالدراسة بجامعة كاليفورنيا لوس أنجلوس بمنحة من هيئة "فولبرايت" الأمريكية.. وبحكم مجال تخصصي في العلوم السياسية وخاصة في ملف الأقباط في مصر، كنت على صلة وطيدة بعدد لا بأس به ممن يُطلق عليهم

---

[1] أستاذ الاقتصاد والعلوم السياسية جامعة القاهرة.

"أقباط المهجر".. ومن خلال هذه الصلات المتشعبة، تعرفت على "شيخ صمويل" وزوجته "ميس ميرفت" وابنه "ديفيد"، وجئتُ ضيفة على برنامجه الأسبوعي "أولاد إبراهيم" على قناة الكرمة أكثر من مرة.. وتيقنت منذ أول لقاء بيننا أن هذه العلاقة ستظل ممتدة كباقي علاقاتي بأهلي في "المهجر".. ولِمَ لا؟! لقد أكلنا معًا وتسامرنًا معا.. كنت لا أفوِّت احتفالًا واحدًا للكنيسة الإنجيلية بعيد الميلاد المجيد.. كنت أذهب مع والدي بدعوة من "شيخ صمويل" لنسمع الترانيم بالألحان العربية بصوت الأطفال والشباب دون استشعار أى اختلاف أو تعصب!

لم أكن يومًا -أنا أو أحدٌ من أفراد أسرتي- من المتعصبين ضد المُغاير لنا في الديانة.. لم أكن مثل "الشيخ رمضان" أتصور أن الاحتفال بعيد الميلاد أو رأس السنة تُباح فيه النساء وتذهب العقول من الخمر كما يسرد "شيخ صمويل" في أقصوصته.. لم أستنكر يومًا أن أقرأ نصوصًا من الكتاب المقدس أو أن أدخل كنيسة طلبًا للسلام النفسي.. كنت دائمًا -ولا زلت- قريبة من أصدقائي غير المسلمين.. كنت دائمًا أطلب من والدة صديقتي "ميريام" أن تصلي من أجلي.. وأنا على يقين من أن تلك العلاقات تجسد (ديني) الذي أؤمن به جدًّا، و(دينهم) الذي أنا على يقين بصحته والإيمان به أيضًا..

وَفقا للكتاب الذي بين أيدينا، فأنا بالدَّرَج رقم (-4) بسلم الكرازة.. لاشك عندي بسمو تعاليم المسيح، سلام عليه يوم وُلد ويوم مات ويوم بعث حيًّا.. وإن كنت أشترك مع عدد من أبطال القصة في هذه الدرجة، فإن غيري قد صعد السلم إلى أعلى -وَفقًا للراوي- بينما آخر لا يزال في أسفل سافلين.. ولكن تجمعنا معًا إنسانيتنا.. وهذه هي رسالة الكتاب الحقيقية.

لا أجد أي عقبة في علاقتي بمن "يَكرز".. فهو يتقرب إلى الله.. ومَن منا لا يريد أن يتقرب إلى ربه؟ هل في هذا أي عيب أو انتقاص؟ لقد جاءتني رسالة قريبة من تلك المذكورة في الكتاب والتي أرسلها الكاتب إلى المرأة اليهودية بالطائرة طالبًا منها الدخول إلى "ملكوت الله".. ولم أتفاعل بشكل سلبي أو عدواني كما فعلت السيدة.. فإن كان هدفنا الدخول إلى الملكوت.. فهناك طرق كثيرة، قد أسلكها أنا أو غيري للوصول دون أن تُفقدنا تلك الطرق المغايرة إنسانيتنا أو صداقتنا، إلى أن ينظر الله إلى حياتنا يوم "التلاقي" الذي سنتلاقى فيه جميعًا دون تمييز، لا فرق إلَّا فيمن آمن بالله وسلّم نفسه له، ووصل إلى الملكوت.

كتاب "قصتي مع أصدقائي المسلمين" كتاب جدير بالقراءة.. تعكس أطروحته مجهودًا مضنيًا من شخص استثمر سنين عمره في الاطلاع وخدمة المسيح أملًا في "الحياة الأبدية".. ولعل هذا الهدف كفيل بقراءة الكتاب والتعلم من رسالته بعيدًا عن أي تعصب أو اتهام.. وإن كان قول الله تعالى في محكم آياته في سورة الكهف29 جاء ليقول ﴿فَمَن شَآءَ فَلْيُؤْمِن وَمَن شَآءَ فَلْيَكْفُرْ﴾.. فما بال علاقتنا بمن شاء أن يؤمن بالله الواحد وأن يدعو غيره إلى الإيمان به.. أليس في ذلك دعوة إلى المحبة والأخوَّة والتي تدعو لها الصفحات التي بين أيدينا؟!

مَي مُجِيب

القاهرة؛ أغسطس 2018

تَقْدِيمٌ

بِقَلَمِ الدُّكتُور نَبِيل جبُّور[2]

في كتابي *Unshackled and Growing*

قدمت الإهداء بهذه الكلمات..

إهداء إلى صديقي العزيز صموئيل

الرفيق على الطريق منذ عام 1975

قدم صديقي صموئيل فوزي دروسًا مهمة من خلال تجارب الحياة في كيفية تقديم الحب الحقيقي لإخوتنا المسلمين من خلال تواصله الصحيح معهم.

التقيت بصموئيل لأول مرة في عام 1974 لفترة وجيزة خلال زيارتي من لبنان إلى مصر. وبعد عام تعمقت صداقتنا بعد أن انتقلنا كعائلة إلى مصر وسكنَّا في القاهرة. لقد أصبح صموئيل صديقي على مر السنين في مصر، وفي وقت لاحق في الولايات المتحدة.

أثناء وصف صموئيل لبعض الأحداث في حياته في سياق تاريخ مصر، وجدت نفسي أتذكر كتاب "الأيام" لعميد الأدب العربي الدكتور طه حسين.

---

[2] أستاذ مقارنة الأديان بأمريكا.

بدأت قراءة كتاب صموئيل للمرة الأولى في المساء وفي اليوم التالي، لم أستطع التوقف حتى انتهيت منه.

عندما تقرأ هذا الكتاب، سترى بوضوح كيف كانت يد الله على حياة صموئيل منذ ولادته. وكثير من الناس الذين عرفوه سواء كانوا مسيحيين أو مسلمين، في مصر أو من خلال خدمته في القنوات التلفزيونية المسيحية على مر السنين منذ مجيئه إلى أمريكا، سيتفقون جميعًا على أن يد الله على حياته وأنه رجل الله.

لقد بنى صموئيل جسورًا من المحبة في علاقته بالمسلمين ليس فقط في مصر بل عبر العالم العربي الإسلامي، وفي امريكا أيضًا، وبسبب صلابة هذه الجسور وجد صموئيل نفسه قادرًا أن يشارك حقائق عميقة من الكتاب المقدس؛ عكس ما يفعله بعض المسيحيين من محاولة تقديم كل التعاليم الكتابية للأخ المسلم مرة واحدة بدون بناء جسور. نتيجة لذلك الأسلوب المتسرع تنهار الجسور ويحل محلها مجادلات ومناقشات لا تصل إلى تحقيق أي نتيجة إيجابية.

في الوظيفة الأخيرة التي كان صموئيل يشغلها في إحدى الشركات الألمانية في القاهرة، تم إرسال رجل إلى قسم المخازن الذي يرأسه صموئيل كفرصة أخيرة لهذا الرجل قبل فصله من العمل، فأحبه صموئيل ورغب حقًّا في مساعدته على النمو في الشخصية وفي العلاقات

الاجتماعية. هذا الرجل عرَّفني عليه صموئيل، ولأعوام تلت ذلك كنت ألتقي به لدراسة الكتاب المقدس قبل أن نترك مصر.

كنت أقوم بتلمذة صموئيل لسنوات في مصر، وفي الوقت ذاته كنت أتعلم منه. لقد كان نموذجًا ترى فيه كيف يعيش في العالم ولا يعيش العالم فيه.

في وقت من الأوقات كان صموئيل يفكر في الدخول إلى عالم السياسة في مصر، لأنه كان يعلم أنه يستطيع أن يساهم في تغيير الواقع. أظن لو سمحَت الظروف وعاش في مصر خلال ما يسمَّى بالربيع العربي في 2012-2013، ربما كان بإمكانه أن يكون له دور قيادي مؤثر في ذلك الوقت في تاريخ مصر.

أشجعك صديقي على قراءة هذا الكتاب، أو دراسته مع مجموعة من المؤمنين بغرض الوصول إلى تطبيقات عملية في مجال الكرازة.

شجع الذين من حولك أن يقرأوا هذا الكتاب.

نبيل جبُّور
كولورادوسبرنجز؛ سبتمبر 2018

تَقْدِيمٌ

بِقَلَمِ الشَّيْخِ الدُّكتُور عَزِيز عَابدِين[3]

بسم الله الرحمن الرحيم..

في خضمّ الحياة المزدحم، يمر الإنسان بمنعطفات كثيرة، يصل من خلالها إلى نتائج قد أعلنها بعد امتحانات وتجارب كثيرة، صقلت منه كل قرار قبل اتخاذه. ولعل من بعض هذه المنعطفات أناس ينساحون في حياة المرء يتركون بصمات فيها حلوة كانت أو مُرَّة، وبناءً عليها تُعلن نتائج تلك البصمة.

وحقيقةً من تلك المنعطفات التي استهلكتني نصف قرن من الزمن، مررت فيها على صحبة رجل يدعى الشيخ صموئيل فوزي، أحد أصدقائي -من الطائفة المسيحية- الكُثّر، الذين يرون قدسيَّة عيسى -عليه السلام- كما نراه نحن. وكنا كثيرًا ما نعمل معًا محاولين رأب بعض الصدع فيما يعتري المسلمين والمسيحيين من أزمات في حالات كثيرة، متمثلين آيات من الإنجيل والقرآن:

---

[3] أستاذ الثقافة الإنسانية في الجامعات الأمريكية، وإمام مسجد عمر بن الخطاب بكاليفورنيا.

﴿مَنْ لَطَمَكَ عَلَى خَدِّكَ الأَيْمَنِ فَحَوِّلْ لَهُ الآخَرَ أَيْضًا... أَحِبُّوا أَعْدَاءَكُمْ. بَارِكُوا لاَعِنِيكُمْ. أَحْسِنُوا إِلَى مُبْغِضِيكُمْ، وَصَلُّوا لأَجْلِ الَّذِينَ يُسِيئُونَ إِلَيْكُمْ وَيَطْرُدُونَكُمْ.﴾

وقوله تعالى ﴿وَلَتَجِدَنَّ أَقْرَبَهُم مَّوَدَّةً لِّلَّذِينَ آمَنُوا الَّذِينَ قَالُوا إِنَّا نَصَارَىٰ ذَٰلِكَ بِأَنَّ مِنْهُمْ قِسِّيسِينَ وَرُهْبَانًا وَأَنَّهُمْ لَا يَسْتَكْبِرُونَ﴾

وبناء عليه، ورغبة في تلبية طلب صديقي الغالي الشيخ صموئيل أن أكتب له مقدمة لكتابه الذي لم يتسنَّ لي أن أقرأه بعد الاطلاع على محتواه، قررت أن أتحدث عن الكاتب لا الكتاب. وإنني لا أنكر أبدا عمله الحثيث والدؤوب محاولًا عقد اللقاءات والجلسات بين الطائفتين، لعله يترك بعد من بصمات السلام، وأن يحقق الأمن المحبة والتعايش كما أراده أنبياء الله عليهم السلام جميعًا. وليعلم ملايين المؤمنين من الطائفتين أن الدنيا لا يزال بها بعد خير، رغم وجود قُوى الشر العاتية.

فاللهَ أسأل أن يوفق الشيخ صموئيل لقول الحق ونشر رسالة السلام، ويجعل عمله موفقًا كما يريده الله تعالى قاصدًا قوله ﴿وَقُلِ اعْمَلُوا فَسَيَرَى اللَّهُ عَمَلَكُمْ...﴾

الشيخ عزيز عابدين
كاليفورنيا؛ أكتوبر 2018

1

الْبِدَايَةُ

وُلـدتُ بالقـاهرة، وفـي المرحلـة الإعداديـة والثانويـة اشتركت في كثير من المعسكرات الكشفية التي كانت تُقام في معسكر الكشافة بحلوان.

في المرحلة الثانوية نجحتُ في انتخابات اتحاد طلاب المدرسة، ومن خلالها اشتركت في مؤتمر اتحاد طلاب الجمهورية الذي عقد بالإسكندرية، ولأول مرة كنت أزور الإسكندرية وأرى البحر وأنا في سن 18 سنة، بعدها رُشحت للاشتراك في منظمة الشباب الاشتراكي، التابعة للرئيس جمال عبد الناصر، الذي كان يعمل جاهدًا على تعليم الشباب الفكر الاشتراكي، ودرسنا معنى الديمقراطية (أنها هي حرية التعبير عن الرأي) والقومية العربية (أنها العمل على وحدة الدول العربية) وغيرها من المعاني الضخمة في قاموس السياسة، لكني لم أستمر في هذا الطريق.

اشتركتُ في الكثير من المظاهرات المؤيدة للرئيس جمال، وكنتُ سعيدًا برفع علم مصر عاليًا، والهتاف باسم ناصر زعيم الأمة العربية. ومن خلال نشاط الكشافة، واتحاد الطلاب، كان لي علاقة طيبة مع كل الطلبة من مسلمين ومسيحيين جميعهم أصدقائي.

1 البِدَايَة

رغم هذا لم أنسَ يومًا ما حدث عندما كنت صغيرًا في المرحلة الابتدائية، في الصف الرابع الابتدائي، حين سألني مدرس اللغة العربية في حصة الدين الإسلامي عن آية قرآنية لم أعرفها، فضربني وشتمني وطردني من الفصل لأنني مسيحي وموجود في حصة الدين الإسلامي، وقد تألمتُ كثيرًا وقتئذٍ، ولم أكن حينها أعرف الفرق بين مسلم ومسيحي، لذا تعجبت من تصرف المدرس معي بهذا الشكل.

كانت فترة المرحلة الثانوية، هي فترة البحث والتساؤل المستمر عن كل شيء، عن الله والحياة؛ عن الألم والفقر؛ عن الديانات اليهودية والمسيحية والإسلامية. أين الصواب وأين الخطأ، وبسبب عدم حصولي على إجابات واضحة لأسئلتي الكثيرة، ورفْض الكثيرين الاستماع إلى أسئلتي، اتجهتُ إلى قراءة فكر الإلحاد، وساعدَني على ذلك كثرة الكتب المُتداولة في تلك الأيام والمطروحة بالسوق بوفرة وبأرخص الأسعار (كتب سيمون دي بوفوار وسارتر)، والتي تتحدث عن كل أفكار الإلحاد، وخصوصًا إنكار وجود الله، والدعوة إلى الحرية المطلقة، ورفض كل القيود العائلية والمدرسية والكنسية، مما دفعني للحوار مع أصدقائي الشباب في الكنيسة عن كل هذه الأفكار، وبسبب عدم الحصول على إجابات مقنعة ازدادت الفجوة بيني وبينهم!

أحببت القراءة، وخصوصًا القصص البوليسية، والروايات الصغيرة عن شارلوك هولمز؛ آرسين لوبين؛ وروايات آجاثا كريستي، كما أدمنت مشاهدة الكثير من أفلام المغامرات والبطولة، مثل فيلم نضال الأبطال؛ سبارتكوس؛ وهرقل وغيرهم. كما قرأت بعض المسرحيات العالمية

المترجمة مثل البؤساء؛ الأرانب؛ والإنسان الآلي؛ والمستجيرات؛ وبعض روايات الكاتب الروسي تولستوي. رغم ضعف إمكانياتي المادية، لكني كنت أجد في هذه الكتب لذة ومتعة كبيرة، ومعلومات كثيرة فتحت آفاق المعرفة أمامي.

أيضًا قرأت الإنجيل، وأحببت شخصية يسوع، وقرأت بعض كتب العهد الجديد، ونتيجة لما قرأت وشاهدت ولطبيعة سن المراهقة، بدأت رحلة البحث عن الله، أريد أن أعرفه من هو، وأين هو. وإن كان الله هو الذي خلق الكون فمن خلق الله؟! وتخبطت الأفكار في ذهني، حتي وصلت لمرحلة الشك في كل شيء، وفي وجود الله نفسه، وتأثرتُ بنظرية داروِن عن نشوء المخلوقات وتطورها، ونتيجة لهذه الأفكار، تركتُ اجتماعات الكنيسة ونحَّيتُ الكتاب المقدس جانبًا، وتركت لنفسي العنان، فجمحتُ بفكري في كل اتجاه!

لكن مشاعر الحزن واليأس والقلق بدأت تزحف إلى حياتي، ولم أعُد أرى أي معنًى للحياة، وخصوصًا بسبب الصراع الفكري، إضافة الى المشاكل العائلية والظروف المادية الصعبة التي كنت أعيش فيها، وفكرت في الانتحار.

هنا أَلَحَّ على ذهني سؤال: «ماذا بعد الموت؟ ماذا سيحدث لي عندما أموت؟» وكنت كلما رأيت نعشًا لإنسانٍ ميت، كنت أتساءل بيني وبين نفسي: «هل هذا المشهد هو نهاية الحياة؟ هل هذا معقول؟ أين ذهب هذا الإنسان الذي مات؟ هل إلى العدم؟ هل إلى المجهول؟» وكنت في أعماقي أصرخ قائلًا: «مستحيل أن تكون هذه هي نهاية الإنسان! وإنْ كانت نهاية الحياة هي الموت، فلا معنى للحياة، ولا داعٍ لأن أحياها، لأنها لا تستحق، إذًا لا بد أن أبحث، لأعرف عن ماذا بعد الموت!»

وقرأت عدة كتب، من بينها "لغز الموت" للكاتب مصطفى محمود، مما زاد في حيرتي، ثم كتاب "الموت والعبقرية"، كتاب فلسفي للكاتب عبد الرحمن بدوي، وغيرهما.. لكن صوت الأبدية والخلود، كان يَرِنُّ في أعماقي، كما يقول الكتاب المقدس ﴿صَنَعَ الْكُلَّ حَسَنًا فِي وَقْتِهِ، وَأَيْضًا جَعَلَ الأَبَدِيَّةَ فِي قَلْبِهِمِ، الَّتِي بِلاَهَا لاَ يُدْرِكُ الإِنْسَانُ الْعَمَلَ الَّذِي يَعْمَلُهُ اللهُ مِنَ الْبِدَايَةِ إِلَى النِّهَايَةِ.﴾ (سفر الجامعة 3: 11).

السؤال الثاني الذي شغل تفكيري، هو: «كيف تعمل الساعة التي كنا نستخدمها في الستينيات بالعقارب؟ الساعة التي كانت في يدي تتحرك بكل دقة وانضباط، من أين جاءت هذه الدقة؟ هل تطورت من قطع الحديد، وأصبحت مع الزمن والتطور مجموعه تروس تتنافس مع بعضها، وتتقارب لتصير بعد ملايين السنين، ساعة دقيقة، هل يقبل عقلي هذا؟ طبعًا لا وألف لا! ما هذا الغباء؟» هذا ما قلته لنفسي! لا بد أن يكون وراء هذه الساعة، مصنع ضخم، ومهندسون عباقرة، وعمال مهرة، تمكنوا من صناعة هذه الساعة الدقيقة، وطوروها مع الخبرة والسنين، حتى وصلَت إلى هذه الصورة من الروعة والدقة والجمال.

مِن هُنا بدأتُ أفكر، لا بد أن أمُعن التأمل في هذا الكون الشاسع، ملايين النجوم والكواكب والمجرات، تسير في دقة متناهية، أنظر إلى هذه الطبيعة الجميلة، من خضرة وألوان الأشجار والزهور، وأنظر إلى عالم الحيوانات وعالم الطيور، ثم أنظر إلى الإنسان الرائع بكل الأجهزة الكثيرة التي تعمل في جسده بمنتهى الدقة والروعة، مَنْ خَلقَ كل هذا؟ وصرخت مع نفسي قائلًا: «أنت الله الخالق العظيم، خلقتَ هذا الكون البديع،

وخلقت الإنسانَ في أحسن تكوين، ساعدني يا رب لكي أعرفك، ساعدني يارب أن أفهم نفسي، وأن أصل أليك»

إذَن لا بد من البحث عن الخالق، عن الله، عن الإنسان، عن الأبدية، ورجعت مرة أخرى للكُتاب المقدس، في رحلة بحث عن الله، الذى خلقني فأبدع في خلقي، في محاولة للتعرف به، من خلال إعلاناته عن نفسه في كتابه، ورجعت للكنيسة. ولكن كانت الكنيسة بالنسبة لي مجرد شلَّة من الأصدقاء، نتقابل معًا في اجتماع الشباب مرة كل أسبوع، نرتل مجموعة من التراتيل الجميلة، ثم نستمع إلى عظة لمدة نصف الساعة، لا أفهم منها الكثير، لكن الأهم هو ما بعد الاجتماع، حيث نقف معًا مجموعة من الأصدقاء، أو نخرج معًا إلى كورنيش النيل في الصيف، أو نلعب معًا في نادي الكنيسة ألعابًا كثيرة أهمها بالنسبة لي، الشطرنج وتنس الطاولة.

في 5 يونيه 1967 انهزمنا في الحرب مع إسرائيل، ولم أصدق ما حدث! كانت الهزيمة صدمة مريرة لي، واهتزت صورة الزعيم عبد الناصر في فكري، وضاع حلم القومية العربية، وصِرتُ أكره كلمة إسرائيل، حتى لو قرأتها في الكتاب المقدس. وازداد إحساسي بالغربة، وبالضياع الشخصي الذي أشعر به، وبالألم على ضياع بلدي، والجيل الذي أعيش فيه، ضاع الأمل والمعنى للحياة، والهدف الذي أعيش من أجله.

«لمن أذهب؟ وإلى أين أذهب؟»

2
الْخَلْقُ الْجَدِيدُ

وُلدتُ في بيت مسيحي، من أب أرثوذكسي وأم بروتستانتية، لذا تربيتُ في أحضان الكنيستين، أنا وأخواتي البنات الأربع، وبعد 14 سنة عشتها في أحضان الكنيسة أصلي وأصوم، انتقلنا من حي العباسية بالقاهرة إلى حي شبرا، وبعد أيام قام عادل جريس بزيارتنا باعتباره ابن الخالة الكبير ودعاني لحضور الكنيسة الإنجيلية بشبرا النزهة. كنت أواظب على حضور اجتماعات الكنيسة، وبعد سنوات اكتشفت أنني غير مؤمن بالمسيح.

«ما معنى هذا؟»

اكتشفتُ فيما بعد الفرق بين المسيحية الإسمية، والإيمان الحقيقي بالمسيح. كيف حدث هذا؟

في أغسطس 1967 اتفقنا كشباب على إقامة معسكر عمل لمدة 3 أيام، بغرض القيام بحملة نظافة لمبنى الكنيسة وملحقاتها، ولكوننا داخل الكنيسة وضعنا في البرنامج نصف ساعة فقط كل يوم للصلاة والترنيم والتأمل الروحي، قبل تناول الغذاء، ودَعوْنَا واحدًا من الخدام (الوعاظ) لتقديم تأمل لمدة 10 دقائق في أيام المعسكر.

لا أتذكر ما حدث في اليوم الأول، غير مزيد من الإنجازات في برنامج المعسكر، ومزيد من التشجيع والفرح للأعمال التى تمت، ولمتعة جو الشركة بيننا كشباب، ولاهتمام شعب الكنيسة بنا وتقديم وجبات غذائية لم نكن نتوقعها، كانت تعبيرًاعن فرح شعب الكنيسة، وتقديرهم لما نقوم به من خدمة النظافة لمبنى الكنيسة.

مُفَاجَأَةٌ

في اليوم الثاني للمعسكر، وبعد انتهاء فترة العمل الصباحية التي تبدأ من التاسعة صباحًا وحتى الثانية بعد الظهر، اجتمعنا معًا نحو 20 شابًا، للعبادة لمدة نصف الساعة، وبعد الترنيم والصلاة وقف الواعظ الأخ "بطرس يوسف" من جمعية خلاص النفوس، وقرأ على مسامعنا آيات من الإنجيل بحسب البشير يوحنا، الأصحاح الأول (من عدد 1 إلى عدد 13)، ثم ركز كلامه على عددي 12 و13: ﴿وَأَمَّا كُلُّ الَّذِينَ قَبِلُوهُ فَأَعْطَاهُمْ سُلْطَانًا أَنْ يَصِيرُوا أَوْلاَدَ اللهِ، أَيِ الْمُؤْمِنُونَ بِاسْمِهِ. اَلَّذِينَ وُلِدُوا لَيْسَ مِنْ دَمٍ، وَلاَ مِنْ مَشِيئَةِ جَسَدٍ، وَلاَ مِنْ مَشِيئَةِ رَجُل، بَلْ مِنَ اللهِ.﴾

لا أتذكر كل ما قاله الخادم، لكني أتذكر بعض الكلمات: **«الإيمان بالمسيح مش وراثة»؛ «إنت ممكن تكون مسيحي منذ 20 سنة، لكن غير مؤمن حقيقي بالمسيح»**.. لقد نَزَلتْ هذه العبارة عليَّ نزول الصاعقة، وأنا في ذلك الوقت كنت في العشرين من عمري، وغير مؤمن، كأنه يتكلم إليَّ شخصيًّا. قال

إن هناك ثلاثة طرق خاطئة للولادة الروحية منتشرة حول العالم هي:

- ناس مولودين من دم (أي نسل معين) أو بلد مسيحي معين نعتبرهم مسيحيين، وهذا خطأ كبير.
- وناس مولودين من مشيئة جسد، رجل مسيحى مؤمن وأم مسيحية مؤمنة تزوجوا وأنجبوا أولادًا، لكن أولادهم ليسوا مسيحيين! لأن الإيمان المسيحي الصحيح لا يُورث بالولادة الجسدية.
- وناس تعلموا المسيحية كدراسة دون إيمان، هذا لا يجعلهم مسيحيين حقيقيين!

هذه أخطاء منتشرة في كل العالم: الدم - الجسد - الرجل، ليسوا مصدرًا صحيحًا للولادة الروحية. انزعجتُ جدًّا، خصوصًا وأن الخادم يتكلم بهدوء ويقدم حقائق كتابية، تكشَّفت بوضوح في ذهني لأول مرة، ثم يستكمل كلامه قائلًا: **«الولادة الروحية لها مصدر واحد هو الله، ومكان واحد، من فوق من السماء»، «العلاقة مع الله تبدأ بقبولك المسيح، مخلصًا شخصيًا لحياتك، إذا رغبت أن تولد ولادة روحية صحيحة، فمصدر ومنبع هذه الولادة هو الله.»** وهي آخر كلمات في (عدد 13)، **الولادة من الله.**

«هل ترغب أن تولد من الله؟» سؤال وجهه الخادم لكل الشباب الحاضرين، لكني شعرت أنه موجه لي بصفة شخصية، فقلت: «نعم أنا أرغب»، قلتها في سري بيني وبين نفسى، وقال الواعظ: «هل تريد أن تعرف طريقة الولادة من الله؟ سهل جدًّا، اسمع ماذا تقول الآية (12) ﴿وَأَمَّا كُلُّ الَّذِينَ قَبِلُوهُ﴾ هذا هو مفتاح الولادة: **القبول**، قبول أي شخص للمسيح في قلبهِ بالإيمان.»

قلت في نفسي: «ما أنا قبلته من زمان»، قال بصوت عال: «هل أعلنت قبولك لفداء المسيح أمام الله؟» قلت في نفسي: «لا!» قال: «هل طلبت منه أن يدخل إلى حياتك؟» قلت في نفسي: «كيف يدخل المسيح في حياتي؟!» قال بصوت عالٍ وكأنه يسمعني: «اسمع ما يقوله المسيح لك اليوم..

- ﴿هأَنَذَا وَاقِفٌ عَلَى الْبَابِ وَأَقْرَعُ.﴾ (الخطوة الأولى يقوم بها المسيح)
- ﴿إِنْ سَمِعَ أَحَدٌ صَوْتِي وَفَتَحَ الْبَابَ﴾(الخطوة الثانية مسؤولية الإنسان)
- ﴿أَدْخُلُ إِلَيْهِ وَأَتَعَشَّى مَعَهُ وَهُوَ مَعِي.﴾ (الخطوة الثالثة وعد المسيح)

هو واقف على باب قلبك، الآن وهو مستعد أن يدخل إلى حياتك بروحه القدوس، عليك أن تتخذ القرار، وتدعوَ المسيح أن يدخل إلى قلبك، هذا قرارك الشخصي، والوعد هو .. ﴿لِيَحِلَّ الْمَسِيحُ بِالإِيمَانِ فِي قُلُوبِكُمْ.﴾ (أفسس 3: 17)

دعونا نصلي.. اطلب من المسيح أن يدخل إلى حياتك الآن، اقبل فداء المسيح وموته على الصليب من أجلك، ادعُه الآن أن يغيرك، فتصبح ابنًا لله، وتُغفر كل خطاياك.»

بهدوء وبكلمات قليله قلت لله: «أنا إنسان خاطيء، أحتاج أن أتوب عن كل خطيئة، وأُعلن عن قبولي لفداء المسيح، يا رب أنا أفتح قلبي لك، ادخل إلى حياتي من فضلك، واغفر كل خطاياي الكثيرة، وأنت تعرفها كلها.»

في هذا اليوم تغيرت حياتي وأصبحتُ خَلقًا جديدًا وإنسانًا روحيًّا في المسيح، ليس أنا فقط، بل كثيرين من شباب المعسكر، مثل ماهر وصبري وغيرهم، سلموا حياتهم للمسيح واختبروا معجزة التغيير! (معجزة الولادة الجديدة من الله).

هل اختبرت أنت مثل هذا التغيير وأصبحت ابنًا حقيقيًا لله؟

قبل أن تستكمل القراءة، ارفع دعاءً إلى الله واطلب منه أن يدخل المسيح في قلبك بالروح، ويغيرك تغييرًا جذريًا، وتصبح خليقةً جديدةً في المسيح.

بِدَايَةُ الْمَسِيرَةِ لِخِدْمَةِ اللهِ

في نهاية اليوم الثالث بالمعسكر، أُصبت بحمى شديدة وعدت للمنزل بعد توقيع الكشف الطبي عليَّ، وكنت متعبًا لدرجة كبيرة، وبدافع الصداقة وبحماس الشباب، توافد الكثيرون منهم لزيارتي بالمنزل، وبدون أن أدري ورغم ارتفاع درجة حرارتي إلى 40 مئوية، إلا أنني استخدمت كل زيارة للحديث معهم، عن معجزة الخلق الجديد والتغير الروحي الذي حدث لي في معسكر العمل، في أثناء دراسة الآيات في إنجيل يوحنا (1: 12-13). البعض أيَّد أقوالي ومشاركاتي بمزيد من المشاركات، وفي زيارات أخرى تعجب أصدقائي الشباب مما أقوله لهم، ودار بيننا حوار عن ضرورة قبول المسيح، بطريقة عملية في حياة كل شخص، وعدم الاكتفاء بمعرفة عقلية عن المسيح. وكان شعار الحديث "لنَعْرِفَهُ" وليس فقط نعرف عنه، أما بعضهم فظنوا أن ارتفاع درجة الحرارة بسبب مرضي كان سببًا (للهلوسة) التى أتكلم بها وانصرفوا فارغين.

كانت الآم الحمى الجسدية تشبه نار الروح القدس للتنقية الروحية، لقد استمرت حرارة الحمى لمدة ستة شهور كنت أتعافى خلالها وأعود أنتكس حتى عجز طبيبي الدكتور مراد أمين موسى عن علاجي، واستسلمت للموت الجسدي وكنت أتسائل هل الحمى تأديب من الله لكي أشترك في قداسته ؟

عبرانيين12: 10 لأَنَّ أُولئِكَ أَدَّبُونَا أَيَّامًا قَلِيلَةً حَسَبَ اسْتِحْسَانِهِمْ، وَأَمَّا هذَا فَلأَجْلِ الْمَنْفَعَةِ، لِكَيْ نَشْتَرِكَ فِي قَدَاسَتِهِ.

بعد شفائي من الحمى، كانت العظة الأولى التي قدمتُها في اجتماع الشباب بالكنيسة الذي كان يُعقد في السابعة مساء كل خميس، عن ضرورة الخلاص وقبول المسيح في القلب.

وانحصر تفكيري أو فهمي للخدمة داخل الكنيسة، في العمل بين اجتماعات الشباب والشباب الناشيء ومدارس الأحد والنادي الصيفي والمؤتمرات الصيفية في الإسكندرية، وكانت كل هذه الأنشطة، تملأ حياتي بالانتعاش والفرح والبهجة وتحقيق الذات والإحساس بالقيمة. لكني لم أكن أفهم أن المولود الجديد يحتاج إلى النمو الروحي؛ أو الرعاية؛ أو التعليم؛ أو التلمذة!

النَّكْسَةُ الرُّوحِيَّةُ

لم يكن إيماني الجديد مؤسسًا على كلمة الله بعمق، ولم أستوعب ما حدث معي بالتفصيل في معسكر العمل، واعتبرت -أو هكذا فهمت- أن اختبار الولادة من فوق هو كل شيء، وأنني وصلت إلى القمة بمجرد إيماني، ولست محتاجًا لشيء آخر! ورغم أنني في الأيام الأولى لاختباري الشخصي، كنت حريصًا على قراءة الإنجيل والصلاة لله، لكن مع زحمة الخدمة بالكنيسة والمشغوليات والمسؤوليات الكثيرة التى أقحمت نفسي فيها، لم أنتبه إلى إهمالي للخلوة الشخصية، وهو الوقت الذي كنت أقضيه مع الله يوميًّا في قراءة الكلمة والصلاة، أخذتني الخدمة للمسيح بعيدًا عن المسيح! وبدأت حياتي الداخلية تضعف وحماسي يفتر وفرحي ينطفيء! وفجأة وقعت في خطيئة شبابية

معروفة، وانزعجتُ جدًّا وظننت أنني الوحيد الذي يرتكب هذه الخطيئة، وتشككتُ في كل ما حدث معي، وخِفت أن أشَارِك أحد بما أُعاني منه، وأغلقت الباب على نفسي، ولم أبُح بخطيئتي لأحد، خصوصًا أنني رغِبت في الاستمرار فيها، واستسلمت لأفكاري، وكان أخطر هذه الأفكار آية كتابية من كتاب العهد الجديد، لا أعلم كيف تذكرتها في ذلك الحين، ولكنها كانت عبارة مدمرة، لأن إبليس استخدمها بمكر ودهاء في وقت ضعفي، تقول هذه الآية: ﴿ كُلُّ مَنْ هُوَمَوْلودُ مِنَ اللهِ لاَ يَفْعَلُ خَطِيَّةً﴾! وأنا حاليًا واقع في الخطيئة، وبما أن خطيئتي أمامي دائمًا.. إذًا فأنا لست مولودًا من الله، هذا هو الاستنتاج الخاطيء الذي توصلت إليه، وتلقيت لكمة قوية من الشيطان وكأني سقطت على الأرض بالضربة القاضية ولم أجد من يمسك بيدي، بل الأسوأ أنني نتيجة لخطيئتي قررت ترك الكنيسة واجتماعات الشباب، وهربت من الناس، وهَربت من نفسي، حتى غَرِقت في بالوعة اليأس، لا أعلم ماذا أفعل.. وكنت أتساءل كل يوم: «ماذا حدثَ معي؟ هل كنت أعيش في الشهور الماضية خدعة أو كذبة كبرى اسمها الخلق الجديد أو الولادة الجديدة؟ لا.. لا يمكن هذا! ما حدث كان حقيقة اختبرتها وعشتها وتمتعت بها.» وهنا يأتي سؤال تلقائي: «لماذا أنا هنا الآن؟ هَاربٌ من الجميع، كيف عدت للخطية إن كنتُ ابنًا لله؟ والمفروض أن لا أخطيء، أوهكذا كنت أفهم!»

كنت أعتقد وقتها مُخلصًا أن الاختبار المسيحي الحقيقي (التجديد) يقود إلى القداسة الكاملة، أومستوى قريب من العصمة، وكنت أعتقد أن المؤمنين يجب أن تخلوا حياتهم خلوًا تامًا من الخطأ، وإذا كان غيرذلك فما هو إذن معنى إختبار التجديد والخليقة الجديدة؟ وما معنى (2كورنثوس 5: 17) **إِذًا**

إِنْ كَانَ أَحَدٌ فِي الْمَسِيحِ فَهُوَ خَلِيقَةٌ جَدِيدَةٌ: الأَشْيَاءُ الْعَتِيقَةُ قَدْ مَضَتْ، هُوَذَا الْكُلُّ قَدْ صَارَ جَدِيدًا.؟ ونتيجة لوقوعي في الخطية

كان أمامي تصرف من ثلاثة :

1- أن أشك في إيماني وحقيقة إختباري الروحي، وأتسائل هل أنا مؤمن أم مخدوع ؟
2- أن أعيش حياة التمثيل والرياء مع خداع النفس والناس، وأعيش حياتي الخاصة السرية بصورة ، وحياتي أمام الناس في العلن بصورة أخرى،لكني كرهت هذة الحياة!
3- أن أصاب بالفشل والإحباط وأعيش الهزيمة ولا أمل في الحياة الروحية مع الله!

بعد عدة شهورمن الشك والهروب، تقابلتُ مرة مع الدكتور عزت، أحد أصدقائي المؤمنين المقربين لي، الذي بادرني بالسؤال: «أين أنت يا رجل كل هذه الشهور؟ أين اختفيتَ؟ ولماذا لانراك معنا بالكنيسة، ولماذا أنت مكتئب بهذا الشكل؟» قلت له بكل صراحة: «أنا تعبان.. تعبان جدًّا!» ولكوننا من الشلة نفسها واجتماع الشباب نفسه، دعاني إلى منزله لنلعب معًا دور شطرنج، وهي اللعبة المفضلة بالنسبة لنا، ووافقت على اقتراحه.

وبينما أنا أسير معه في الطريق إلى منزله، فكرت أن أصارحه بما أنا فيه، وخصوصًا أنه طبيب (يدرس بكلية الطب وقتئذٍ) ربما عنده بعض المعلومات الطبية التي تساعدني في التحرر من خطيتي، لكني في الوقت نفسه خائف من الفضيحة! ماذا يقول عني عندما يعرف حقيقتي؟ هل سيرفض استمرار علاقة الصداقة بيننا؟ هل سيرفض استضافتي في منزله مرة

أخـرى؟ هـل سـيخبر بـاقي الشـلة بخطيتـي؟ ولـهـذا قـررت ألا أصـارحه بـهـذا الأمرالحسـاس، ولكنـه فـي أثنـاء لعبنـا ونحـن فـي انسـجام، قـال لـي فجـأة: «مـاذا بـك؟ مـا هـي مشـكلتك؟» وبـدون تفكير قلت لـه: «العادة السرية!» قلتها دون أن أدري، وبعد فترة صمت قال لـي: «هـيَ مشـكلتي أنـا أيضًـا!» ولبرهـةٍ لـم أصـدق أذنَـيَّ! فقلـت بصـوتٍ عـالٍ، وأنـا غيـر مصـدق: «معقـول! أنـت يـا عـزت عنـدك المشـكلة نفسـها؟» فقـال لـي: «ليسـت مشـكلتك أومشكلتي فقط، دي مشكلة الكثير من الشباب!» مش معقول ما أسمعه!

كنـت أظـن أنـي أنـا فقـط الـذى سـقط فـي هـذه الخطيئـة؟ وأكدت عليه سؤالي مرة ثانيـة «وانـت كمـان؟» فقـال لـي بخجـل «وأنا كمان»، ثم أكمل كلامه: «ولـهذا السـبب اختفيـتَ وابتعـدتَ عنا وتركتنـا؟» فتسـاءلت بدهشـة «ومـا فائـدة الإيمـان بـالله؟ ومـا فائدة الولادة الجديدة؟ إن كانت العلاقة مع الله لا تعطينـي نصـرة على الخطية؟» فقال لي بهدوء: ﴿لأَنَّ الْجَسَدَ يَشْتَهِي ضِـدَّ الرُّوحِ وَالرُّوحُ ضِدَّ الْجَسَدِ، وَهذَانِ يُقَاوِمُ أَحَدُهُمَا الآخَرَ، حَتَّـى تَفْعَلُونَ مَا لاَ تُرِيدُونَ.﴾ قلت لـه: «أين هذا الكلام؟» قـال: «فـي رسـالة غلاطية 5: 17»

لم أصدق ما قرأت، أن هنـاك صـراعًا روحيًّا بين الجسـد والروح، لأنني كنتُ طفلًا صغيرًا في الإيمان، ولـم أكن أعـرف كلمـة الله بعمـق، غيـر الآيـة التـى ضـربني بهـا الشـيطان وكـاد يقتلنـي بهـا ﴿كُلَّ مَنْ هو مَوْلودٌ مِنَ اللهِ لاَ يفعلُ خَطِيَّـة﴾، لأن المسـيح ضـامن حياتنـا. فسـألت عـزت: «مـاذا أفعـل الآن مـع خطيتـي؟» قـال لـي: «اعتـرف بهـا لله وتُـبْ عنهـا، لأن المسـيح اتُّهم بكل هذه الخطايا ودفع ثمنهـا علىٰ الصليب، وهـو يغفرهـا

لك.» ثم قرأ معي رسالة يوحنا الأولى (1: 9): ﴿إِنِ اعْتَرَفْنَا بِخَطَايَانَا فَهُوَ أَمِينٌ وَعَادِلٌ، حَتَّى يَغْفِرَ لَنَا خَطَايَانَا وَيُطَهِّرَنَا مِنْ كُلِّ إِثْمٍ.﴾

صرفنا وقتًا في الصلاة معًا، اعترف هو بخطيته، واعترفت أنا أيضًا، ووضعنا خطايانا على المسيح المُعلقْ على الصليب، وبكينا أمام الله معًا، وطلبنا غفرانه ورحمته، ومساعدة الله لكلٍّ مِنا في أن لا يعود مرة أخرى لهذه الخطية.

نزلت درجات السلم من عند عزت في الدور الثالث، طاير مثل الريشة وأنا أشعر بالراحة، وتحررت من الشعور بالذنب.

هل لديك في قلبك خطيئة تتعب ضميرك؟ ولا تعرف النوم الهاديء بسببها؟ اعترف بها الآن، وتمتع بنوم وأنت مرتاح البال. فالله هو الرحمٰن الرحيم، على حساب موت المسيح على الصليب من أجلك هو وحده ﴿غَافِرُ الإِثْمِ وَالْمَعْصِيَةِ وَالْخَطِيَّةِ﴾، تعال إليه ، وهو يَمْنَحُك الغفران ويملأ قلبك بالسلام.

3

قَافِلَةٌ فِي الْفَيُّومَ

الأخ نشأت شرقاوي، شاب من شباب كنيستنا، بعد حصوله على الثانوية العامة قرر أن يدرس في كلية اللاهوت (كلية متخصصة في الدراسات المسيحية) ليصبح قسيسًا في المستقبل، وبعد انتهاء السنة الأولى من دراسته في كلية اللاهوت، طَلَبَتْ منه الكلية أن يقضي شهور الصيف في خدمة إحدى الكنائس، في قرى مصر كجزء من الدراسة والتدريب.

وبعد سفَره بعدة أسابيع لهذا التدريب، أرسل لنا برقيه بالبريد، يطالبنا بحضور عدة أشخاص من أصدقائه الشباب لزيارته في قرية طامية بالفيوم، والكنيسة هناك ستتكفل بالإقامة والأكل لمدة أسبوع، ونحن نتحمل مصاريف السفر فقط، التي كانت لا تزيد على عشرين قرشًا ذهابًا وعودةً في ذلك الوقت، تحمسنا للفكرة جدًّا، وسافرنا خمسة أشخاص من اجتماع الشباب إلى الفيوم، لكن ماذا سنفعل هناك؟ لم نفكر في ذلك إلا بعد استقبال نشأت لنا، مع القس شفيق راعي كنيسة طامية، ووفد أعضاء الكنيسة من الفلاحين، وكأننا خبراء أجانب جئنا من القاهرة لزيارتهم. لكن انزعجنا عندما سمعنا صوت الأخ نشأت، يطلب منا أن نعظ بالكنيسة غدًا الأحد!

في نهاية اليوم دخلنا غرفة نوم واسعة بها عدة أسِرَّة، حتى ننام نحن الخمسة فيها، وبعد أن أغلقنا الباب علينا، انفجرنا في الضحك! لم يكن أحد منا قد قام بهذه الخبرة الوعظية من قبل، وكنا نظن أن الأخ نشأت هو المختص بهذه المهمة، أما نحن فلا يمكننا القيام بهذا العمل، لكن في كلامه الختامي قبل أن يُغلَق باب الغرفة علينا، قال لنا «استعدوا للخدمة في الصباح.»

ماذا نفعل غدًا؟ أخذ كل واحد منا يُلقي بالمسؤولية على الآخر، أنا ألقيتها على وجدي أمين، باعتباره دارسًا متعمقًا للعهد القديم فقد كنا نسميه الشيخ الباقوري (الشيخ حسن الباقوري يُعد من أهم علماء الأزهر وأول وزير للأوقاف بعد ثورة 23 يولية عام 1952)، ووجدي ألقاها على عزت عبد الرؤوف، باعتباره أكثر لباقة في الكلام، وعزت ألقاها على صبري فهمي، باعتباره قائد اجتماع الشباب في ذلك الحين، وصبري ألقاها على ماهر لبيب، باعتباره شخصًا رزينًا ووقورًا، وماهر أعادها إليَّ ثانية، فقررنا أن نشترك نحن الخمسة في الخدمة الوعظية بالكنيسة، ووضعنا لها عنوانًا:

لَمَسَاتُ يَسُوعَ الشَّافِيَةُ:

- لمسةٌ مُطَهِّرة، عندما لمس الأبرص الذي جاء وسجد له: ﴿وَإِذَا أَبْرَصُ قَدْ جَاءَ وَسَجَدَ لَهُ قَائِلًا: «يَا سَيِّدُ، إِنْ أَرَدْتَ تَقْدِرْ أَنْ تُطَهِّرَنِي». فَمَدَّ يَسُوعُ يَدَهُ وَلَمَسَهُ قَائِلًا: «أُرِيدُ، فَاطْهُرْ!» وَلِلْوَقْتِ طَهُرَ بَرَصُهُ.﴾ (متى 8: 2-3).

- ثم لمسةٌ مُبَرِئة: ﴿وَلَمَّا جَاءَ يَسُوعُ إِلَى بَيْتِ بُطْرُسَ، رَأَى حَمَاتَهُ مَطْرُوحَةً وَمَحْمُومَةً، فَلَمَسَ يَدَهَا فَتَرَكَتْهَا الْحُمَّى، فَقَامَتْ وَخَدَمَتْهُمْ.﴾ (متى 8: 14- 15).
- ثالثًا؛ لمسة مُهَدِّئة: ﴿فَقَالَ لَهُمْ: «مَا بَالُكُمْ خَائِفِينَ يَا قَلِيلِي الإِيمَانِ؟» ثُمَّ قَامَ وَانْتَهَرَ الرِّيَاحَ وَالْبَحْرَ، فَصَارَ هُدُوءٌ عَظِيمٌ.﴾ (متى 8: 26).
- رابعًا؛ لمسة شَافِية: ﴿وَلكِنْ لِكَيْ تَعْلَمُوا أَنَّ لابْنِ الإِنْسَانِ سُلْطَانًا عَلَى الأَرْضِ أَنْ يَغْفِرَ الْخَطَايَا» حِينَئِذٍ قَالَ لِلْمَفْلُوجِ: «قُمِ احْمِلْ فِرَاشَكَ وَاذْهَبْ إِلَى بَيْتِكَ!» [7]فَقَامَ وَمَضَى إِلَى بَيْتِهِ.﴾ (متى: 9: 6- 7).
- وأخيرًا؛ لمسة مُنيرة: ﴿حِينَئِذٍ لَمَسَ أَعْيُنَهُمَا قَائِلًا: «بِحَسَبِ إِيمَانِكُمَا لِيَكُنْ لَكُمَا». فَانْفَتَحَتْ أَعْيُنُهُمَا.﴾ (متى 9: 29).

تحمسنا جدًّا، بعد تحضير الخدمة، واختار كل واحد منا نقطة محددة، وكنت أنا الأخير في المجموعة، وذهبنا مع الأخ نشأت في صباح الأحد إلى الكنيسة، وكان راعي الكنيسة يقود الترانيم بصوت مرتفع، رغم أن عدد الحاضرين لم يزد على عشرين عضوًا في مبنى الكنيسة الصغير، الذي لا يتسع لأكثر من خمسين عابدٍ.

وجاء وقتُ العظة، وكان القس شفيق مسرورًا بوجودنا معه، فقدمَنا كل واحد منا بإسمه، قارنًا إياه بكلمات الفخر والإعزاز والتقدير، ما ملأنا بالشعور بالزهو والكبرياء، على الرغم من أننا كنا في سن العشرين تقريبًا، لكن عندما صعدنا

إلى المنبر للوعظ تلعثمنا بعد قراءة كل واحد للآية التي اختارها، ولم تستمر العظة التي اشترك فيها خمسة وعاظ سوى عشر دقائق علي أكثر تقدير! لقد هرَبت الكلمات من ألسنتنا، ونحن نشاهد عيون العابدين مُركَّزة علينا، وتعجبنا من أنفسنا «لماذا كل هذا الارتباك؟» ولكن تشجيع الحاضرين لنا بعد انتهاء الخدمة والعبادة وكلمات الثناء، جعلتنا ننسى ما حدث معنا فوق المنبر، وكأننا نجحنا في الوعظ فعلًا لدرجة أن بعض الحضور ذكروا لنا عناوين الخدمة التي قدمناها: «لمسة مُطَهِّرَة؛ ومُبَرِئة؛ وشَافِية؛ ومُهَدِئة؛ ومُنِيرة»، ولم نكن نعلم أن أهل القرية يتميزون بالتركيز الشديد والحفظ السريع، لدرجة تدعونا للتقدير لهم والإعجاب بهم.

لا يمكن أن أصف لكم كرم ومحبة واحترام أهل قرية طامية من أحبائنا الفلاحين لنا، سواء من جهة اهتمامهم اليومي بأكلنا، وكمية البيض بالسمن البلدي، التي كانت تصلنا كل صباح في غرفتنا، مع اللبن الحليب والجبن والبِتَّاو (خُبز مثل الفطير) أو كل يوم في الغداء في بيت من بيوت أعضاء الكنيسة الكرام، وكمية كبيرة (هُبَرْ) من اللحم مع الملوخية والأرز والبامية بالطماطم، غرقانة في السمن، وبعدها نحبس بدورين شاي صعيدي محترم يسيح كل الدهن.. كان هذا نظام الأكل كل يوم من أيام الأسبوع الذي قضيناه في طامية.

يبدو أننا نجحنا، في أول اختبار لنا في الوعظ، في إحدى كنائس القرى، التي كانت بداية زيارات متكرره لكنيسة طامية، أسبوع في كل سنة، ثم قرى أُخرى دُعينا اليها، وبدأنا نلمس الاحتياج الكبير لكنائس القرى، لم نكن نتخيله ونحن في كنيستنا بالقاهرة.

لم نكن ندري أي شيء عن ظروف الآخرين واحتياجهم للوعظ والتعليم. فبدأنا ندرس أكثر في كلمة الله خلال فصل الشتاء استعدادًا للإنطلاق، وذلك في رحلات سنوية لزيارة بعض القرى في فترة الصيف، لسد حاجة القرى المحرومة من الخدمة، والتى تُغْلق أبواب كنائسها أحيانًا كثيرة، بسبب عدم وجود قسوس بالدرجة التي تكفي لاحتياجات الكنائس، فقد كان أغلب القسوس يفضلون الخدمة في المدن، وهم لا يعلمون مدى خسارتهم بذلك.

بعد سنوات ذكر لي الدكتور فهيم عزيز عميد كلية اللاهوت واستاذ العهد الجديد أن سنوات خدمته بعد الرسامة في القرى هي التي أثقلت شخصيته وطورت دراسته الإنجيلية، وأعطته المزيد من الوقت لقراءة الكثير من الكتب الروحية والثقافية، وعمقت فهمه لشخصية الإنسان المصري واحتياجاته.

4
أَسْرَارُ الْعَمَلِ

بعد انتهائي من دراستي الثانوية، ونتيجة لظروفي المادية الصعبة واحتياج البيت إلى المال، قررتُ عدم استكمال دراستي رغم حصولي على درجات عالية تؤهلني لدخول كلية الفنون التطبيقية، وقررتُ البحث عن عمل، وما أصعب البحث! وخصوصًا بدون خبرة، أو معرفة، أو شهادات جامعية، أو لغات أجنبية.

ساعدَني عمي "رمزي خير" من خلال أحد أصدقائه بكنيسة الإخوة الأخ "عبد المُخَلِّص بشاي" أن أعمل بمصنعه بشبرا الخيمة كعامل للنسيج، وتحت الحاجة المالية وافقت رغم أن العائد المادي لهذا العمل كان قليلًا جدًّا بينما المجهود المبذول كبير جدًّا، والأجر يخضع لكمية الإنتاج وسعر المتر المُنتج، وفي النهاية عَرفت أنني سأحصل على عشرة جنيهات أو أكثر قليلًا في نهاية كل شهر.
(كان الجنيه المصري يساوي وقتئذ دولار وربع الدولار الامريكي)

بعد عدة شهور من العمل بمصنع النسيج، وصلني خطاب بالبريد يحمل هذه الصيغة:«قرر الرئيس جمال عبد الناصر تعيينكم في وزارة التربية والتعليم. وعليكم سرعة تقديم الأوراق المطلوبة لتوظيفكم إلى المسؤولين بالإدارة التعليمية.»
فرحت جدًّا بهذه الرسالة. وتم تعييني في وظيفة مدرس

عملـي فـي مدرسـة القـاهرة الثانويـة للنسيج. ولكـن لتـأخري فـي تجهيـز أوراق التعيـين، تـم تحـويلي إلـى وظيفـة أمـين معمـل (مُخْتبـر) بمدرسـة "المحافظـة عَلَـى البَصَـر"، وهـي إحـدى المدارس المتميزة، التابعة لإدارة التربية الخاصة، وكل الطلبة فيها ضعاف البصر، وبها المراحل الثلاث: الابتدائية والإعدادية والثانوية.

كانت المدرسة، قريبة من منزلي، فلم أكن أحتاج لوسيلة مواصلات، كنت أسير 15 دقيقة سيرًا على قدميَّ، حتى أصل إليها. لكني لم أكن أعرف أي شيء عن الوظيفة الجديدة. ماذا أفعل في المَعْمَل؟ استلمت العمل في التاسع من يناير 1969 وتعرفت على مدرس العلوم الأستاذ مراد يوسف، الذى رحب بي وأخذ بيدي، وقرر أن يُعَلِمْنِي كل شيء عن معامل الفيزياء والكيمياء والأحياء.

قضيت في هذه المدرسة 11 سنة من أحلى أيام عمري، ونجحتُ في عملي الجديد، وأسست معملًا حديثًا، وأصبح لي أصدقاء جدد من مدرسي المدرسة، الأستاذ سيد مدني مدرس الموسيقى، والأستاذ أحمد مدرس اللغة الفرنسية، والأستاذ جمال مدرس اللغة العربية الذي كان يقضي معي أوقاتًا في الحوار المسيحي الإسلامي، وكنت أشارك في الكثير من أنشطة المدرسة كالرحلات والحفلات، وذلك من خلال خبرتي السابقة في الكنيسة والتي تعلمتها في اجتماعات الشباب والقوافل. فازداد تقدير المسؤولين لي، لدرجة أنهم كافأوني بعلاوة تشجيعية لا تُمنح إلا للقليلين، وأوكلوا لي طباعة امتحانات المدرسة كل عام، ومعروف أن هذا العمل يحتاج إلى السرية التامة مما يدل على أن ثقتهم فيَّ كانت كبيرة جدًّا.

5

صَدِيقِي الْأَوَّلُ: مَحْمُود

طالِب في المدرسة، كان يتيم الأب تعرفت عليه أكثر في المرحلة الإعدادية (الصف التاسع) بسبب كثرة غيابه، فكانت تحضر أمه للمدرسة لتشكوه. وطلب مني مدير المدرسة أن أهتم به، وبالفعل مع الوقت صرنا أصدقاء، أنا ومحمود.

في سنة 1977 وصل محمود في دراسته، إلى الصف الثاني الثانوي، وفي الصيف كان يعمل في مجال المعمار حيث يقوم بأعمال الدهان أو الطلاء. فكرت أن أستفيد من صداقة محمود لي وهو يستفيد مني، فطلبت منه أن يحضر لشقتي ليقوم بطلائها بالزيت، وبالطبع سأعطيه أجرةً تكون بركة له. ولكونه صديقي فبالتأكيد سيقوم بعمله بأحسن صورة ممكنة، دون غش وبإخلاص، وخصوصًا أن شقة العائلة كانت بمنزل قديم متهالك، فتحتاج لمزيد من الجهد، يعني باختصار مصلحة متبادلة، محمود يتعب معي، وأنا أعطيه أَجرَهُ وزيادة. وفي كل يوم في أثناء العمل، كنا نأكل ونشرب الشاي معًا، فتعمقت صداقتنا وزالت الحواجز الرسمية بيننا، وفي ذلك الوقت كان عمره يقترب من العشرين وأنا عمري يقترب من الثلاثين.

يوم الخميس من كل أسبوع، كان موعد اجتماع الشباب بالكنيسة، وكنت قد توليت قيادة ومسؤولية هذا الاجتماع، فطلبت إلى محمود أن ينتهي من العمل في السادسة مساءً، حتى أتمكن من الذهاب إلى الكنيسة قبل السابعة.

وفـي السادسـة دخـل محمـود إلـى غرفـة الصـالون ليغيـر ملابسـه، وذهبـت أنـا لغرفـة النـوم لأغيـر ملابسـي، وبعـد ربـع السـاعة التقينـا معًـا بالصـالون، فقـال لـي محمـود: «لقد ارتكبت خطـأً فـي حقـك!» فقلـت لـه متعجبًـا: «مـا هـو؟» فقـال: «قـرأت بعـض الأوراق التـى وجـدتها هنـا، عـن المسـيحية.» فقلـت لـه مطمئنًـا: «لا يـا محمـود، دا مـش خطـأ، أي حاجـة عـايز تقرأهـا، اقرأها بلا تحفظ، إحنا أخوان حتـى لـو اختلفنـا فـي الـدين، وأنـت تعلم مدى محبتي لك.» قال لي: «أعجبني هذا الكُتَيب "الحقـائق الروحيـة الأربعـة."» قلـت لـه: «اقـرأه، أو خـذه لـك.» فقـال: «شكرًا! لكن عندي سؤال،» قلت له: «ما هو؟» قـال: «تعلمت أن المسيح لم يُصلب، لكن شبه لكم!» قلت لـه: «دا موضـوع كبير، لكن أنا أومن 100% أن المسيح صُلب، ومـات فديـة عـن العـالم كلـه.» ثـم بعـد لحظـة صـمت، قـال لـي: «عنـدي سـؤال آخر»، فقلت له: «تفضل!» قـال: «الحقيقـة الأولـى مـن الحقـائق الأربعة أن الله يحبني، هل هذا معقول؟»

نظرت إليه وقلت له: «أكيد، الله بيحبك يا أخي محمـود.» كانـت تلـك المـرة الأولـى التـي يعـرف فيهـا أن هنـاك مـن يحبـه! نظـر إلـى الأوراق الموجـودة فـي يـده للحظـات -وكأنـه غيـر مُصـدق لمـا أقـول- وقـال: «عنـدي سـؤال ثالـث»، نظـرتُ إلـى السـاعة وهـي تقتـرب مـن السـابعة وقلـتُ لـه: «اليـومَ لـيس لـديَّ وقت للحوار، لكن عندنا أيام قادمـة ممكـن نـتكلم فيهـا معًـا، لأنـي لازم أروح الكنيسة الآن.. ما رأيك يـا محمـود، خذ معك كتيب الحقـائق الروحيـة الأربعـة، وغـدًا نسـتكمل حوارنـا؟» قلـت هـذا رغبـة فـي الـتخلص مـن الحـديث عـن الـدين، حتـى لا نخسـر صـداقتنا أو تتـأثر علاقتنـا، أو خوفًـا مـن أن يتوقـف محمـود عـن

استكمال العمل عندي لو اختلفنا معًا، وكان أهم ما يشغلني الآن هو أن أصل إلى اجتماع الشباب في الميعاد!

انطلقنا معًا أنا ومحمود سيرًا علي الأقدام في اتجاه الكنيسة، وكان طريقي هو طريق محمود نفسه، للعودة إلى منزله، وفي الطريق استكملنا الحوار لإجابة بعض الأسئلة التي طرحها محمود عن شخص المسيح.. هل هو رسول؟ أم نبي؟ أم ابن الله؟ وعند باب الكنيسة قلت له: «يا محمود أنا سأنتظرك هنا، في الثانية عشرة ظهرًا غدًا، لنعود معًا إلى منزلي، لاستكمال العمل في طلاء الشقة.» انطلق محمود إلى منزله ومعه كتيب الحقائق الروحية الأربعة، ودخلت أنا لاجتماع الشباب.

في اليوم التالي حضر محمود إلى الكنيسة، وعلى الباب طلب من "عطا" عامل الكنيسة، أن ينادي عليَّ.. لأنه رفض الدخول لسبب الخوف، أو ربما لم يكن يعرف أن الكنيسة مفتوحة للجميع. وعلى باب الكنيسة ناولني محمود مظروفًا مغلقًا مكتوبًا عليه اسمي، فسألته عن مصدر هذا الخطاب. فقال: «مني!» فقلت له متعجبًا: «لماذا تعطيني خطابًا منك؟ قل أنت ما فيه.» قال: «لا.. اقرأ أنت ما فيه.» فتحت الخطاب وقرأت: «أستاذ صموئيل، من فضلك صدقني، أنا قرأت الحقائق الروحية الأربعة:

الحقيقة الأولى: الله يحبك، هكذا أحب الله العالم.
الحقيقة الثانية: أنت إنسان خاطيء، وأجرة الخطية الموت.
الحقيقة الثالثة: المسيح مات من أجلك، ليدفع ثمن خطاياك.
الحقيقه الرابعة: يجب أن تقبل المسيح مخلصًا شخصيًّا لحياتك.

صلِّ مثل هذه الصلاة الآن وافتح قلبك للمسيح، لأنه واقف على الباب ويقرع، إن سمع أحد صوته وفتح الباب، يدخل إليه ويتعشى معه.

أستاذ صموئيل، لأول مرة في حياتي أعّرفْ أن اللهَ يُحبني، وأقرأ مثل هذا الكلام، لذا قرأت هذه الحقائق عدة مرات حتى منتصف الليل. وركعت على ركبتيَّ ورفعت دعاءً إلى الله، وطلبت منه أن يدخل المسيح إلى حياتي، فشعرت عندها بفرح وسلام عجيب، والآن أنا مؤمن بالمسيح!»

نزل هٰذا الخطاب عليَّ كالصاعقة!

لم أصدق ما قرأت خصوصًا ونحن في عام 1977، نادرًا ما كنا نسمع عن مسلم يؤمن بالمسيح، عكس ما نراه الآن.

صَمَتُّ للحظات، وأعدتُ قراءة الخطاب، وسألت نفسي: «هل هذا معقول؟ في يوم واحد وليلة واحدة، مع قراءة نبذة واحدة! هل ممكن أن يؤمن إنسان مسلم بالمسيح؟ وأن يفهم بدون مناقشات أومجادلات أو دراسات لاهوتية؟»

انتبهتُ لنفسي، وقلت بصوت حازم لمحمود: «إيه الكلام دا يا محمود؟ مش ممكن يحصل كده! دا كلام مش معقول!»

ظننتُ أن محمود يحاول أن يرضيني، أو يتقرب لي أكثر من خلال إعلان إيمانه بالمسيح. ولكن محمود نظر إليَّ بنظرة ثابتة، وقال لي بهدوء: «هذا ما حدث معي بالضبط، وأنا عارف أنك مش ها تصدقني، علشان كدا قررت أكتب لك هذا الخطاب.»

عند هذا الحد، توقفنا عن الحديث وانطلقنا إلى المنزل ليستكمل محمود عمله، وطول الطريق وأنا أفكر فيما حدث. وفي البيت أعدت قراءة الخطاب مرة أخرى وأنا غير مصدق، هل هذا معقول؟!

كان خطاب محمود بمثابة رصاصة اخترقت عقلي، دفعتني للتفكير وملأت عينيَّ بالنور الجديد: من الممكن أن يؤمن مسلم بالمسيح بهذه السهولة وبهذه السرعة! والدليل محمود أمامي الآن، وما حدث بالأمس حدث معي، وفي هذه الغرفة، وبدون قصد منه أو مني. هل أخاف من مواجهة الحقيقه؟ هل محمود يكذب عليَّ؟ وما مصلحة محمود أن يحاول الكذب؟ ماذا يستفيد؟ وسرحت بأفكاري بعيدًا غير مصدق، هل ستحدث مشاكل لو كُشفَ الأمر، هل ستُخبر والدته إدارة المدرسة؟ عند هذه الفكرة انتبهت، وناديت محمودًا وقلت له بحزم: «هذا الموضوع سرٌّ بيننا! لا يعلمه أي إنسان آخر، وإلا سأقطع علاقتي بك.» فقال «ثق أن هذا الموضوع سر بيني وبينك، لا يعلمه إلا الله وحده.» ولاحظتُ أن وجهه اكتسى بابتسامة فرح لم أعهدها من قبل، لقد كان دائمًا عابس الوجه، والآن يبتسم ابتسامة تملأ وجهه بالفرح..

قضى محمود باقي الوقت في عمل دؤوب حتى انتهى اليوم وانصرف بهدوء. أما أنا فجلست لساعات أفكر وأراجع كل ما حدث، لقد كنت مهتمًا بموعد اجتماع الشباب بالكنيسة أكثر من اهتمامي بمحمود كإنسان، ولم أهتم بأسئلته بل كنت أحاول أن أنهيَ المناقشة حتي لا نخسر بعضنا. حتي ذلك الوقت، كنت أظن أن الخدمة هي الأنشطة الكنسية أوالقوافل في القرى التى تمتعت بزيارتها. لكني الآن أمام احتياج جديد، أمام

إنسان مسلم يحتاج للمسيح، تعامل المسيح مع محمود بروحه وبكلمته من خلال الحقائق الروحية المذكورة في الكتيب. هل هذا الاحتياج هو احتياج محمود وحده؟ أم أنه احتياج كل المسلمين؟ ولمعت الفكرة أمامي.....
كل المسلمين يحتاجون للمسيح!
من هنا -وبدون قصد مني- لكن بقصد وخطة من الله، بدأت رحلتي مع الكرازة لإخوتي المسلمين. لكني لا أعرف كيف أكرز لهم. (الكرازة هي التبشير أو الوعظ أو المناداة بيسوع المسيح أنه المخلص والفادي للبشرية والدعوة إلى الإيمان به). ولا أعرف كيف أقَدمْ لهم رسالة الإنجيل، لكن أرى الحق واضحًا جدًّا، أن المسيح جاء ومات من أجل الجميع.. يارب من فضلك ساعدني.

وهذا ما أكتبه الآن، بعد عشرات السنين لما تعلمته من الله، وكيف ساعدني ودربني.. من خلال المسلمين الذين أرسلهم الله في طريقي، وتكلمت معهم سواء الذين آمنوا أو الذين رفضوا، كلهم تعلمت منهم، ومن خلال كلمته الواضحة في الإنجيل، تعلمت أن المسيح جاء لفداء وخلاص العالم..

لكن ماذا أفعل مع محمود بعد إيمانه بالمسيح؟ هل آخذه معي إلى الكنيسة؟ لا.. فهو لا يعرف الترنيم ولا العبادة، والناس في الكنيسة أغلبهم فضوليون، سيسألون محمودًا أسئلة صعبة، أفضل شيء أن أصطحبه معي إلى صديقي ماكس،وهو يهتم به.

بالفعل رحب صديقي ماكس بمحمود، واحتضنه واهتم به، واختفى عني محمود باقي شهور الصيف. وقبل بداية العام الدراسي الجديد جاء لزيارتي، ففرحت به جدًّا، وسألته: «ما أخبارك الآن يا محمود؟» فنظر لي بفرح قائلًا «أنا اسمي

"مرقس" وليس "محمودًا"!» فقلت له متعجبًا «ماذا تقصد؟» قال لي: «الإخوة مكس ومجموعته أعطوني اسم "مرقس"!». لم تعجبني الفكرة.. سألت نفسي: «ما دخل الأسماء بالإيمان بالمسيح؟ الأسماء ليس لها أي دخل بالإيمان!» نظرت إلى محمود وقلت له: «أنت بالنسبة لي اسمك "محمود"، لا داعي لتغير اسمك، المهم قلبك تغير وهذا هوالمهم.» لقد ندمتُ في قلبي أنني عرَّفتُه بهذه المجموعة، رغم محبتهم الصادقة وإخلاصهم، لكن أفكارهم وتصرفاتهم وتعليمهم هي استحسان بشري، بعيدٌ عن الواقع العملي، وبعيدٌ عن روح الإنجيل.

فكرت وقررتُ أن أُعرفه بصديق مسلم سوري، آمن بالمسيح من عدة سنوات اسمه "مظهر"، وجاء لزيارة مصر والعمل فيها، فقلت إن هذا أفضل شخص يمكنه أن يساعد محمود. وبالفعل تم التعارف، وبدأ صديقي يدرس الإنجيل ويصلي مع محمود مرة كل أسبوع. وبعد عدة أشهر طلبني صديقي "مظهر" على التليفون وطلب حضوري لمنزله، وحدد الموعد، وما إن وصلت حتى عرفت أنه قرر أن يُعَمِّد محمودًا معمودية الماء، تطبيقًا لقول الإنجيل ﴿مَنْ آمَنَ وَاعْتَمَدَ خَلَصَ﴾، وتحت إلحاح من محمود. لكن أنا اعترضت على مظهر وقلت له: «أنا مش قسيس، ولا أنت قسيس.. فكيف نُعَمِّد محمود؟»

(كان فهمي في ذلك الوقت أن القس فقط من حقه أن يُعمد الناس)

فقال لى: «أنا درست في كلية اللاهوت وتخرجت وأصبحت قسًّا معمدانيًّا، لكن لا أقول هذا الكلام لأحد، حتى لا تكون هناك حواجز في العلاقة بيني وبين الناس، أنا أحب أن أكون إنسانًا عاديًّا مثل باقي الناس، ولا أقيم أسوارًا من الرسميات، لكن أنا بالحقيقة قسيس، وسنذهب معًا إلى عين

حلوان (حيث نبع ماء في منطقة حلوان جنوب القاهرة عبارة عن حمام سباحة من مياه معدنية طبيعية تَخرج من باطن الأرض تَصلح لتعميد محمود)»، فقلت له: «ولماذا لا نذهب إلى إحدى الكنائس؟» فقال: «في الأمر خطورة على حياة محمود، ويجب أن يظل أمر معمودية محمود سرًّا، أنت الوحيد الذى ستشهد هذه المعمودية.»

بعد حضور محمود لمنزل صديقي، ذهبنا نحن الثلاثة إلى عين حلوان، **ونزل محمود إلى الماء وهناك شاهدت لأول مرة في حياتي عِمَاد أول شاب مسلم أعرفه آمن بالمسيح، وقام بعماده قسيس مسلم مؤمن بالمسيح!**

تغيرت حياة محمود عفيفي، من خلال إيمانه القلبي بفداء المسيح، لكن حياتي أنا أيضًا تغيرت، وأصبحت لي نظرة جديدة للخدمة خارج أسوار الكنيسة، وأصبحت أرى أمورًا جديدة لم أكن أراها من قبل.. أرى نفوسًا كثيرة من حولي تحتاج لمعرفة المسيح، كما قال الأعمى في (يوحنا 9: 25)، ﴿كُنْتُ أَعْمَى وَالآنَ أَبْصِرُ﴾، إن ملايين البشر يحتاجون إلى خلاص المسيح وإلى فدائه، الذي قدمه لكل العالم، من يهود ومسيحيين ومسلمين وملحدين. كلهم يحتاجون إلى محبة الله؛ وإلى غفران الخطايا؛ يحتاجون إلى تحرير من الأرواح الشريرة؛ يحتاجون إلى السلام الحقيقي؛ يحتاجون إلى المعرفة الصحيحة عن المسيح الذي بذل نفسه فدية من أجل العالم كله وليس المسيحين فقط كما يظن الكثيرون.

لكن كيف لي أن أتكلم مع المسلمين عن محبة المسيح لهم في بلد لا يُعطي الحرية أبدًا لتوصيل هذه الرسالة؟ وكيف أشرح لهم رسالة الإنجيل؟ وكيف أجاوب على أسئلتهم الكثيرة

الصعبة؟ وأنا لا أعرف الكثير من الإجابات؟ فبدأت في القراءة والبحث والدراسة والصلاة من أجل معرفة أفضل.

سؤال شخصي: «هل لك أصدقاء غير مؤمنين، يحتاجون لمعرفة المسيح؟ هل لك أصدقاء مسلمين؟..
هل يمكنك أن تكتب أسماءهم هنا وتصلي من أجلهم؟»

-1
-2
-3

6

شَبَابٌ مِنْ أَفْرِيقيَا

في صباح كل يوم وأنا ذاهب في طريقي إلى مدرستي للعمل، كنت أتقابَل مع مجموعة من الطلبة الأفارقة، طوال الأعناق أصحاب البشرة السمراء، وهم يضحكون ويتكلمون بصوت عال، ويقفون دائمًا أمام المعهد العالي الفني بمنطقة دوران شبرا.

كان الرئيس جمال عبد الناصر قد فتح باب الدراسة للطلبة الأفارقة. وكان يأتي لهذه الكلية الطلبة النابغون في أوطانهم الأفريقية. وبعد انتهاء دراستهم يعودون إلى بلادهم ليتولوا في المستقبل القريب أرفع المناصب. وفي هذه الكلية أيضًا، كان يدرس بعض الطلبة المصريين المتفوقين في اللغة الإنجليزية في قسم الهندسة، كنت أعرف البعض منهم مثل: مارسيل لبيب؛ وهيلدا بطرس؛ ونادية وديع؛ وفيكتور شكري؛ وفيكتور خير؛ ونشأت لانسنج؛ وفيليب فايز؛ وعاطف سامي؛ وسعد مرزوق؛ وغيرهم. وحدث في مرة من المرات وأنا أمُرُّ في وسط الطلبة الأفارقة، سمعت صوتًا في داخلي: «لماذا لاتهتمون روحيًا بالطلبة الأفارقة؟» وبعد أيام من التفكير، قلت لنفسي: «لماذا لاندعوهم لاجتماع خاص عندنا في كنيستنا لنقدم لهم رسالة المسيح. وخصوصًا أن الكنيسة في الشارع المقابل للمعهد الفني؟» صليت لله خالق الجميع أن يقودني حسب مشيئته الصالحة، لخدمة هؤلاء الطلبة.

رتبت اجتماعًا خاصًّا لأصدقائي المصريين الموجودين بالمعهد، وعرضت عليهم الفكرة، ولم أتوقع رد الفعل الإيجابي، وقال بعضهم: «كنا مشغولين بمثل هذه الفكرة لكن كنا مترددين!» فإتفقنا أن نصلي يوميًّا، من أجلهم، وننتظر إرشادًا من الله، وبعد أسبوع اجتمعنا ولم يتخلف أحد، وكان الجميع متحمسين جدًّا، وبدأنا نستمع للاقتراحات المختلفة.. بدأ فيكتور بالحديث قائلًا: «أغلب الطلبة لا يتكلمون العربية، ويحتاجون لواعظ يتحدث الإنجليزية بطلاقة.» وقالت هيلدا: «نحتاج لفريق ترنيم بالإنجليزية أيضًا.» وقال عاطف: «الموضوع عايز صوم وصلاة حتى تنجح هذه الخدمة.» وأضافت مارسيل بسرعة: «نعم نحتاج للصوم والصلاة حتى نمنع إبليس من تعطيل هذه الخدمة.» وقال فيليب لازم نطبع دعوة خاصة، واتفقنا على تخصيص الأسابيع المقبلة في الصوم والصلاة، وأن نقوم بالبحث عن خادم مناسب وفريق ترنيم مناسب أيضًا.

وطلبنا مشورة من القس الدكتور عبد المسيح اسطفانوس مدير دار الكتاب المقدس (في ذلك الوقت)، الذي عرض علينا الاستفادة من سفير غانا في مصر، والذي كان صديقًا شخصيًّا له، وهو رجل أفريقي مؤمن تقي، ويتكلم الإنجليزية بطلاقة، ففرحنا بهذا الخبر، وقام فيكتور بالإتصال بالمهندس ماهر فؤاد المسؤول عن فريق الترنيم الوحيد الموجود في ذلك الوقت، وبحث معه إمكانية اشتراك فريق التسبيح والترنيم في هذا الحفل باللغة الإنجليزية.

اجتمعنا معا للمرة الثالثة، وقررنا طبع دعوة باللغة الإنجليزية وتوزيعها على طلبة الكلية الأفارقة من مسيحيين ومسلمين دون تفرقة، وتحمست نادية لهذة المهمة.

في يوم الاجتماع، امتلأت قاعة الكنيسة الكبيرة بالطلبة الأفارقة الذين جاءوا من أغلب بلاد أفريقيا. وارتفعت أصوات التسبيح والترنيم، من فريق الترنيم، مع إيقاع بأرجل الطلبة الأفارقة المُتحمسين في جو عال من الروحانية. وقدم سفير غانا رسالة عن نعمة المسيح المُخلصة لجميع الناس، والمُعلمة إيانا أن ننكر الفجور والشهوات العالمية، وأن نعيش بالتقوى والتعفف، وبكل مشاعر صادقة بكى الكثير من الطلبة بكاء التوبة، ورفعوا صلوات وابتهالات مع سفير غانا، وفتحوا قلوبهم للمسيح.

هل ترى أمامك أو حولك بشر مختلفين عنك يحتاجون للمسيح؟ صلِّ من أجلهم، وانتظر أن يرشدك الله لما يمكن أن تفعل لهم.

يقول السيد المسيح لنا في انجيل يوحنا 4: 35 أَمَا تَقُولُونَ: إِنَّهُ يَكُونُ أَرْبَعَةُ أَشْهُرٍ ثُمَّ يَأْتِي الْحَصَادُ؟ هَا أَنَا أَقُولُ لَكُمْ: **ارْفَعُوا أَعْيُنَكُمْ** وَانْظُرُوا الْحُقُولَ إِنَّهَا قَدِ ابْيَضَّتْ لِلْحَصَادِ.

7
الكنيسة الواحدة والقمص زكريا بطرس[4]

يوجد في كل كنيسة اجتماعات متخصصة للأطفال تسمى فصول مدارس الأحد، واجتماعات خاصة للشباب في يوم الجمعة (يوم إجازة المدارس في البلاد الإسلامية).

أنا كنتُ واحدًا من اللجنة المسؤولة عن اجتماع لشباب المرحلة الثانوية في الكنيسة الإنجيلية بحي شبرا النزهة. وفي كل سنة كنا نرتب لحفلة خلاصية فيها ترانيم جديدة وَعِظة، ندعو من خلالها الشباب البعيدين والجدد لمعرفة المسيح، لأننا نؤمن أن كثيرين يحتاجون لمن ينادي عليهم.

في سنة 1978 أرشدنا الروح القدس لفكرة جديدة: «لماذا لا تعقدون هذا الحفل السنوي في مكان خارج الكنيسة حتى تتاح الفرصة لكثيرين من الشباب للحضور بعيدًا عن المُعطلات الطائفية؟» وكأي فكرة جديدة تجد معارضة من البعض، مثل: «أين المكان الجديد الذي يُرحب بنا؟ ومن يتحمل النفقات المالية؟ ومن الذي يقبل الحضور لاجتماع بلا هُوية؟» وفي نهاية الحوار طلبَت اللجنة مني أن أبحث عن مكان يقبل إقامة هذا الاجتماع، وعن خادم أو قسيس يقبل العظة في هذا اليوم.

---

[4] كاهن كنيسة مارمرقس الأرثوذكسية بالقاهرة، في ذلك الوقت.

وقبل هذا القرار الخاص بالحفل الكرازي، ذهبت لحضور مؤتمر مع الكنيسة، في دير البياض (بيت للمؤتمرات) ببني سويف، وكان المتكلم الدكتور سامح موريس، في موضوع تكريس الخادم للمسيح. وفي هذا المؤتمر، أخذت قرارًا بالتكريس لخدمة المسيح في أي مكان. وفي نهاية المؤتمر، رجعت إلى القاهرة لحضور حفل زفاف أحد أصدقائي بكنيسة مارمرقس بمصر الجديدة، وانتهزتُ فرصة وجود اجتماع القمص زكريا، في الوقت نفسه في قاعة كبيرة مُلحقة بالكنيسة. ورغم إرهاقي الجسدي، قررت حضور الصلاة والعظة التي يقدمها أبونا زكريا، بعد انتهاء حفل الزفاف.

كان القمص زكريا بطرس، كاهن كنيسة مارمرقس بمصر الجديدة، مشهورًا بعظاتة الروحية النارية كل يوم ثلاثاء بقاعة أبونا إبراهيم لوقا الملحقة بالكنيسة، وأغلب سكان مصر يسمعون عن هذا الاجتماع وعن عمل الروح القدس وما يحدث فيه من معجزات شفاء وإخراج شياطين، بل ونفوس جديدة تؤمن بالمسيح، من المسيحيين والمسلمين، حيث حَرِص الآلاف على حضور هذا الاجتماع.

قبل العظة قرأ القمص زكريا من العهد القديم بالكتاب المقدس من سفر أخبار الأيام الثاني والأصحاح الثالث والثلاثين، عن الملك مَنَسَّى وكيف أخطأ إلى الله، وعَبَّرَ بنيه في النار، وعَافَ وتَفَاءَلَ، ووضع تمثال الشكل الذي عمله في بيت الله، فكانت نتيجة هذه الخطايا أن ملك أشور هزم منسى وأخذه بخزامة من أنفه إلى بابل، ولما تضايق طلب وجه الرب وتواضع جدًّا وتاب توبة صادقة.. لقد كانت خدمة رائعة لم أنسها، لكن بعد انتهاء العظة قال القمص زكريا: «من يرغب

في خدمة ربنا عليه الانتظار قليلًا.» وتم توزيع استمارة بيانات شخصية على الحضور. أنا بصراحة كنت أريد أن أمشي بسبب الإرهاق الشديد، وأول مرة أحضر هذا الاجتماع، لكني في هذا الصباح كنت قد عاهدت الله أني أخدمه في أي مكان، لذا قررت مضطرًا أن أملأ الاستمارة بسرعة، وقلت إنهم عندما يعرفون أنني إنجيلي قد يمزقونها! وهنا أكون قد عملت ما يرضي ضميري.

كانت رغبة القمص زكريا بطرس هي تدريب شباب الكنيسة على حياة التلمذة لكي يساعدوه في الخدمة، وفي أثناء مراجعة استمارة البيانات الشخصية الخاصة بي في اجتماع خاص، قال القمص زكريا: «بلاش الأخ دا، أنا مش ناقص مشاكل مع البابا، كفايه اتهامات بإني بروستانتي.» وبسرعة قال صديقاي الدكتور إبراهيم السايح والدكتور عماد نزيه: «يا أبونا، إحنا نعرف الأخ صموئيل وهو خادم كويس قابل للتعليم، من فضلك خليه معنا.» ووافق القمص زكريا بصعوبة على قبولي تحت إلحاح صديقيَّ الدكتور إبراهيم والدكتور عماد، لكونهما من المقربين للأب زكريا بطرس. ونتيجة لحضوري بعض دروس التلمذة التي يقدمها، زادت معرفتي بالقمص وإعجابي بتعليمه، وحماسه الشديد لخلاص النفوس.

فكرت.. لماذا لايكون القمص زكريا بطرس هو المتحدث برسالة الإنجيل في الحفل الكرازي؟ وقلت لنفسي: «أكيد الصراعات الطائفية ممكن تمنعه!» وصليت إلى الله إله الكنيسة أن يقنعه.

في مرةٍ، بعد انتهاء دراسة الإنجيل في فصل التلمذة، توجهت إلى القمص زكريا بطرس وشرحت له كل تفاصيل

الحفل الكرازي الذي أرغب في عقده للبعيدين عن المسيح المخلص. وبكل تواضع قال لي: «يا بني أنا أحب الخدمة مع الشباب وأحب البعيدين الذين أحبهم المسيح، ولكن لو هذا الاجتماع يُعقد خارج الكنيسة الإنجيلية فأنا مستعد أخدم معكم.» وبالطبع وافقت على شرطه ووعدته بعقد هذا الاجتماع خارج الكنيسة وهكذا حصلت على موافقة مبدئية من القمص زكريا.

بقي عليَّ أن أبحث عن مكان مناسب لعقد هذا الحفل. فقمت بزيارة عدة أماكن منها مدرسة "الدون بوسكو"[5] وهي مدرسة فنية إيطالية تابعة للكنيسة الكاثوليكية بالقاهرة، لأن بها مسرح يصلح لإقامة هذا الحفل المسيحي، لكن لم أتمكن من الحصول على موافقة. أخيرًا زرت مدرسة الراعي الصالح الكاثوليكية[6] الكائنة بشارع شبرا، وتوجهت الى مكتب الراهبة مديرة المدرسة "الأخت تريزيا"، وشرحت لها فكرة الحفل الكرازي، واستعداد القمص زكريا لتقديم عظة خلاصية في هذا اليوم، وأنا لم أكن أتوقع من راهبة كاثوليكية أن تفهم لغتي عن الحفل الكرازي، لكن فوجئت بموافقتها. لكنها اعترضت على فكرة المسرح وطلبت مني مرافقتها لمشاهدة الكنيسة الموجودة داخل المدرسة، لعلها تكون مكانًا أفضل لهذا الاجتماع، ولم أتوقع روعة هذه الكنيسة وفخامتها واتساعها، فهي شُيدت على هيئة صليب، وكأنها أربع كنائس وترابيزة المذبح الذي تُقدم عليه مائدة التناول في المنتصف.

نَظَرَت إليَّ الراهبة المديرة ولاحَظَت علامات الدهشة على وجهي، فقالت: «مار أيك؟» قلت: «عظيم.. مكان أكثر من

---

[5] Salesiano – Don Bosco.
[6] College du Bon Pasteur.

رائع ومناسب، أشكر حضرتك جدًّا.» ثم فاجأتني وقالت لي: «نحن سعداء أن تشارك الكنيسة الكاثوليكية معكم في هذا العمل الكرازي.»

خرجتُ من المدرسة وأنا مُندهش أسأل نفسي: «هل معقول أن الكنيسة الكاثوليكية تُرَحِب بعمل حفل لشباب الكنيسة الإنجيلية؟ هل معقول أن الراهبة فهمت كلامي عن الحفل الكرازي الخلاصي؟»

بعد الحصول على الموافقة، قام فريق من اجتماع الشباب ومعهم الدكتور لابان، بطبع الدعاوى لهذا الحفل وتوزيعها على المسيحيين في المدارس الثانوية في كل حي شبرا، وفي هذا اليوم حضر مئات الشباب مع أسرهم، وامتلأت الكنائس الأربع من الحاضرين غير مئات الواقفين، وكان المكان ممتلئًا عن آخره بالراغبين في سماع رسالة الإنجيل.

طلبت من الأخ توفيق جورج أن يقود اليوم، وقدم فريق ترنيم القاهرة -أول فريق للترنيم في مصر- مجموعة من الترانيم والتسابيح الجميله، التي تنعش النفس والروح، وبعدها قدم القمص زكريا بطرس رسالة الإنجيل رسالة محبة المسيح للخطاة والبعدين، قدمها بقوة الروح القدس، وبسلطان وبصوت جهوري، تَمَيَّزَ به القمص زكريا، هز المكان وهز قلوب الكثيرين من الشباب. وبعد انتهاء العظة طلب القمص زكريا من كل الحضور الوقوف للصلاة، وانهمرت دموع التوبة، وتعالت همهمات المصلين الطالبين الرجوع إلى الله، ثم قاد العابدين في صلاة عَلنية قائلًا:

«أُطلب من الله السامع الصلاة أن يغفر لنا خطايانا، قل له من قلبك: اللّهُمَّ ارْحَمْنِي، أَنَا الْخَاطِئَ. ﴿إِنِ اعْتَرَفْنَا بِخَطَايَانَا فَهُوَ أَمِينٌ وَعَادِلٌ، حَتَّى يَغْفِرَ لَنَا خَطَايَانَا وَيُطَهِّرَنَا مِنْ كُلِّ إِثْمٍ.﴾ ﴿دَمُ يَسُوعَ الْمَسِيحِ يُطَهِّرُنَا مِنْ كُلِّ خَطِيَّةٍ.﴾» ثم ختم الصلاة مع جميع المصلين بالصلاة الربانية التي علمنا إياها السيد المسيح قائلًا: ﴿أَبَانَا الَّذِي فِي السمٰوات، لِيَتَقَدَّسِ اسْمُكَ. لِيَأْتِ مَلَكُوتُكَ. لِتَكُنْ مَشِيئَتُكَ كَمَا فِي السَّمَاءِ كَذلِكَ عَلَى الأَرْضِ. خُبْزَنَا كَفَافَنَا أَعْطِنَا الْيَوْمَ. وَاغْفِرْ لَنَا ذُنُوبَنَا كَمَا نَغْفِرُ نَحْنُ أَيْضًا لِلْمُذْنِبِينَ إِلَيْنَا. وَلاَ تُدْخِلْنَا فِي تَجْرِبَةٍ، لكِنْ نَجِّنَا مِنَ الشِّرِّيرِ. لأَنَّ لَكَ الْمُلْكَ، وَالْقُوَّةَ، وَالْمَجْدَ، إِلَى الأَبَدِ. آمِينَ.﴾

لقد كان حضور الله في هذا الاجتماع قويًّا عجيبًا، وأتت كلمة الإنجيل ثمارها، والدليل أن مئات الحاضرين طلبوا المسيح أن يملك على حياتهم، وأن يتوبوا عن خطاياهم، حتى أن القمص زكريا رجل النهضات قال لي: «هذه ليلة خمسينية رائعة لم أشهد مثلها من قبل.»

شباب كثيرون طلبوا من القمص زكريا، أن يصلي معهم على انفراد، رغبة في اعترافات شخصية، وقرار بتوبة قلبية. وبعضهم مزق علب السجائر وتاب عن التدخين. ومنهم من اعترف بعلاقات جنسية وطلب الحرية.

بعد انصراف أغلب الحضور، طَلَبَتْ الأخت تريزيا مديرة المدرسة من القمص زكريا وأنا معه، أن نتوجه إلى غرفة الضيافة لتناول فنجان شاي، وحضر معنا قُرابة 15 راهبة من المدرسات العاملات بالمدرسة، واللواتي حضرن معنا هذا الاجتماع.

كان من الطبيعي أن أقدم لهن كلمة شكر على ترحيبهن بنا وتعبهن معنا، لكنهن قاطعنني قائلات: «هذا أقل ما يجب عمله في خدمة المسيح الذي مات من أجلنا، ليُنقذ حياتنا من الدينونة والعقاب الأبدي»، ثم أكملنَ حديثهن بتواضع قائلات: «إحنا كنا صايمين لمدة ثلاثة أيام، صيام انقطاعي عن الطعام، وكنا نصلي من أجل خلاص النفوس في هذه الليلة!»

نظرتْ إليهن باحترام شديد، وانهارت في داخلي مفاهيم كثيرة كانت قد عششت في عقلي، أن الكاثوليك يهتمون بالخدمة الاجتماعية ولا يهتمون بخلاص النفوس! وها أنا أرى أمامي عكس ذلك تمامًا، الراهبات الكاثوليكيات صائمات ومصليات من أجل خلاص النفوس، وأرى أمامي أبًا كاهنًا أرثوذكسيًّا يكرز ببشارة الخلاص، ويقدم المسيح وحده المخلص، عكس ما تعلمته أن الأرثوذكس لا يهتمون إلا بالطقوس والقداسات وأهملوا رسالة الخلاص.

في هذه الليلة التاريخية، لمس الله قلبي وشفاني من التعصب والصراع الطائفي، وعَلَّمَنِيّ أن أحترم الآخرين المختلفين عني، وعَلَّمَنِيّ أن مجد الله تَجَلَّى بصورةٍ لم تحدث من قبل، لأن الكاثوليك والأرثوذكس والإنجيليين، اتحدوا معًا في خدمة مشتركة واحدة، هدفها مجد المسيح وخلاص النفوس.

عند باب الكنيسة، شاهدت مجموعة من طلبة مدرستي من المسلمين، كانوا حاضرين في هذا الحفل فكان من الطبيعي أن أسألهم: «كيف سمعتم عن هذا الاجتماع؟» فأجابوا: «محمود دعانا للحضور!» في اليوم التالي سألت محمودًا: «لماذا دعوتَ زملاءك المسلمين لحضور هذا الاجتماع المسيحي؟»

نظر إلـيَّ نظـرة حـزن وقـال لـي معاتبًـا: «عـايزنـي أومـن بالمسـيح وأتمتـع بخلاصـه، وأتـرك أصـدقائي بـدون مسـيح؟!» عندئـذ خجلـت مـن نفسـي، ومـن كـل المـؤمنين بالمسـيح، الـذين يكتمون الإيمان، ويتركون حتى أقاربهم يذهبون إلى جهنم! وها هو مسلم آمن بالمسيح منذ شهور قليلـة، ولكنـه ملتهب بمحبـة المسيح، ومنشغل بتقديم خلاص المسيح للمحرومين.

كان من الطبيعي في دولة إسلامية، وبعد ماعَرِفَت إدارة المدرسة بما فعله محمود مع زملائـه المسلمين الـذين فضـحوه، أن تُصدر المدرسة قرارًا بفصله، وحرمانـه من التعليم.. بحجة كثـرة غيابـه عـن حضـور المدرسـة! وبـالطبع كانـت هـذه التهمـة باطلة.

بعد سنوات طويلة كانت لنا اجتماعات مشتركة مع بعض مطارنـة الكنيسـة الأرثوذكسية نيافـة الأنبـا بطـرس ونيافـة الانبـا تومـاس وبعِلـم البابـا شـنودة، وبعـض قـادة الكنيسـة الكاثوليكيـة وعلـى رأسـهم القـس الـدكتور كميـل وبعـض قساوسـة الكنيسـة الإنجيلية المهتمين بالكرازة مثل الدكتور القس منيس عبد النور والقس شكري وبعض العلمـانيين مثـل الأخ عمـاد.. نجتمـع معًـا ونصلي معًا من أجل هدف واحد هو مجد المسيح في مصر بعيدًا عن الاختلافـات المذهبيـة وبعيدًا عـن صـراعات السـلطة، وتجمعنا محبة المسيح وتحقيق المأمورية العظمى.

8

الْوَصِيَّةُ الأَخِيرَة

تفتحت عيناي على آيات من الإنجيل، التي لم أكن أفهمها بعمق مثل ما جاء في (إنجيل متى 28: 18-20) حيث عَلَّمَ المسيح تلاميذه: ﴿دُفِعَ إِلَيَّ كُلُّ سُلْطَانٍ فِي السَّمَاءِ وَعَلَى الأَرْضِ، فَاذْهَبُوا **وَتَلْمِذُوا جَمِيعَ الأُمَمِ** وَعَمِّدُوهُمْ بِاسْمِ الآبِ وَالابْنِ وَالرُّوحِ الْقُدُسِ. وَعَلِّمُوهُمْ أَنْ يَحْفَظُوا جَمِيعَ مَا أَوْصَيْتُكُمْ بِهِ. وَهَا أَنَا مَعَكُمْ كُلَّ الأَيَّامِ إِلَى انْقِضَاءِ الدَّهْرِ. آمِينَ.﴾

ماذا كان المسيح يقصد بهذه الوصية الختامية التي قالها لتلاميذه؟ هل كان يقصد فعلًا أن يذهب التلاميذ إلى جميع الأمم؟ إلى كل الشعوب ويتلمذوهم ويعلموهم؟ هل فهم التلاميذ هذه الوصية وقاموا بتنفيذها؟

ماذا كان يقصد البشيرمرقس في إنجيله، بتسجيله لوصية المسيح الأخيرة، حسب ما جاء في أصحاح (16: 9-16)؟

﴿وَبَعْدَمَا قَامَ بَاكِرًا فِي أَوَّلِ الأُسْبُوعِ ظَهَرَ أَوَّلًا لِمَرْيَمَ الْمَجْدَلِيَّةِ، الَّتِي كَانَ قَدْ أَخْرَجَ مِنْهَا سَبْعَةَ شَيَاطِينَ. فَذَهَبَتْ هذِهِ وَأَخْبَرَتِ الَّذِينَ كَانُوا مَعَهُ وَهُمْ يَنُوحُونَ وَيَبْكُونَ. فَلَمَّا سَمِعَ أُولئِكَ أَنَّهُ حَيٌّ، وَقَدْ نَظَرَتْهُ، لَمْ يُصَدِّقُوا.﴾

﴿وَبَعْدَ ذلِكَ ظَهَرَ بِهَيْئَةٍ أُخْرَى لاثْنَيْنِ مِنْهُمْ، وَهُمَا يَمْشِيَانِ مُنْطَلِقَيْنِ إِلَى الْبَرِّيَّةِ. وَذَهَبَ هذَانِ وَأَخْبَرَا الْبَاقِينَ، فَلَمْ يُصَدِّقُوا وَلاَ هذَيْنِ.﴾

﴿أَخِيرًا ظَهَرَ لِلأَحَدَ عَشَرَ وَهُمْ مُتَّكِئُونَ، وَوَبَّخَ عَدَمَ إِيمَانِهِمْ وَقَسَاوَةَ قُلُوبِهِمْ، لأَنَّهُمْ لَمْ يُصَدِّقُوا الَّذِينَ نَظَرُوهُ قَدْ قَامَ. وَقَالَ لَهُمْ: «**اذْهَبُوا إِلَى الْعَالَمِ أَجْمَعَ وَاكْرِزُوا بِالإِنْجِيلِ لِلْخَلِيقَةِ كُلِّهَا**. مَنْ آمَنَ وَاعْتَمَدَ خَلَصَ، وَمَنْ لَمْ يُؤْمِنْ يُدَنْ.»﴾

هل معقول أن التلاميذ لم يصدقوا؟ وأن المسيح يسجل عليهم مرتين أنهم لم يصدقوا، ووبخ عدم إيمانهم وقساوة قلوبهم، ورغم هذا الضعف وثق فيهم وقال لهم: «اذْهَبُوا إِلَى الْعَالَمِ أَجْمَعَ وَاكْرِزُوا بِالإِنْجِيلِ لِلْخَلِيقَةِ كُلِّهَا.» هل فعلًا كانت الوصية الأخيرة هي الكرازة بالإنجيل لكل العالم بدون تحيز أو تعصب؟ وهل عمل المسيح الفدائي هو لكل العالم؟!

ما هي آخر وصية قالها المسيح بعد قيامته من بين الأموات، وقبل صعوده إلى السماء مباشرة؟ أليست المذكورة في سفر أعمال الرسل(1: 8) ﴿لكِنَّكُمْ سَتَنَالُونَ قُوَّةً مَتَى حَلَّ الرُّوحُ الْقُدُسُ عَلَيْكُمْ، **وَتَكُونُونَ لِي شُهُودًا فِي أُورُشَلِيمَ وَفِي كُلِّ الْيَهُودِيَّةِ وَالسَّامِرَةِ وَإِلَى أَقْصَى الأَرْضِ.**﴾

كلام واضح جدًّا من المسيح لتلاميذه، أن يذهبوا إلى أقصى الأرض، ابتداءً من أورشليم، وكأنه يقول لهم: «لو نسيتم أو أهملتم بعض تعاليمي، فلا تنسوا آخر وصية وأهم وصية -إن جاز التعبير- وهي الكرازة بالإنجيل، حتى تصلوا به إلى أقصى الأرض!»

أليس ما دُوِّنَ في سفرأعمال الرسل هو تطبيق عملي لهذه الوصية، ولهذه المسؤولية حيث قاموا بتلمذة مؤمنين في أورشليم ثم اليهودية، حيث توسعوا إلى أن وصلوا إلى السامرة، ومن ثم انطلقوا نحو العالم المحتاج، حاملين رسالة الإنجيل إلى أمم وشعوب مختلفة، إلى أنطاكية في سوريا، وإلي اليونان والرومان من خلال بطرس وبولس في الجيل الأول نفسه.

ما هي مسؤولية المؤمنين الآن؟ أليست هي الكرازة بالإنجيل لكل الأمم؟ أليست رسالتهم هي تقديم محبة المسيح وفدائه للمحرومين من كل الشعوب؟

ما هي الوظيفة الأولى للكنيسة اليوم؟ الكنيسة بكل مذاهبها وطوائفها، الكنيسة بكل كهنتها وقساوستها وخدامها وشعبها، أليست هي المناداة للخطاة بالتوبة وغفران الخطايا؟ والمناداة للأشرار والبعيدين بالعودة إلى الله، من خلال إيمانهم بالمسيح الفادي؟ فهو الذي قال لهم: ﴿لَيْسَ أَنْتُمُ اخْتَرْتُمُونِي بَلْ أَنَا اخْتَرْتُكُمْ، وَأَقَمْتُكُمْ لِتَذْهَبُوا وَتَأْتُوا بِثَمَرٍ، وَيَدُومَ ثَمَرُكُمْ.﴾
هذا هو الهدف الواضح والمسؤولية المحددة التي طلبها المسيح من تلاميذه قبل صعوده من الأرض إلى السماء، وهذا هو الهدف الواضح الذي ينتظره السيد من كنيسته، ومن كل المؤمنين، ومني ومنك حتى نمجده في هذا العالم. لهذا قال المسيح في إنجيل يوحنا أصحاح (15: 8) ﴿بِهذَا يَتَمَجَّدُ أَبِي: أَنْ تَأْتُوا بِثَمَرٍ كَثِيرٍ فَتَكُونُونَ تَلاَمِيذِي.﴾ والثمر هو النفوس الجديدة التي تؤمن بالمسيح.

وهو الذي قال أيضا في (يوحنا 15: 4- 6) ﴿أُثْبُتُوا فِيَّ وَأَنَا فِيكُمْ. كَمَا أَنَّ الْغُصْنَ لاَ يَقْدِرُ أَنْ يَأْتِيَ بِثَمَرٍ مِنْ ذَاتِهِ إِنْ لَمْ يَثْبُتْ فِي الْكَرْمَةِ، كَذلِكَ أَنْتُمْ أَيْضًا إِنْ لَمْ تَثْبُتُوا فِيَّ. أَنَا الْكَرْمَةُ

وَأَنْتُمُ الأَغْصَانُ. الَّذِي يَثْبُتُ فِيَّ وَأَنَا فِيهِ هذَا يَأْتِي بِثَمَرٍ كَثِيرٍ، لأَنَّكُمْ بِدُونِي لاَ تَقْدِرُونَ أَنْ تَفْعَلُوا شَيْئًا. إِنْ كَانَ أَحَدٌ لاَ يَثْبُتُ فِيَّ يُطْرَحُ خَارِجًا كَالْغُصْنِ، فَيَجِفُّ وَيَجْمَعُونَهُ وَيَطْرَحُونَهُ فِي النَّارِ، فَيَحْتَرِقُ.﴾

كل هذه التعاليم ملأت رأسي وفتحت ذهني، لكي أفهم ما على قلب الله من ناحية الناس، وقد أصبح واضحًا تمامًا إرادة الله المعلنة في (تيموثاوس الأولى 2: 4): أن الله ﴿يُرِيدُ أَنَّ جَمِيعَ النَّاسِ يَخْلُصُونَ، وَإِلَى مَعْرِفَةِ الْحَقِّ يُقْبِلُونَ.﴾ وأن محبة المسيح ودعوته هي لكل إنسان مقيد أو مربوط أو تعبان يحتاج أن يسمع نداء المسيح: ﴿تَعَالَوْا إِلَيَّ يَا جَمِيعَ الْمُتْعَبِينَ وَالثَّقِيلِي الأَحْمَالِ، وَأَنَا أُرِيحُكُمْ.﴾ (متى 11: 28).

وبوضع سياق الكلام في الآية السابقة في الاعتبار: ﴿وَلَيْسَ أَحَدٌ يَعْرِفُ الابْنَ إِلاَّ الآبُ، وَلاَ أَحَدٌ يَعْرِفُ الآبَ إِلاَّ الابْنُ وَمَنْ أَرَادَ الابْنُ أَنْ يُعْلِنَ لَهُ.﴾ (مت11: 27)؛ ندرك أن المسيح كان ينادي لكل متشكك في وجود الله، أو مَن يرغب في معرفة الله، أن يأتيَ إلى المسيح ليكشف له من هو الله.. وبكلمات أخرى: «تعالَوا إليَّ يا جميع **الباحثين** عن الله، وأنا أكشف لكم وأُعَرِّفكم من **هو الله.**»

﴿اللهُ لَمْ يَرَهُ أَحَدٌ قَطُّ. الابْنُ الْوَحِيدُ الَّذِي هُوَ فِي حِضْنِ الآبِ هُوَ **خَبَّرَ**.﴾ (يو 1 : 18).. هو الذي خبَّرَ؛ هو الذي أظهَرَ؛ هو الذي وَضَّحَ؛ هو الذي كَشَفَ لنا مَن هو الله!

مسؤوليتي إذن أن أكرز بيَسُوعَ الْمَسِيح وَإِيَّاهُ مَصْلُوبًا لجميع الناس،حتى يعرفون الله معرفة صحيحة ويؤمنون به!!

«لكن لماذا لا أكرز للجميع؟»

سألت نفسي هذا السؤال.. ووجدت الإجابة واضحةً في ذهني

«أولًا؛ لأنني لا أعرف كيف أكرز!
ثانيًا؛ لا أفهم كيف أقدم الرسالة!
ثالثًا؛ لا أعرف كيف أبدأ وماذا علي أن أقول!
رابعًا؛ لأن الخوف يملأ قلبي ويقيدني!»

سألت نفسي: «الخوف من ماذا؟»

الخوف من الفشل؛ أو ربما الرفض؛ الخوف من الأمن (الاستخبارات) أو من القوانين؛ الخوف من التطرف والتعصب؛ الخوف من الجهل؛ أغلبها مجموعة أفكار وهمية؛ سيطرت على تفكيري وشلتني وقيدت حريتي، ومن ثَم منعتني من الكرازة، واستسلمت للخوف!

في أحد الاجتماعات، استمعتُ إلى رسالة من خادم أفريقي يعظ في مصر، قال: «**المسيح وعد الكارزين أنه يحميهم وقت الكرازة.**»

﴿وها أنا معكم...﴾ وإذا كان المسيح معنا فممن نخاف؟ وبدأت بعدها رحلة محاربة الخوف، وسقطت معظم هذه المخاوف عندما فهمت واستوعبت أمر المسيح ووعده الذي قاله في إنجيل متى (28: 19-20) ﴿فَاذْهَبُوا وَتَلْمِذُوا جَمِيعَ الأُمَمِ.﴾ هذا هو الأمر.

أما الوعد: ﴿وَهَا أَنَا مَعَكُمْ كُلَّ الأَيَّامِ إِلَى انْقِضَاءِ الدَّهْرِ﴾ حيث (الواو) هنا هي (واو العطف) التي تربط من يكرز، بمعية المسيح الدائمة له وقت الكرازة. الوعد مرتبط بطاعة الأمر

بالكرازة، وفي أثناء الطاعة في وقت الكرازة هو معنا لإنجاح العمل الكرازي، ولحمايتنا وقيادتنا، فيكون هو العامل في الكلمة حتي تؤثر في قلوب الآخرين، ﴿وإِنْ كَانَ اللهُ مَعَنَا، فَمَنْ عَلَيْنَا؟﴾

طار الخوف من قلبي، وتمسكتُ ب (الواو).. تمسكت بهذا الوعد الذى حررني من المخاوف، أو الكثير منها على الأقل!

انفتح قلبي وذهني على نور وصية المسيح الأخيرة، المأمورية العظمى، وبدأت أهتم بالكرازة للجميع، حتى تَحَوَّلَتْ مع الوقت إلى واقع عملي في حياتي اليومية بطريقة تلقائية، أكرز لكل الأشخاص الذين أتقابل معهم، وخاصةً في مدرستي التي كنت أعمل بها، أكرز لبعض المدرسين وعلى الخصوص مدرسي اللغة العربية، حيث كنت أقضي معهم أوقاتًا رائعة في الحوار والمناقشة، ومن خلالهم فهمت الكثير من الأسئلة الإسلامية التى كانوا يسألون عنها دائمًا، وينتظرون إجابات واضحة عليها.

التقيت في الكنيسة بالكثير من "المتدينين" الذين قدمت لهم رسالة الخلاص، ولكن ما أصعب قبول المتدينين لرسالة الخلاص! وذلك لإحساسهم بالكبرياء الروحي والاكتفاء، وإصرارهم على عدم الحاجة إلى الخلاص.. (حصرموا!) لأنهم موهومون أنهم مُخَلَّصُون تلقائيًا ومنذ زمان بعيد، ولا يُدرِك أي واحدٍ منهم أنه "فقير وأعمى وعريان"، ويحتاج لمعجزة الله لتغيير حياته. ما أصعب المسيحيين المتدينين! وما أسهل المسلمين الباحثين عن الله والراغبين في طاعة الحق، وما أحلى الحوار معهم وأمتع الجلسات والدراسات بيني وبينهم، وما أروع المفاجآت التي حدثت معي، وأنا جالسٌ معهم أرى

معجزات الله التي تحدث في حياتهم، وما أكثر التعاليم الروحية العميقة التي تعلمتها من خلال حواراتي مع إخوتي وأحبائي المسلمين.

لقد لاحظت النمو السريع الذي شاهدته في حياة المسلمين بعد الإيمان نتيجةً للعطش والجوع الروحي، وهذا ما قاله لي صديقي الأخ رشيد (مُعِدّ ومُقَدِّم برنامج سؤال جريء) بعد سنوات طويلة التقيتُ به وسألتُه عن سر النمو الروحي في حياته كمسلم بعد إيمانه بالمسيح فقال لي: «أنا كنت عطشان!» وهذا يؤكد ما قاله المسيح في إنجيل يوحنا (7: 37): ﴿إِنْ عَطِشَ أَحَدٌ فَلْيُقْبِلْ إِلَيَّ وَيَشْرَبْ. مَنْ آمَنَ بِي، كَمَا قَالَ الْكِتَابُ، تَجْرِي مِنْ بَطْنِهِ أَنْهَارُ مَاءٍ حَيٍّ.﴾ وهو الذى قال عن الذين يحبون العالم: ﴿كُلُّ مَنْ يَشْرَبُ مِنْ هذَا الْمَاءِ يَعْطَشُ أَيْضًا. وَلكِنْ مَنْ يَشْرَبُ مِنَ الْمَاءِ الَّذِي أُعْطِيهِ أَنَا فَلَنْ يَعْطَشَ إِلَى الأَبَدِ، بَلِ الْمَاءُ الَّذِي أُعْطِيهِ يَصِيرُ فِيهِ يَنْبُوعَ مَاءٍ يَنْبَعُ إِلَى حَيَاةٍ أَبَدِيَّةٍ.﴾ (يوحنا 4: 13-14)

هل أنت عطشان حقيقي لله، أم أنت مكتف بحالتك؟

لا تنس أن الهدف من إيمانك أن تصل إلى مرحلة التشبه بالمسيح. (رو8: 29) ﴿لأَنَّ الَّذِينَ سَبَقَ فَعَرَفَهُمْ سَبَقَ فَعَيَّنَهُمْ لِيَكُونُوا **مُشَابِهِينَ صُورَةَ ابْنِهِ**، لِيَكُونَ هُوَ بِكْرًا بَيْنَ إِخْوَةٍ كَثِيرِينَ.﴾

9

الْمُلْتَحي الْأَوَّلُ

خرج الشباب من قاعة الكنيسة بعد انتهاء اجتماع العبادة الخاص بهم إلى الصالة الخارجية، وكان من عادتهم أنهم لا ينصرفون سريعًا، بل يقضون بعض الوقت في السلام والمشاركات والاطمئنان على أخبار بعضهم البعض خلال الأسبوع الماضي. وفي أثناء وقوفي مع بعضهم لمحت شابًّا ملتحيًا يدخل من الباب الخارجي للكنيسة. كانت اللحية غير منتشرة بين شباب المسلمين في السبعينيات عكس ما نراه الآن في المجتمعات الإسلامية حتى أصبحت ظاهرة عامة مع انتشار التطرف الوهابي في المنطقة العربية.

الشاب الملتحي لفت نظري، وتعجبت لدخوله إلى الكنيسة. فتوجهت إليه وسألته: «هل تبحث عن أحد من أصدقائك هنا؟» فقال: «لا! أنا أبحث عن البابا!» فَصَمَتُّ.. فقال لي: «أنا أبحث عن المسؤول أوالكاهن أوالقس، أي حد كبير هنا في الكنيسة.» فقلت له «مكتب القس بالدور الثاني ممكن أوصلك له، لكن لو محتاج أساعدك في أي حاجه تانية أنا مستعد».. لا أعلم لماذا قلت له ذلك! فقال لى: «أنا مش عايزُه هو لكن عايز أقرأ أي حاجه عن المسيح»، فرحبت به وفتحت له باب قاعة الكنيسة وقرأت معه الموعظة على الجبل الموجود نصها في الإنجيل بحسب إنجيل متى الأصحاحات (5و6و7)..

وبالطبع أنا قرأت ودرست عظة الجبل قبل ذلك وحفظتها أيضًا، لكني لم أشعر بروعة وعمق هذة العظة، إلا وأنا أقرأها مع صديقي الجديد المسلم الملتحي ممدوح الذي أعجبه جدًّا الأصحاح الخامس، فقد أثنى عليه كثيرًا وعلى التطويبات التي قالها المسيح في بداية العظة:

﴿طُوبَى لِلْمَسَاكِينِ بِالرُّوحِ، لأَنَّ لَهُمْ مَلَكُوتَ السمٰوات. طُوبَى لِلْحَزَانَى لأَنَّهُمْ يَتَعَزَّوْنَ. طُوبَى لِلْوُدَعَاءِ، لأَنَّهُمْ يَرِثُونَ الأَرْضَ. طُوبَى لِلْجِيَاعِ وَالْعِطَاشِ إِلَى الْبِرِّ، لأَنَّهُمْ يُشْبَعُونَ. طُوبَى لِلرُّحَمَاءِ، لأَنَّهُمْ يُرْحَمُونَ. طُوبَى لِلأَنْقِيَاءِ الْقَلْبِ، لأَنَّهُمْ يُعَايِنُونَ اللهَ. طُوبَى لِصَانِعِي السَّلاَمِ، لأَنَّهُمْ أَبْنَاءَ اللهِ يُدْعَوْنَ. طُوبَى لِلْمَطْرُودِينَ مِنْ أَجْلِ الْبِرِّ، لأَنَّ لَهُمْ مَلَكُوتَ السَّمَاوَاتِ. طُوبَى لَكُمْ إِذَا عَيَّرُوكُمْ وَطَرَدُوكُمْ وَقَالُوا عَلَيْكُمْ كُلَّ كَلِمَةٍ شِرِّيرَةٍ، مِنْ أَجْلِي، كَاذِبِينَ. اِفْرَحُوا وَتَهَلَّلُوا، لأَنَّ أَجْرَكُمْ عَظِيمٌ فِي السَّمَاوَاتِ، فَإِنَّهُمْ هكَذَا طَرَدُوا الأَنْبِيَاءَ الَّذِينَ قَبْلَكُمْ.﴾

كما أثنىَ على تشديد المسيح على عدم القتل حتى ولو بالكلمة: ﴿فَمَنْ قَالَ: يَا أَحْمَقُ، يَكُونُ مُسْتَوْجِبَ نَارِ جَهَنَّمَ.﴾ أو على الزنا ولو بالنظر: ﴿فإِنَّ كُلَّ مَنْ يَنْظُرُ إِلَى امْرَأَةٍ لِيَشْتَهِيَهَا، فَقَدْ زَنَى بِهَا فِي قَلْبِهِ.﴾ وانزعج من عدم الطلاق لكنه انتعش جدًّا من كلمات المسيح في إنجيل (متى 5: 44) ﴿وَأَمَّا أَنَا فَأَقُولُ لَكُمْ: أَحِبُّوا أَعْدَاءَكُمْ. بَارِكُوا لاَعِنِيكُمْ. أَحْسِنُوا إِلَى مُبْغِضِيكُمْ، وَصَلُّوا لأَجْلِ الَّذِينَ يُسِيئُونَ إِلَيْكُمْ وَيَطْرُدُونَكُمْ.﴾

وقال لي ممدوح: «هذا كلام الله حقًا، فهذا أروع ما قرأت في حياتي!»

فسألته: «هل هذه هي المرة الأولى التي تقرأ فيها الإنجيل؟» فقال: «نعم!»

فقلت له: «ما رأيك؟»

قال: «كلام حلو لكنه صعب جدًّا.»

فقلت له: «نعم!»

فقال: «وهل الله يأمرنا بتعاليم صعبة لا يمكن أن نطبقها؟»

قلت له: «ممكن تطبقها!»

قال: «كيف؟»

قلت: «المسيح عاش هذه الكلمات بنفسه.»

قال: «كيف نعيشها نحن؟»

قلت: «عندما يعيش المسيح فينا؟»

نظر إليَّ بتعجب ولم يفهم ماذا أقصد، وقال: «ممكن نستكمل القراءة؟».. قلت «نعم»، واستكملنا قراءة عظة الجبل في الأصحاح السادس الذي أزعجه جدًّا! وأنا أيضًا كنت مُحرجًا وأنا جالس بجواره وأقرأ ما قاله المسيح عن الصدقة: ﴿اِحْتَرِزُوا مِنْ أَنْ تَصْنَعُوا صَدَقَتَكُمْ قُدَّامَ النَّاسِ لِكَيْ يَنْظُرُوكُمْ... فَمَتَى صَنَعْتَ صَدَقَةً فَلاَ تُصَوِّتْ قُدَّامَكَ بِالْبُوقِ، كَمَا يَفْعَلُ الْمُرَاؤُونَ فِي الْمَجَامِعِ وَفِي الأَزِقَّةِ، لِكَيْ يُمَجَّدُوا مِنَ النَّاسِ...﴾، تعليم ضد العبادة الظاهرية المملوءة بالرياء.

أما عندما قرأنا ما قاله المسيح عن الصلاة، تضايق ممدوح جدًّا وهو يسمعني أقرأ له: ﴿وَمَتَى صَلَّيْتَ فَلاَ تَكُنْ كَالْمُرَائِينَ، فَإِنَّهُمْ يُحِبُّونَ أَنْ يُصَلُّوا قَائِمِينَ فِي الْمَجَامِعِ وَفِي زَوَايَا الشَّوَارِعِ، لِكَيْ يَظْهَرُوا لِلنَّاسِ...﴾ (أغلب المسلمين حاليًا يصلون يوم الجمعة في الشوارع لازدحام بعض المساجد بهم)، وأنا عايز أقول له مش قصدي أجرحك أو أتهكم عليكم ولا المسيح كان يقصد ذلك، لكن المسيح يهاجم الرياء الديني. وأكملت القراءة: ﴿وَأَمَّا أَنْتَ فَمَتَى صَلَّيْتَ فَادْخُلْ إِلَى مِخْدَعِكَ

وَأَغْلِقْ بَابَكَ، وَصَلِّ إِلَى أَبِيكَ [الله] الَّذِي فِي الْخَفَاءِ. فَأَبُوكَ الَّذِي يَرَى فِي الْخَفَاءِ يُجَازِيكَ عَلاَنِيَةً...﴾، وارتفع الضغط عنده واحمر وجهه وأنا أقرأ له الجزء الثالث من العبادات بعد الصدقة والصلاة حيث يأتي الصوم.. فقلت له: «اسمع يأخي ممدوح ماذا يقول المسيح عن الصوم في إنجيل(متى 6: 16)»:

﴿وَمَتَى صُمْتُمْ فَلاَ تَكُونُوا عَابِسِينَ كَالْمُرَائِينَ، فَإِنَّهُمْ يُغَيِّرُونَ وُجُوهَهُمْ لِكَيْ يَظْهَرُوا لِلنَّاسِ صَائِمِينَ...﴾، (قلت له في سري ما رأيك في المسلمين في أثناء صوم رمضان وهم يبدون للناس عابثين غاضبين متوتري الأعصاب؟)، خلينا نكمل ماذا قال المسيح عن الصوم: ﴿وَأَمَّا أَنْتَ فَمَتَى صُمْتَ فَادْهُنْ رَأْسَكَ وَاغْسِلْ وَجْهَكَ، لِكَيْ لاَ تَظْهَرَ لِلنَّاسِ صَائِمًا، بَلْ لأَبِيكَ الَّذِي فِي الْخَفَاءِ. فَأَبُوكَ الَّذِي يَرَى فِي الْخَفَاءِ يُجَازِيكَ عَلاَنِيَةً.﴾

هز ممدوح رأسه في أسًى واستمر جالسًا بجواري يقرأ معي ويستمع حتى قال مُعقبًا: «لم أقرأ مثل هذه التشريعات من قبل. هل تسمح لي بأن آخذ نسخة من الإنجيل؟»

اكتشفت من خلال ممدوح أن عظة الجبل من أهم ما يحتاجه المسلم في بداية قراءته للإنجيل. فأعطيته نسخة من العهد الجديد ووعدني أن يقرأها ويرجع لزيارتنا قريبًا.

بعد أسبوع حضر حسب وعده وتناقشنا وتجادلنا في أمور كثيرة كان أهمها قول المسيح في إنجيل يوحنا (14: 12) ﴿اَلْحَقَّ الْحَقَّ أَقُولُ لَكُمْ: مَنْ يُؤْمِنُ بِي فَالأَعْمَالُ الَّتِي أَنَا أَعْمَلُهَا يَعْمَلُهَا هُوَ أَيْضًا، وَيَعْمَلُ أَعْظَمَ مِنْهَا، لأَنِّي مَاضٍ إِلَى أَبِي.﴾ سألني ممدوح «هل تؤمن بالمسيح؟» «نعم!»

«هل تعمل أعمال المسيح وأعظم منها كمان؟»

قلت «كل مؤمن له موهبة من الله، وأعظم معجزة هي التجديد، أي حصول الخاطيء على القيامه من موت الخطية»..

قاطعني قائلًا «أنت تتهرب من النص، أنا عايز معجزة»

كان ممدوح يسكن فوق محل للألبان في دوران شبرا، فقمت بزيارته في منزله. وبعدها بعدة أيام دعوته لحضور ندوة في الكاتدرائية المرقسية الأرثوذكسية بالعباسية (أحد أحياء القاهرة) يُعِد لها الشباب المسكوني من كاثوليك وأرثوذكس وإنجيليين، بقيادة الشيخ جوزيف صابر عن الكنيسة الإنجيلية. وكان موضوع الندوة عن التوحيد والتثليث في المسيحية ويقدم المحاضرة البابا شنودة الثالث.

وافق ممدوح على الذهاب معي إلى الكاتدرائية، وهناك فوجئت بكثيرين من المسلمين الملتحين موجودين بقاعة الكنيسة ولست أعلم من دعاهم لكن يبدو أن بعض الدعوات عن الندوة قد وصلت إليهم فلبوا الدعوة بقلب مفتوح للمعرفة.

كان البابا شنودة عَالِمًا من علماء اللاهوت يَعْلم ما يقول، فقدم للحضور محاضرة كتابية روحية فلسفية رائعة عن التوحيد والتثليث، وكيف أن الله الواحد في المسيحية وحدانيته وحدانية جامعة. بصراحه ما قدمه البابا شنودة من أروع ما سمعت في هذا الموضوع، وكنت شاعرًا بالفخر لاستخدام البابا في محاضرته العديد من الآيات القرآنية التي تؤيد ما يقول. وقلت في نفسي «لا بد أن ممدوح سيقتنع اليوم بوحدانية الله في المسيحية.»

بعد انتهاء المحاضرة وعلى سُلَّم الكاتدرائية المرتفع صرخ ممدوح في وجهي قائلًا: «هل الراجل دا بيؤمن

بالقرآن؟» سألته: «مين الراجل ده؟» قال «البابا بتاعكم»، قلت له: «طبعًا لا يؤمن بالقرآن»، قال بعصبية شديدة «لماذا يستشهد بالقرآن في أثناء كلامه في المحاضرة؟» فقلت له بهدوء: «حتى تفهمون ماذا يقصد» قال لي بحده: «لو بيؤمن بالقرآن يستخدم القرآن، لو مش بيؤمن بالقرآن لا يستخدمه!» تعلمت الدرس أن لا أستخدم القرآن لشرح عقائد مسيحية للمسلم (رغم أن المسلمين العابرين الذين آمنوا بالمسيح من حقهم أن يستخدموا القرآن في كرازتهم).

اختفى ممدوح لبعض الوقت لكني رأيته مرة في أحد شوارع القاهرة وكدت لا أعرفه لولا أنه أخذ المبادرة وصافحني، فنظرت إليه مُتعجبًا قائلًا:

«أين اللحية يارجل؟»

فقال بهدوء «تركت الجماعة وانفصلت عنهم!»

«أي جماعة تقصد؟»

«جماعة الإخوان»..

«لماذا؟»

«لأنهم يريدون أن يلغوا عقلي!» ومسح بيده على جبهته وقال «عايزين دا يقف عن التفكير ومبدأهم (لا تجادل ولا تناقش) عليك أن تطيع الله ورسوله دون مناقشة، الطاعة واجبة يا أخي!» قلت له: «وهل أزعجك هذا؟» قال «الإنسان بلا عقل يشبه البهيمة!»

لم أرَ ممدوح مرة أخرى وسألت نفسي هل كان يجب أن أهتم به أكثر؟ هل كان أسلوبي صعبًا معه؟ كان ممدوح شخصًا مسلمًا باحثًا عن الحق، باحثًا عن الله وأكيد أن الله مهتمٌّ به أكثر مني ويحبه أكثر مني ولا بد أن الله سبحانه سيساعده في مجال البحث لأنه قال: ﴿كُلَّ مَنْ يَسْأَلُ يَأْخُذُ، وَمَنْ يَطْلُبُ يَجِدُ، وَمَنْ يَقْرَعُ يُفْتَحُ لَهُ.﴾ الله في المسيحية هو الذي يبحث عن البعيدين.

ربما التقي يومًا مع أخي ممدوح ونستكمل الحديث، وربما التقي معه في السماء، لأن الله يستخدم خدامًا مختلفين واحدًا وراء الآخر حتى تأتي هذه النفس للمسيح.

عن قريبٍ سنلتقي جميعًا حول عرش الحبيب.

10

الْحَاجُّ نَاظِرُ الْمَدْرَسَةِ

لي أربع أخوات بنات يصغرنني.. الثالثة منهن في الترتيب اسمها نبيلة تخرجت من معهد المعلمات بالعباسية وتم تعيينها في إحدى مدارس الجيزة (مدينة خارج القاهرة)، وهذا جعلني قلقًاعليها بسبب بُعد المسافه عن المنزل مما اضطرها للسكن في بيوت الضيافة الملحقة بالمدرسة، وصليت إلى الله من أجلها لكي يرتب لها عملًا في مكان قريب. بعد سنة استجاب الله للصلاة وتم نقلها إلى مدرسة جمال الدين الأفغاني القريبه إلى حد ما من منزلنا وارتحت لمقر العمل الجديد.

بعد الأسبوع الأول من العمل في المدرسة الجديدة أحضرت أختي لي نسخة من الإنجيل (العهد الجديد) وقالت: «إن مدير المدرسة قام بتوزيع هذه النسخ على المسيحيين بالمدرسة»، فسألتها: «هو المدير مسيحى؟» قالت: «لا.. هو مسلم وحاجّ كمان لكنه شخص محترم جدًّا ويحب المسيحيين وحصل على كرتونة من العهد الجديد ذي الغلاف الأزرق اللون، من جماعة الجدعونيين المتخصصة في توزيع الكتاب المقدس وقام بتوزيعها على المسيحيين في المدرسة بنفسه سواء من الطلبة أو المدرسين.» تعجبت لهذا التصرف غير العادي من شخص مسلم.

بعد عدة أسابيع رجْعت أختي إلى البيت وهي في غاية السرور، وعندما سألتها عن السبب قالت: «إن مدير المدرسة قرر أن تُدَرَّس حصص الدين المسيحي بالمكتبة وليس بفناء المدرسة.» كما هو معتاد منذ فترة طويلة في أغلب المدارس الحكومية.

أحببت هذا الرجل دون أن أراه وأحببت ابنته الصغيرة زوزو التي كانت تأتي إلى منزلنا مع أختي لتساعدها في تعليمها في الصف الأول الابتدائي.

طلبت من أختي أن تُعَبِّر لمدير المدرسة عن عمق تقديري وامتناني، وأن تبلغه رغبتي الصادقة في التعرف به، لكن ظروف عملي لا تسمح لي بالحصول على إجازة بسهولة. وكان رد الفعل عند المدير هو التعبير عن رغبته في زيارتنا والتعرف بي قريبًا إن شاء الله.

في يوم السبت الموافق 1979/1/6 أبلغتني أختي بفرح أن مدير المدرسة قرر زيارتنا غدًا بمناسبة عيد الميلاد، وهكذا قضينا بقية اليوم في الاستعداد لهذه الزيارة المرتقبة.

وفي السابعة من مساء يوم العيد سمعت طرقًا على الباب وفتحت بسرعة لألتقي لأول مرة بالحاج مدير المدرسة وجهًا لوجه (رجل في الخمسين من العمر ذو وجه مبتسم) مع ثلاثة من مدرسي المدرسة أحدهم مسيحي اسمه الأستاذ جميل سوريال والآخَرَان مُسْلِمَان. ورحَّبنا بهم وقدمنا كل ما عندنا لهم من فاكهة وكعك العيد كعادة المسيحيين بالاحتفال بالعيد، وكنت أرغب في تقديم المزيد من واجبات الضيافة لكن الحاج فاجأني بالقول: «نحن بمنزلكم ونشكركم على كرم الضيافة وكل ما

تقوله سنوافق عليه، لكن عندنا قائمة من المدرسين المسيحيين نرغب في زيارتهم هذه الليلة وتقديم التهنئة بالعيد لهم، فهل نستمر في الضيافة أم نكتفي بهذا القدر وتسمح لنا بالانصراف لاستكمال باقي الزيارات؟!»

تأثرت بلطفه واهتمامه بإكمال الزيارات! لكني قبل انصرافه حصلت منه على وعد بتكرار الزيارة حتى نتعرف على بعضنا بطريقه أعمق وعَبَّرْتُ عما يجيش في صدري من احترام وحب لما قام به من توزيع الإنجيل والاهتمام بحصص الدين المسيحي وهو بدوره قام بتقديم الشكر لأختي على اهتمامها بابنته الصغيرة وتشجيعها علىٰ الدراسة.

مرت أسابيع على هذه الزيارة وفي أحد الأيام (كان يوم ثلاثاء) سمعت طرقًا على الباب وفتحت لأجد أمامي فجأة مدير المدرسة للمرة الثانية، ولكن هذا اليوم لم يكن مناسبًا للزيارة (من وجهة نظري) لأنني كنت أقوم بتدريس بعض الشباب من الكنيسة درسًا في برنامج التلمذة، لذا رحبت بالحاج ودعوته لمشاركتنا في الوقت الباقي لجلسة درس الكتاب وعَرَّفْتُهُ على الشباب الموجودين، لكنه اعتذر بأدب عن الحضور دون موعد سابق وبرر موقفه بأنه كان قريبًا من منزلنا فقرر فجأة زيارتنا، فشجعته، لكني استأذنته أن نستكمل ما تبقى من الدرس خلال 10 دقائق على الأكثر، فوافق!

لا أتذكر ماذا كنا ندرس في ذلك اليوم، إنما أتذكر تعليق الحاج عندما قال: «هذا شيء جميل وأسلوب رائع في الدراسة من خلال الحوار. يا ليتني جئت قبل الوقت لأستمتع معكم بهذا الدرس»، قلت له مُرحبًا: «أهلًا ومرحبًا بك معنا في الأسبوع

القادم ونحن نبدأ في الساعة السادسة وننتهي في الثامنة تمامًا.» فوافق ووعدني بالحضور.

في الأسبوع التالي حضر في الموعد تمامًا تَعَرَّف أكثر على باقي الشباب عوني وهاني ورجائي وماجد ومدحت عزاري وممتاز ومراد وطارق، كما عرفهم بنفسه. وأثناء درس الإنجيل كان يُعَلِّق تعليقات لطيفة مشجعة. وما أن رآنا نحاول كتابة آية من الإنجيل على كارت لنحفظها كما يقتضي برنامج التلمذة الذي ندرسه، حتى تطوع هو بنفسه لكتابة هذا الكارت فوافقناه وأعطيناه 9 كروت ليكتب لكل واحدٍ منَّا الآية نفسها على كل كارت.

بعد دقائق استلمنا منه هذه الكروت مكتوبةً بخط جميل جدًّا واكتشفنا أنه كان مدرسًا للغة العربية وخطاطًا قبل أن يُصبح مديرًا للمدرسة، فشكرناه وزادت محبتنا له واحترامنا لشخصه وكنا نتشوق أكثر للقاء يوم الثلاثاء بعد وجود الحاج معنا ومشاركته لنا في الدراسة بدون تعصب وبتواضع واحترام. كنا نستغرب لقبوله لما ندرسه ومشاركته لنا دون اعتراض.

ولكن في إحدى جلسات الدراسة تحمس أحد الشباب (مدحت عزاري) وفي أثناء الحوار قال للحاج «إنت عارف الحق كويس، لازم تبقى مسيحي!» فاحمر وجه الحاج خجلًا بعد هذه العبارة، وظهرت عليه علامات الغضب ورد على "مدحت" قائلًا: «عايزني أخون ديني وعايزني أتخلىَّ عن دين آبائي وأجدادي، هو علشان بادرس معكم الإنجيل وأتناقش معكم كأولادي تكون هذه هي النتيجة؟!» وتكهرب الجو، وبسرعة شعر الشاب المتسرع بخطئه واعتذر للحاج، واعتذرت أنا أيضًا

للحاج عبد الرؤوف وحاولت جاهدًا لملمة الموضوع. وبعد دقائق ختمنا الاجتماع بالصلاة وانطلق كل واحد إلى حال سبيله لكني طلبت من الحاج أن ينتظر دقيقة واحدة حتى ينصرف الشباب وبعدها قدمت له اعتذارًا مرة أخرى على ما حدث وأكدت له احترامي الشديد وطلبت منه أن نجتمع أنا وهو في موعد آخر منفردين بعيدًا عن يوم الثلاثاء، فقال لي «كنت أنوي عدم الحضور لمنزلك مرة أخرى، لكني بسبب كلامك هذا أنا أوافق أن نجتمع معًا كل يوم جمعة الساعة العاشرة صباحًا حتى آذان الظهر وبعدها أذهب إلى أقرب مسجد للصلاة».. ووافقته على اقتراحه.

وقبل الجمعة الأولى فكرت ما هي أهم المواضيع التي أتكلم فيها مع الحاج عبد الرؤوف.. أحسن موضوع هو الله وبالتحديد قضية التوحيد. وفتشت على بعض الآيات في الإنجيل التي توضح مفهوم الوحدانية كما علمها المسيح.

في تمام العاشرة من صباح يوم الجمعة حضر الحاج عبد الرؤوف في الموعد تمامًا، فهو رجل منضبط جدًّا في مواعيده وهذا ما يوضح جانبًا هامًا في شخصيته، فهو يحب النظام والانضباط. وبعد الترحيب به وتقديم واجب الضيافه سألته: «يا حاج حسب رأيك ما هو إيمان المسيحيين بالله؟» قال لي مباشرة: «أنتم تؤمنون بالله الواحد لكن بفكرة أخرى».. تعجبت لهذه الإجابة فهذه أول مرة في حياتي أسمع مسلمًا يقر صراحة أننا نؤمن بإله واحد، فأغلب المسلمين يتهموننا بالشِّرك. ولكنه نظر إليَّ (وكأنه قرأ أفكاري) وقال: «أنا مسلم مختلف تناقشت مع كثيرين من المسيحيين وقرأت أجزاء من الإنجيل وتيقنت بعد سماع جيد لزملائي المدرسين المسيحيين أنكم فعلًا موحدين

بـالله!» شـكرت الله فـي قلبـي مـن أجـل هـذا الرجـل وقـرأت معـه بعض الآيات في الإنجيل مثل إنجيل (متى 4: 10) ﴿لِلرَّبِّ إِلهِكَ تَسْجُدُ وَإِيَّاهُ وَحْدَهُ تَعْبُدُ﴾.. هكذا قـال المسيح للشيطان فـي إعـلان صريح بوحدانية الله، فقال «نعم أنـا أومن بذلك.»

سألته في جلسة أخرى: «ما هو إيمانك في المسيح عيسى بـن مـريم؟» قـال: «هـو رسـول الله ومـن أفضـل الرسـل أولـي العـزم، وهـو نبـي الله بـل مـن أفضـل الأنبيـاء، وهـو مولـودٌ مـن "سِتِّنَا" العذراء مريم بمعجزة إلهية، ولم يذكر القرآن اسم امرأة أخرى غير اسم "سِتِّنَا" مريم على سورة من القرآن الكريم. وقد فضلها الله على نساء العالمين، والمسيح عليـه السـلام وجيـهٌ فـي الدنيا والآخرة، لم ينخسه الشيطان مثل بـاقي البشر وسيأتي فـي نهاية الزمان حكمًا مقسطًا كديان لكل البشر لكنـه لـيس الله، ولا ابن الله، لأن الله لم يلد ولم يولد ولم يكن لـه كفوًا أحد، رغم أنـه قام بعمل الكثير من المعجزات الإلهيـة، شفى الأبـرص والأكمـه والأعرج وأقام الموتـى بـإذن الله. ولقد تحدث القرآن كثيـرًا عـن السيد المسيح، وأمرنـا نحن المسلمين أن نـؤمن بـه، وبكـل أنبيـاء الله ورسله وكتبه لا نفرق بين واحد وآخر منهم.»

احترمـت هـذا الرجـل لصـراحته وثقافتـه، ومـا وصـل إليـه مـن فهـم وخصوصـًا فـي موضـوع وحدانيـة الله، وسـمعنا صـوت الآذان فاستأذن للصلاة، وانتهت هذه الجلسة.

وفـي أثنـاء الأسـبوع، جـاءتني فكـرة: «لمـاذا لا أسـتعين بـأخي وصـديقي نبيـل جبـور، خاصـةً وأنـه يحـب المسـلمين؟» فاتصـلت بـه تليفونيـًا ودعوتـه ليشـاركنا فـي الجلسـة القادمـة مـع الحـاج عبـد الـرؤوف.. وأخبرتـه بكـل مـا حـدث، وطلبـت منـه أن

يشترك معنا في هذا اللقاء المتميز وأن يساعدني، فوعدني بالصلاة ومعرفة مشيئة الله في هذا الموضوع.

الأخ نبيل جبور، خادم متميز للإنجيل، يعمل في هيئة النافجيتورز، وهي هيئة مسيحية تسعى لتحقيق أهداف المسيح، ومن بينها تدريب المؤمنين في حياة التلمذة، وتشجيعهم على التكريس للمأمورية العظمى، وتعمل من أجل ملكوت الله وبناء كنيسة قوية من خلال مساعدة الكنائس المحلية وتدريب الخدام على التلمذة. وبشكل خاص التركيز على الشباب، ليتدربوا على خدمة وتوصيل محبة المسيح لكل الشعوب، والمشاركة في تحقيق المأمورية العظمى من خلال تكاثر الفَعَلة، ليخدموا أشخاصًا آخرين خدمة روحية وأسرية.

كان نبيل جبور متخصصًا في تلمذة المؤمنين، تعرفت عليه منذ عدة سنوات في أحد المؤتمرات، وتتلمذت على يديه، وأعجبني أسلوبه في التعليم وبساطته وحياته الروحية في علاقاته بالله، وتعلمت منه الكثير، لذلك توقعت أن يكون وجوده معنا، إضافة جديدة لي، وفائده أفضل للحاج عبد الرؤوف.

اتصل بي نبيل، ووافق على الحضور، بشرط أن أستأذن الحاج عبد الرؤوف، إنْ كان يسمح بذلك أم لا، فوافقته وأبلغت الحاج بهذه الفكرة، وأرسل لي موافقته على حضور الأخ نبيل.

في يوم الجمعة المتفق عليه، حضر الحاج والأخ نبيل في الموعد تمامًا، وقدمت كل واحد منهما للآخر بأحسن تقديم، وطَلَبَ نبيل أن نبدأ اجتماعنا معًا بالصلاة.. فسأله الحاج: «ماذا تقصد؟» فقال الأخ نبيل «نقف ونرفع دعاء لله أن ينعم علينا بنعمته، وأن يرحمنا برحمته، وأن ينير بصيرتنا بنوره، وأن

يمنحنا معرفة للحق»، فوافقه الحاج على هذا الاقتراح بل وأثنى عليه، ولكنه قال: «البركة فيك يا أخ نبيل، ارفع أنت هذا الدعاء بالنيابة عنا.» وقفنا نحن الثلاثة، ورفعنا أيدينا نحو السماء، وقال الأخ نبيل: «يا الله نحمدك ونشكرك على كل خيراتك ونطلب منك أن تشرق بنورك علينا، آمين.»

بعد الصلاة وجه نبيل سؤالًا للحاج: «ممكن تحكي لنا عن الصلاة في الإسلام؟» فقال لنا «الصلوات الخمس هي: صلاة الفجر وهي ركعتان؛ وصلاة الظهر وهي أربع ركعات؛ وصلاة العصر وهي أربع ركعات؛ وصلاة المغرب وهي ثلاث ركعات؛ وصلاة العشاء وهي أربع ركعات (الشيعة يصلون ثلاث مرات فقط).»

كان الأخ نبيل قد استمع مني عن إعجابي الشديد بالحاج عبد الرؤوف، وما قام به من توزيع الإنجيل في المدرسة، وعن تخصيص المكتبة لحصص الدين المسيحى. لذلك اختار الأخ نبيل أن أفضل ما نبدأ به هو قراءة الأصحاح العاشر من سفر أعمال الرسل، لأن هذا الأصحاح يتكلم عن شخصية كرنيليوس، وهو يشبه الحاج عبد الرؤوف في جوانب كثيرة. أعجبتني الفكرة جدًّا. وقال الأخ نبيل للحاج عبد الرؤوف «أنت تشبه كرنيليوس»، فقال: «من هو؟» فقال الأخ نبيل «دعنا نقرأ ما جاء عنه في الأصحاح العاشر والأعداد من (1) إلى (10)»، وركزنا في البداية على العدد الأول والثاني: ﴿وَكَانَ فِي قَيْصَرِيَّةَ رَجُلٌ اسْمُهُ كَرْنِيلِيُوسُ، قَائِدُ مِئَةٍ مِنَ الْكَتِيبَةِ الَّتِي تُدْعَى الإِيطَالِيَّةَ. وَهُوَ تَقِيٌّ وَخَائِفُ اللهِ مَعَ جَمِيعِ بَيْتِهِ، يَصْنَعُ حَسَنَاتٍ كَثِيرَةً لِلشَّعْبِ، وَيُصَلِّي إِلَى اللهِ فِي كُلِّ حِينٍ.﴾

- كرنيليوس قائد مئة (100 جندي)
- شخص تقي
- خائف الله
- يصنع حسنات كثيرة للشعب
- يصلي إلى الله في كل حين

تأملنا في هذه الصفات، وتكلمنا عنها كثيرًا، ثم ركز الأخ نبيل كلامه على أن هذه الصفات واضحة ومجتمعة، في الحاج عبد الرؤوف، من خلال كل ما سمعناه وعرفناه عنه، لكن رغم كل هذا فإن كرنيليوس رغم صلواته وصيامه وأعماله الحسنة، يحتاج لشيء آخر أكثر من كل هذه الأعمال الصالحة التي يعملها.

طرح الأخ نبيل علينا سؤالًا: «ماذا يحتاج كرنيليوس أكثر من ذلك؟ ولماذا ظهر له ملاك من الله؟ وماذا أخبره بطرس عندما دخل إلى بيت كرنيليوس كما جاء في النص؟»

﴿فَرَأَى ظَاهِرًا فِي رُؤْيَا نَحْوَ السَّاعَةِ التَّاسِعَةِ مِنَ النَّهَارِ، مَلاَكًا مِنَ اللهِ دَاخِلًا إِلَيْهِ وَقَائِلًا لَهُ: «يَا كَرْنِيلِيُوسُ!». فَلَمَّا شَخَصَ إِلَيْهِ وَدَخَلَهُ الْخَوْفُ، قَالَ: «مَاذَا يَا سَيِّدُ؟» فَقَالَ لَهُ: «صَلَوَاتُكَ وَصَدَقَاتُكَ صَعِدَتْ تَذْكَارًا أَمَامَ اللهِ. وَالآنَ أَرْسِلْ إِلَى يَافَا رِجَالًا وَاسْتَدْعِ سِمْعَانَ الْمُلَقَّبَ بُطْرُسَ. إِنَّهُ نَازِلٌ عِنْدَ سِمْعَانَ رَجُلٍ دَبَّاغٍ بَيْتُهُ عِنْدَ الْبَحْرِ. هُوَ يَقُولُ لَكَ مَاذَا يَنْبَغِي أَنْ تَفْعَلَ.» فَلَمَّا انْطَلَقَ الْمَلاَكُ الَّذِي كَانَ يُكَلِّمُ كَرْنِيلِيُوسَ، نَادَى اثْنَيْنِ مِنْ خُدَّامِهِ، وَعَسْكَرِيًّا تَقِيًّا مِنَ الَّذِينَ كَانُوا يُلاَزِمُونَهُ، وَأَخْبَرَهُمْ بِكُلِّ شَيْءٍ وَأَرْسَلَهُمْ إِلَى يَافَا.﴾

وصرفنا قرابة الساعة في التفكير والتأمل، ومحاولة الإجابة على سؤال الأخ نبيل، وكان واضحًا أن كرنيليوس كان ينقصه معرفة المسيح، والإيمان به كفادٍ، وأن كرنيليوس مع كثيرين من أهل بيته آمنوا بشخص المسيح، بعد سماعهم للرسول بطرس. وأنا امتلأت بالحماس في قلبي، وقلت في نفسي «لا بد أن الحاج عبد الرؤوف سيفهم ما المقصود من هذا الدرس، وما مدى احتياجه مثل كرنيليوس أن يقبل المسيح في حياته»، لكن الحاج كان دبلوماسيًا وعبر عن إعجابه بهذه القصة، وإعجابه بشخصية الأخ نبيل، وطريقته في التدريس، وطلب مني الأخ نبيل أن اختم الجلسة بالصلاة.

لا أعلم ماذا قلت، لكن بعد انصراف الضيوف، سألت نفسي: «ليه الأخ نبيل ما اتكلمش مباشرة وبطريقة واضحة مع الحاج عبد الرؤوف عن ضرورة خلاصه وتسليم حياته للمسيح كما نفعل نحن مع الكثيرين من المسيحيين ونستعجلهم في اتخاذ القرار؟» وكان رد الأخ نبيل على سؤالي من خلال التليفون قائلًا: **«لا تأخذ مكان الروح القدس!»** «ماذا تقصد يا أخ نبيل؟» قال: «لا تتعجل الأمور.. نحن نقدم كلمة الله والروح القدس يعمل في القلوب.. اترك الحاج عبد الرؤوف للروح القدس! أنت مجرد خادم للإنجيل فقط.. نحن لا نقدر أن نُخَلِّص أحدًا.. الله وحده الذي يعمل في القلوب.»

تراجعت عن اندفاعي وتسرعي وانفعالي، ورغبتي المتعجلة في خلاص هذه النفس، والتقينا معًا في الأسبوع التالي، بدأنا بالصلاة والدعاء، ثم قرأ الأخ نبيل الأصحاح نفسه مرة ثانية قصة كرنيليوس، لكن في هذه المرة ركز الأخ نبيل

كلامه على شخصية بطرس، التلميذ الأول من تلاميذ المسيح كما جاء في النص (9- 16):

﴿ثُمَّ فِي الْغَدِ فِيمَا هُمْ يُسَافِرُونَ وَيَقْتَرِبُونَ إِلَى الْمَدِينَةِ، صَعِدَ بُطْرُسُ عَلَى السَّطْحِ لِيُصَلِّيَ نَحْوَ السَّاعَةِ السَّادِسَةِ. فَجَاعَ كَثِيرًا وَاشْتَهَى أَنْ يَأْكُلَ. وَبَيْنَمَا هُمْ يُهَيِّئُونَ لَهُ، وَقَعَتْ عَلَيْهِ غَيْبَةٌ، فَرَأَى السَّمَاءَ مَفْتُوحَةً، وَإِنَاءً نَازِلًا عَلَيْهِ مِثْلَ مُلاَءَةٍ عَظِيمَةٍ مَرْبُوطَةٍ بِأَرْبَعَةِ أَطْرَافٍ وَمُدَّلاَةٍ عَلَى الأَرْضِ. وَكَانَ فِيهَا كُلُّ دَوَابِّ الأَرْضِ وَالْوُحُوشِ وَالزَّحَّافَاتِ وَطُيُورِ السَّمَاءِ. وَصَارَ إِلَيْهِ صَوْتٌ: «قُمْ يَا بُطْرُسُ، اذْبَحْ وَكُلْ». فَقَالَ بُطْرُسُ: «كَلاَّ يَارَبُّ! لأَنِّي لَمْ آكُلْ قَطُّ شَيْئًا دَنِسًا أَوْ نَجِسًا». فَصَارَ إِلَيْهِ أَيْضًا صَوْتٌ ثَانِيَةً: «مَا طَهَّرَهُ اللهُ لاَ تُدَنِّسْهُ أَنْتَ!» وَكَانَ هذَا عَلَى ثَلاَثِ مَرَّاتٍ، ثُمَّ ارْتَفَعَ الإِنَاءُ أَيْضًا إِلَى السَّمَاءِ.﴾

قال نبيل: «رغم أن بطرس امتلأ من الروح القدس، وصنع آيات ومعجزات باسم المسيح، لكنه كان يحتاج للتغيير تمامًا مثل كرنيليوس!» وبسرعة سألت الأخ نبيل مستنكرًا: «ما هو احتياج بطرس للتغيير؟ وهوالذي رَبِحَ ثلاثة آلاف نفس للمسيح؛ وشفى الأعرج الجالس عند باب الهيكل؛ وأقام "طابيثا" من الموت.. فهل يحتاج هذا الرسول للتغيير؟!» وبهدوء أجاب الأخ نبيل: «الرسول بطرس كان عنده مشكلة عنصرية، هو يهودي تربَّى على التعالي على الأمم، لذلك لا يدخل أي بيت غير يهودي حتى لا يتنجس! على الرغم مما سمعه من تعليم المسيح بمساواة كل البشر.»

سأل نبيل سؤالًا آخر: «ما سبب مشكلة بطرس؟» ثم أجاب: «ما تعلمه بطرس وهو صغير في المجامع اليهودية، أن اليهود شعب الله المختار، وباقي شعوب الأمم أقل!» وأضاف:

«رغم ما تعلمه بطرس من المسيح أن الله يشرق شمسه على الأشرار والأبرار، وعلى محبة الله لكل الناس بلا تفرقه. وما قاله المسيح لتلاميذه: ﴿اذْهَبُوا وَتَلْمِذُوا جَمِيعَ الأُمَمِ﴾، لكن بطرس لم يستطع أن يتخلص من التعاليم الخاطئة التي تعلمها في المجامع اليهودية، ولم يحمل رسالة الإنجيل إلى الأمم إلا بعد ظهور رؤية جديدة من السماء، وسمع صوت المسيح قائلًا: ﴿مَا طَهَّرَهُ اللهُ لاَ تُدَنِّسْهُ أَنْتَ!﴾، وبعدها أطاع صوت الله، وذهب إلى بيت كرنيليوس.»

بعد الصلاة وانصراف الضيوف، سألت نفسي: «هل أنا مثل بطرس؟ هل أحتاج للتغيير؟ بالطبع!» وانكشفت أمامي أمور كثيرة تحتاج للتغيير، أهمها أن لا أعتبر نفسي أفضل من غيري، ولا أنظر لأحد نظرة دونية، فجميع البشر خليقة الله الواحد. من هذا اليوم وحتى الآن أطلب من الله أن يغيرني!

أول مره قرأنا أعمال الرسل 10 مع الحاج عبد الرؤوف، قال له الأخ نبيل «أنت مثل كرنيليوس شخص تقي يخاف ويصلي إلى الله ويصنع حسنات كثيرة إلى الشعب لكن كرنيليوس كان يحتاج للقاء مع المسيح ويحتاج للتغيير»، قال لي الروح القدس في اليوم نفسه «وأنت مثل بطرس في أعمال 10 تخدم الله وتلميذ للمسيح ولكنك تحتاج للتغيير! تحتاج أن تفهم المأموريه العظمى كما قالها المسيح!»

سؤال شخصي: «هل تحتاج أنت إلى التغيير؟ حتى لو كنت قِسًّا أو خادمًا؟»

في الأسبوع التالي قرأ الأخ نبيل مرة ثالثة سفر الأعمال الأصحاح العاشر وركز على الأعداد (38-39):

﴿يَسُوعُ الَّذِي مِنَ النَّاصِرَةِ كَيْفَ مَسَحَهُ اللهُ بِالرُّوحِ الْقُدُسِ وَالْقُوَّةِ، الَّذِي جَالَ يَصْنَعُ خَيْرًا وَيَشْفِي جَمِيعَ الْمُتَسَلِّطِ عَلَيْهِمْ إِبْلِيسُ، لأَنَّ اللهَ كَانَ مَعَهُ. وَنَحْنُ شُهُودٌ بِكُلِّ مَا فَعَلَ فِي كُورَةِ الْيَهُودِيَّةِ وَفِي أُورُشَلِيمَ. الَّذِي أَيْضًا قَتَلُوهُ مُعَلِّقِينَ إِيَّاهُ عَلَى خَشَبَةٍ.﴾

ثم سأل: «ماذا نعرف عن المسيح في هذه الآيات؟»

أولًا؛ يسوع الذي من الناصرة وهذا ما جاء في (متى 2: 21 -23):

﴿فَقَامَ وَأَخَذَ الصَّبِيَّ وَأُمَّهُ وَجَاءَ إِلَى أَرْضِ إِسْرَائِيلَ. وَلكِنْ لَمَّا سَمِعَ أَنَّ أَرْخِيلاَوُسَ يَمْلِكُ عَلَى الْيَهُودِيَّةِ عِوَضًا عَنْ هِيرُودُسَ أَبِيهِ، خَافَ أَنْ يَذْهَبَ إِلَى هُنَاكَ. وَإِذْ أُوحِيَ إِلَيْهِ فِي حُلْمٍ، انْصَرَفَ إِلَى نَوَاحِي الْجَلِيلِ. وَأَتَى وَسَكَنَ فِي مَدِينَةٍ يُقَالُ لَهَا نَاصِرَةُ، لِكَيْ يَتِمَّ مَا قِيلَ بِالأَنْبِيَاءِ إِنَّهُ سَيُدْعَى نَاصِرِيًّا.﴾

ثانيًا؛ كيف مسحه الله بالروح القدس؟

- المسيح مُسِحَ للخلق: ﴿مُنْذُ الأَزَلِ مُسِحْتُ، مُنْذُ الْبَدْءِ، مُنْذُ أَوَائِلِ الأَرْضِ.﴾ (أم 8 : 23)
- المسيح مُسِحَ للخدمة: ﴿رُوحُ الرَّبِّ عَلَيَّ، لأَنَّهُ مَسَحَنِي لأُبَشِّرَ الْمَسَاكِينَ، أَرْسَلَنِي لأَشْفِيَ الْمُنْكَسِرِي الْقُلُوبِ، لأُنَادِيَ لِلْمَأْسُورِينَ بِالإِطْلاَقِ وَلِلْعُمْيِ بِالْبَصَرِ، وَأُرْسِلَ الْمُنْسَحِقِينَ فِي الْحُرِّيَّةِ. وَأَكْرِزَ بِسَنَةِ الرَّبِّ الْمَقْبُولَةِ.﴾ (لو4: 18-19)
- المسيح مُسِحَ للمُلك: ﴿أَمَّا أَنَا فَقَدْ مَسَحْتُ مَلِكِي عَلَى صِهْيَوْنَ جَبَلِ قُدْسِي﴾ (مز 2: 6)

ولكي يشرح الأخ نبيل للحاج معمودية المسيح طلب أن نقرأ من إنجيل متى أصحاح (3: 13- 17)

﴿حِينَئِذٍ جَاءَ يَسُوعُ مِنَ الْجَلِيلِ إِلَى الأُرْدُنِّ إِلَى يُوحَنَّا لِيَعْتَمِدَ مِنْهُ. وَلكِنْ يُوحَنَّا مَنَعَهُ قَائِلًا: «أَنَا مُحْتَاجٌ أَنْ أَعْتَمِدَ مِنْكَ، وَأَنْتَ تَأْتِي إِلَيَّ!» فَأَجَابَ يَسُوعُ وَقَالَ لَهُ: «اسْمَحِ الآنَ، لأَنَّهُ هكَذَا يَلِيقُ بِنَا أَنْ نُكَمِّلَ كُلَّ بِرّ.» حِينَئِذٍ سَمَحَ لَهُ. فَلَمَّا اعْتَمَدَ يَسُوعُ صَعِدَ لِلْوَقْتِ مِنَ الْمَاءِ، وَإِذَا السَّماوات قَدِ انْفَتَحَتْ لَهُ، فَرَأَى رُوحَ اللهِ نَازِلًا مِثْلَ حَمَامَةٍ وَآتِيًا عَلَيْهِ، وَصَوْتٌ مِنَ السماوات قَائِلًا:«هذَا هُوَ ابْنِي الْحَبِيبُ الَّذِي بِهِ سُرِرْتُ.»﴾

ثم قال: «لَمْ يعتمد يسوع من أجل خطاياه هو بل ليجعل نفسه واحدًا مع الخطاة، ثم نزل عليه الروح القدس على هيئة حمامة لإعلان بداية مهمة المسيح للخدمة وسُمع صوت الآب من السماء ﴿هذَا هُوَ ابْنِي الْحَبِيبُ [الملك الممسوح] الَّذِي بِهِ سُرِرْتُ﴾.»

ثالثًا؛ كان المسيح يجول يصنع خيرًا ويشفي جميع المتسلط عليهم إبليس. وقرأنا إنجيل (مرقس 5: 1- 20)

﴿وَجَاءُوا إِلَى عَبْرِ الْبَحْرِ إِلَى كُورَةِ الْجَدَرِيِّينَ. وَلَمَّا خَرَجَ مِنَ السَّفِينَةِ لِلْوَقْتِ اسْتَقْبَلَهُ مِنَ الْقُبُورِ إِنْسَانٌ بِهِ رُوحٌ نَجِسٌ، كَانَ مَسْكَنُهُ فِي الْقُبُورِ، وَلَمْ يَقْدِرْ أَحَدٌ أَنْ يَرْبِطَهُ وَلاَ بِسَلاَسِلَ، لأَنَّهُ قَدْ رُبِطَ كَثِيرًا بِقُيُودٍ وَسَلاَسِلَ فَقَطَّعَ السَّلاَسِلَ وَكَسَّرَ الْقُيُودَ، فَلَمْ يَقْدِرْ أَحَدٌ أَنْ يُذَلِّلَهُ. وَكَانَ دَائِمًا لَيْلًا وَنَهَارًا فِي الْجِبَالِ وَفِي الْقُبُورِ، يَصِيحُ وَيُجَرِّحُ نَفْسَهُ بِالْحِجَارَةِ. فَلَمَّا رَأَى يَسُوعَ مِنْ بَعِيدٍ رَكَضَ وَسَجَدَ لَهُ، وَصَرَخَ بِصَوْتٍ عَظِيمٍ وَقَالَ: «مَا لِي وَلَكَ يَا يَسُوعُ ابْنَ اللهِ الْعَلِيِّ؟ أَسْتَحْلِفُكَ بِاللهِ أَنْ لاَ تُعَذِّبَنِي!» لأَنَّهُ قَالَ لَهُ:

«اخْـرُجْ مِـنَ الإِنْسَـانِ يَـا أَيُّهَـا الـرُّوحُ الـنَّجِسُ». وَسَـأَلَهُ: «مَـا اسْمُكَ؟» فَأَجَابَ قَائِلًا: «اسْمِي لَجِئُونُ، لأَنَّنَا كَثِيرُونَ». وَطَلَبَ إِلَيْهِ كَثِيرًا أَنْ لاَ يُرْسِلَهُمْ إِلَى خَارِجِ الْكُورَةِ. وَكَانَ هُنَاكَ عِنْدَ الْجِبَالِ قَطِيعٌ كَبِيرٌ مِنَ الْخَنَازِيرِ يَرْعَى، فَطَلَبَ إِلَيْهِ كُلُّ الشَّيَاطِينِ قَائِلِينَ: «أَرْسِلْنَا إِلَى الْخَنَازِيرِ لِنَدْخُلَ فِيهَا». فَأَذِنَ لَهُمْ يَسُوعُ لِلْوَقْتِ. فَخَرَجَتِ الأَرْوَاحُ النَّجِسَةُ وَدَخَلَتْ فِي الْخَنَازِيرِ، فَانْدَفَعَ الْقَطِيعُ مِنْ عَلَى الْجُرْفِ إِلَى الْبَحْرِ. وَكَانَ نَحْوَ أَلْفَيْنِ، فَاخْتَنَقَ فِي الْبَحْرِ. وَأَمَّا رُعَاةُ الْخَنَازِيرِ فَهَرَبُوا وَأَخْبَرُوا فِي الْمَدِينَةِ وَفِي الضِّيَاعِ. فَخَرَجُوا لِيَرَوْا مَا جَرَى. وَجَاءُوا إِلَى يَسُوعَ فَنَظَرُوا الْمَجْنُونَ الَّذِي كَانَ فِيهِ اللَّجِئُونُ جَالِسًا وَلاَبِسًا وَعَاقِلًا، فَخَافُوا. فَحَدَّثَهُمُ الَّذِينَ رَأَوْا كَيْفَ جَرَى لِلْمَجْنُونِ وَعَنِ الْخَنَازِيرِ. فَابْتَدَأُوا يَطْلُبُونَ إِلَيْهِ أَنْ يَمْضِيَ مِنْ تُخُومِهِمْ. وَلَمَّا دَخَلَ السَّفِينَةَ طَلَبَ إِلَيْهِ الَّذِي كَانَ مَجْنُونًا أَنْ يَكُونَ مَعَهُ، فَلَمْ يَدَعْهُ يَسُوعُ، بَلْ قَالَ لَهُ: «اذْهَبْ إِلَى بَيْتِكَ وَإِلَى أَهْلِكَ، وَأَخْبِرْهُمْ كَمْ صَنَعَ الرَّبُّ بِكَ وَرَحِمَكَ». فَمَضَى وَابْتَدَأَ يُنَادِي فِي الْعَشْرِ الْمُدُنِ كَمْ صَنَعَ بِهِ يَسُوعُ. فَتَعَجَّبَ الْجَمِيعُ.﴾

هذا النص يشرح سلطان المسيح على الأرواح الشريرة وكيف أخرج 2000 روح شرير مرة واحدة. ثم قرأنا متى 8 وفيه 5 معجزات قام بها المسيح لشفاء أمراض مختلفة.

رابعًا؛ كان التلاميذ ومعهم النسوة وأكثر من 120 أخ شهود عيان على صلب يسوع وقيامته:

(متى 27: 55-56) ﴿وَكَانَتْ هُنَاكَ نِسَاءٌ كَثِيرَاتٌ يَنْظُرْنَ مِنْ بَعِيدٍ، وَهُنَّ كُنَّ قَدْ تَبِعْنَ يَسُوعَ مِنَ الْجَلِيلِ يَخْدِمْنَهُ، وَبَيْنَهُنَّ مَرْيَمُ الْمَجْدَلِيَّةُ، وَمَرْيَمُ أُمُّ يَعْقُوبَ وَيُوسِي، وَأُمُّ ابْنَيْ زَبْدِي.﴾

(لوقا 23: 48-49) ﴿وَكُلُّ الْجُمُوعِ الَّذِينَ كَانُوا مُجْتَمِعِينَ لِهذَا الْمَنْظَرِ، لَمَّا أَبْصَرُوا مَا كَانَ، رَجَعُوا وَهُمْ يَقْرَعُونَ صُدُورَهُمْ. وَكَانَ جَمِيعُ مَعَارِفِهِ، وَنِسَاءٌ كُنَّ قَدْ تَبِعْنَهُ مِنَ الْجَلِيلِ، وَاقِفِينَ مِنْ بَعِيدٍ يَنْظُرُونَ ذلِكَ.﴾

(يوحنا 19: 25-27) ﴿وَكَانَتْ وَاقِفَاتٍ عِنْدَ صَلِيبِ يَسُوعَ، أُمُّهُ، وَأُخْتُ أُمِّهِ مَرْيَمُ زَوْجَةُ كِلُوبَا، وَمَرْيَمُ الْمَجْدَلِيَّةُ. فَلَمَّا رَأَى يَسُوعُ أُمَّهُ، وَالتِّلْمِيذَ الَّذِي كَانَ يُحِبُّهُ وَاقِفًا، قَالَ لأُمِّهِ: «يَا امْرَأَةُ، هُوَذَا ابْنُكِ». ثُمَّ قَالَ لِلتِّلْمِيذِ: «هُوَذَا أُمُّكَ». وَمِنْ تِلْكَ السَّاعَةِ أَخَذَهَا التِّلْمِيذُ إِلَى خَاصَّتِهِ.﴾

ثم قال الأخ نبيل: «الموضوع الخامس عن تفاصيل صلب المسيح والسادس عن قيامته سنؤجلهم لما بعد دراسة عظة الجبل.»

في الأسبوع الذي يليه، اجتمعنا معًا، ثم بدأنا في قراءة عظة الجبل مقطع بعد مقطع وأحيانًا آية بعد آية.. ﴿طُوبَى لِلْمَسَاكِينِ بِالرُّوحِ، لأَنَّ لَهُمْ مَلَكُوتَ السماوات...﴾ قال الأخ نبيل: «ما معنى طُوبَى؟ يعني يا بخت أومباركين بركة من الله.. ما معنى الْمَسَاكِينِ بِالرُّوحِ؟ اللي أرواحهم محتاجة إلى الله، الجوعانة والعطشانة إليه. هل تنطبق هذه الآية علينا نحن الثلاثة؟ خلينا نصلي»..

صلى الأخ نبيل: «يا رب جَوّعنَا لك دائمًا، نحن نحتاج إليك، عَطِّشْنَا إليك، من يشرب من ماء العالم يعطش، ولكن أنت الماء الحي فاروِ أروحنا يا الله، آمين.» قال الحاج بحماس: «آمين آمين.»

قرأنا الآية التالية: ﴿طُوبَى لِلْحَزَانَى، لأَنَّهُمْ يَتَعَزَّوْنَ.﴾ سأل الأخ نبيل: «من هم الحزانى؟ الذين يحزنون بسبب خطاياهم أو يحزنون على هذا العالم البعيد عن الله، هل نحن نحزن على خطايانا؟ هل نحزن على العالم البعيد عن الله؟» طأطأ الحاج برأسه وقال: «يا خسارة على هذا العالم المليء بالشرور.» بعد عدة آيات قليلة من عظة الجبل، طلب مني نبيل أن أصلي وأرفع دعاءً إلى الله، أن يرحم الناس ويحفظنا خلال الأسبوع القادم من شرور العالم!

لعل أعجب ما اكتشفناه في هذه الفترة أن الحاج عبد الرؤوف كان بعد كل جلسة معنا يذهب إلى بيته ويجمع زوجته وبناته ليقرأوا الآيات الكتابية نفسها من العهد الجديد ويفسر لهم ما فهمه في الدراسة معنا. في ذلك اليوم لمع أمامنا استنتاج غريب، أنه حتى قبل إيمانه بالمسيح كان يكرز لأسرته!

في إحدى الجلسات كان الحاج عبد الرؤوف مختلفًا، تبدو عليه علامات الحزن والاكتئاب، وبدا غير مكترثٍ بما نقول؟ فسأله الأخ نبيل مباشرة: «ما لك اليوم يا حاج؟ هل لنا أن نعرف أخبارك؟» قال هذه العبارة بصوت هادئ مملوء بالمحبة، فنظر إليه الحاج وقال بصوت حزين: «عندي مشكلة، لقد فقدت أعصابي وتشاجرت مع زوجتي اليوم وشتمتها وضربتها وخرجت، والبيت كله في حالة نكد، وأنا ضميري مش مرتاح خاصةً وأنا جالس معكم اليوم لأدرس كلمة الله، وأكيد ربنا غضبان مني على ما فعلت.»

قال نبيل له: «يا حاج زوجتك وبناتك يعرفوا أنك تحب المسيح وتقرأ معنا الإنجيل. ما هو رأيهم بالمسيح وبالكتاب المقدس بعد ما رأوا الطريقة التي تعامل بها زوجتك؟»

مرت لحظات من الصمت، ثم قال الأخ نبيل: «شكرًا يا حاج لأنك فتحت قلبك لنا، وسمحت أن نعرف أسرارك الشخصية ومشاكلك العائلية، دا كرم كبير منك، وتواضع حقيقي، فأنت الكبير والمدير تعترف لنا بأخطائك وذنوبك. دعنا نقرأ الآية 16 من الأصحاح الخامس من إنجيل متى، التي تقول: ﴿فَلْيُضِئْ نُورُكُمْ هكَذَا قُدَّامَ النَّاسِ، لِكَيْ يَرَوْا أَعْمَالَكُمُ الْحَسَنَةَ، وَيُمَجِّدُوا أَبَاكُمُ الَّذِي فِي السماوات.﴾ لكن الآية اليوم صعبة.»

- «هل ما فعلته اليوم من مشاكل عائلية يمجد الله؟»
- أجاب الحاج بانكسار قلب: «لا.. لا طبعًا، أنا حزين جدًّا جدًّا على ما حدث لكن كانت لحظة غضب، والشيطان ضحك عليَّ ودفعني لارتكاب المعصية.»
- قال الأخ نبيل: «كيف نحول المشكلة التي دفعنا إليها الشيطان إلى فرصة لتمجيد الله؟»
- قال الحاج بتواضع: «بصراحة مش عارف أعمل إيه.. ساعدوني من فضلكم، ماذا أفعل؟»
- قال الأخ نبيل: «عندما تعود اليوم إلى البيت، هل يمكنك أن تعتذر لزوجتك عما ارتكبته، وتعترف بخطئك في حقها؟»

انتفض الحاج في مكانه وقال بسرعة:

- «لا..لا هذا الأمر صعب عليَّ، لم أعتذر لأحد أبدًا وخصوصًا زوجتي.»
- قال الأخ نبيل: «أنا عارف أن هذا صعب، لكن هل يستطيع الله أن يعطيك قوة من عنده حتى تقدر على الاعتذار؟»

- قال الحاج: «الله سبحانه وتعالى قادرٌ على كل شيء.»
- قال الأخ نبيل موجها كلامه لي: «ساعدني نتَّحِد في الصلاة من أجل الحاج عبد الرؤوف.

وقفنا معًا للصلاة، وتضرعنا إلى الله سبحانه، أن يهب القوة والمعونة للحاج حتى يقدر على الاعتذار، حتى تتم المصالحة مع زوجته.

في الأسبوع التالي، بدأنا الجلسة كما تعودنا بالصلاة والدعاء لله، ثم تناولنا فنجان شاي مع قطعة كيك، وطلبنا من الحاج أن يُخبرنا عما حدث معه في الأسبوع الماضي بعد عودته للمنزل.. فتنهد قائلًا: «ياه.. انتصرت على نفسي، واعتذرت لزوجتي لأول مرة خلال حياتنا الزوجية، وتصالحنا وتصافحنا وتغير جو البيت تمامًا، وكان يومًا رائعًا جدًّا، دا اختبار جديد في حياتي.» وبصوت واحد الأخ نبيل وأنا قلنا: «شكرًا يا رب.. شكرًا يا رب.»

لكن في إحدى المرات حضر الأخ نبيل واعتذر الحاج عن عدم الحضور، بسبب سفره المفاجيء، لكن هذا الاعتذار جاء بعد وصول الأخ نبيل إلى منزلي، فتضايقت في نفسي، لأن الأخ نبيل مشواره بعيد وعنده مشغوليات كثيرة. وقلت كان من المفروض أن الحاج يعتذر في وقت مبكر، حتى نلغي جلستنا ونشوف مصالحنا. لكن الأخ نبيل بهدوء قال لي عبارة لن أنساها: قال«**في كل لقاءاتنا السابقة، كنا نتكلم مع الحاج عن الله، دْعنَا اليوم نتكلم مع الله عن الحاج، ظروفه وحياته وعائلته، والمهمة التي سافر من أجلها.»**

خجلت من نفسي، ولأول مرة نصرف ساعتين في الصلاة، والحديث مع الله، من أجل الحاج وظروفه وعمله كمدير للمدرسة ومن أجل أن يفتح الله قلبه، وأن يؤمن بفداء المسيح، ومن أجل زوجته وبناته، ومن أجل سفره المفاجيء.

في الأسبوع التالي، حضر الحاج في الميعاد، واعتذر عن تغيبه عن الجلسة السابقة، فكان السؤال الطبيعي: «خيرًا.. ما سبب سفرك المفاجيء؟» فقال: «لنا عائلة في قريتي لديهم مشكلة صعبة بين الزوج والزوجة، وكاد يحدث طلاق، لكنني ظللت أسمع لهما، وأحاول الصلح بينهما، حتى الثانية صباحًا، وبالفعل تمت المصالحة وعادت الزوجة إلى بيتها وانتهت المشكلة.»

شكرنا الله، لأنه استجاب صلاة الأسبوع الماضي، التي رفعناها من أجل الحاج عبد الرؤوف، وقرأ الأخ نبيل الآية التى درسناها سابقًا في إنجيل متى (5: 9) ﴿طُوبَى لِصَانِعِي السَّلاَمِ، لأَنَّهُمْ أَبْنَاءَ اللهِ يُدْعَوْنَ.﴾، وقال موجهًا كلامه للحاج: «أنت رجل السلام.. أنت صانع سلام، ربنا يبارك حياتك، لتكون نورًا دائمًا وبركة لآخرين، ما فعلته هو أيضًا تطبيق جديد للآية: ﴿فَلْيُضِئْ نُورُكُمْ هكَذَا قُدَّامَ النَّاسِ، لِكَيْ يَرَوْا أَعْمَالَكُمُ الْحَسَنَةَ، وَيُمَجِّدُوا أَبَاكُمُ [الله] الَّذِي فِي السمٰوات.﴾»

استكملنا عظة الجبل وعندما وصلنا للعددين 43و44 ﴿سَمِعْتُمْ أَنَّهُ قِيلَ: تُحِبُّ قَرِيبَكَ وَتُبْغِضُ عَدُوَّكَ. وَأَمَّا أَنَا فَأَقُولُ لَكُمْ: أَحِبُّوا أَعْدَاءَكُمْ. بَارِكُوا لاَعِنِيكُمْ. أَحْسِنُوا إِلَى مُبْغِضِيكُمْ، وَصَلُّوا لأَجْلِ الَّذِينَ يُسِيئُونَ إِلَيْكُمْ وَيَطْرُدُونَكُمْ﴾، قال الحاج «هذا أروع ما قرأت، لكن كيف يمكننا أن نصل إلى هذه المرحلة من القدرة على محبة الأعداء؟» قال الأخ نبيل «من أنفسنا لا

نستطيع! لكن هناك حل مهم يساعدنا أن نعيش تعاليم المسيح. وبرغبة شديدة.» سأل الحاج: «كيف يمكن أن نعيش هذه التعاليم السامية؟» قال الأخ نبيل: «أن نسمح للمسيح أن يعيش فينا وبالتالي يعطينا القدرة على أن نعيش تعاليمه.» نظر الحاج إلى الأخ نبيل باندهاش ولكن لم يسأله. فطلب الأخ نبيل مني أن نختم الجلسة بالصلاة.

مع بداية الصيف، كنا نتوقف عن هذه الجلسة الممتعة، بسبب سفر الأخ نبيل الكثير للوعظ والخدمة والمشورة في المؤتمرات، وأيضًا سفر الحاج عبد الرؤوف لبلده في المنوفية، باعتباره كبيرالعائلة. ومع بدء العام الدراسي، عدنا إلى اجتماعاتنا الأسبوعية.

بدأنا في قرأة إنجيل لوقا بالشرح والتفسير والتأمل والصلاة أسبوعيًا، حتى وصلنا إلى الأصحاح 22 وقرأنا العددين الأول والثاني

﴿وَقَرُبَ عِيدُ الْفَطِيرِ، الَّذِي يُقَالُ لَهُ الْفِصْحُ. وَكَانَ رُؤَسَاءُ الْكَهَنَةِ وَالْكَتَبَةُ يَطْلُبُونَ كَيْفَ يَقْتُلُونَهُ، لأَنَّهُمْ خَافُوا الشَّعْبَ.﴾

وبدأ الأخ نبيل يشرح معنى الفصح: عيد يهودي بدأ في أصحاح 12 من سفر الخروج حيث طلب الله سبحانه من النبي موسى أن تذبح كل عائلة من بني إسرائيل خروفًا وترش من دمه على القائمتين والعتبة العليا، والملاك المُهلِك لا يضرب أي بيت مرشوش عليه الدم وبعد ألف وخمسمئة سنة صنع المسيح الفصح الأخير مع تلاميذه وأشار إلى أنَ جسده يُبذَل من أجلنا ودمه يُسفَك من أجلنا وهذا ما تم عند صَلْبِ المسيح وموته على الصليب.

هنا توقف الحاج سائلًا بكل احترام: «القرآن علمنا أن المسيح لم يُصلبْ والإنجيل يقول إن المسيح صُلِبَ ومات على الصليب فكيف نحل هذا التناقض؟»

أجاب نبيل بكل هدوءٍ قائلًا: «العهد القديم الموجود عند اليهود وخاصة في مزمور 22 وهو مزمور يقرأه رئيس الكهنة فقط لكن المسيح استخدم بدايته ليشير إلى نفسه كرئيس الكهنة الحقيقي قائلًا في (متى 27: 46): ﴿إِيلِي، إِيلِي، لِمَا شَبَقْتَنِي؟ أَيْ: إِلهِي، إِلهِي، لِمَاذَا تَرَكْتَنِي؟﴾ عندما وضعت عليه كل خطايا البشر. وقال أيضًا في المزمور نفسه عدد 16 ﴿ثَقَبُوا يَدَيَّ وَرِجْلَيَّ﴾ وهذا لم يحدث مع شخص آخر غير المسيح وفي عدد 18 ﴿يَقْسِمُونَ ثِيَابِي بَيْنَهُمْ، وَعَلَى لِبَاسِي يَقْتَرِعُونَ﴾ وهذا ما حدث من الجنود الرومان حيث ألقوا قرعة فيما بينهم على قميص المسيح وحققوا النبوة دون أن يدروا.

والنبي إشعياء في الأصحاح 53 يصف عملية صلب المسيح كأنه شاهد عيان:

﴿مَنْ صَدَّقَ خَبَرَنَا، وَلِمَنِ اسْتُعْلِنَتْ ذِرَاعُ الرَّبِّ؟ نَبَتَ قُدَّامَهُ كَفَرْخٍ وَكَعِرْقٍ مِنْ أَرْضٍ يَابِسَةٍ، لاَ صُورَةَ لَهُ وَلاَ جَمَالَ فَنَنْظُرَ إِلَيْهِ، وَلاَ مَنْظَرَ فَنَشْتَهِيَهُ. مُحْتَقَرٌ وَمَخْذُولٌ مِنَ النَّاسِ، رَجُلُ أَوْجَاعٍ وَمُخْتَبِرُ الْحَزَنِ، وَكَمُسَتَّرٍ عَنْهُ وُجُوهُنَا، مُحْتَقَرٌ فَلَمْ نَعْتَدَّ بِهِ.

لكِنَّ أَحْزَانَنَا حَمَلَهَا، وَأَوْجَاعَنَا تَحَمَّلَهَا. وَنَحْنُ حَسِبْنَاهُ مُصَابًا مَضْرُوبًا مِنَ اللهِ وَمَذْلُولاً. وَهُوَ مَجْرُوحٌ لأَجْلِ مَعَاصِينَا، مَسْحُوقٌ لأَجْلِ آثَامِنَا. تَأْدِيبُ سَلاَمِنَا عَلَيْهِ، وَبِحُبُرِهِ شُفِينَا. كُلُّنَا كَغَنَمٍ ضَلَلْنَا. مِلْنَا كُلُّ وَاحِدٍ إِلَى طَرِيقِهِ، وَالرَّبُّ وَضَعَ عَلَيْهِ إِثْمَ

جَمِيعِنَا. ظُلِمَ أَمَّا هُوَ فَتَذَلَّلَ وَلَمْ يَفْتَحْ فَاهُ. كَشَاةٍ تُسَاقُ إِلَى الذَّبْحِ، وَكَنَعْجَةٍ صَامِتَةٍ أَمَامَ جَازِّيهَا فَلَمْ يَفْتَحْ فَاهُ. مِنَ الضُّغْطَةِ وَمِنَ الدَّيْنُونَةِ أُخِذَ. وَفِي جِيلِهِ مَنْ كَانَ يَظُنُّ أَنَّهُ قُطِعَ مِنْ أَرْضِ الأَحْيَاءِ، أَنَّهُ ضُرِبَ مِنْ أَجْلِ ذَنْبِ شَعْبِي؟ وَجُعِلَ مَعَ الأَشْرَارِ قَبْرُهُ، وَمَعَ غَنِيٍّ عِنْدَ مَوْتِهِ. عَلَى أَنَّهُ لَمْ يَعْمَلْ ظُلْمًا، وَلَمْ يَكُنْ فِي فَمِهِ غِشٌّ.

أَمَّا الرَّبُّ فَسُرَّ بِأَنْ يَسْحَقَهُ بِالْحَزَنِ. إِنْ جَعَلَ نَفْسَهُ ذَبِيحَةَ إِثْمٍ يَرَى نَسْلًا تَطُولُ أَيَّامُهُ، وَمَسَرَّةُ الرَّبِّ بِيَدِهِ تَنْجَحُ. مِنْ تَعَبِ نَفْسِهِ يَرَى وَيَشْبَعُ، وَعَبْدِي الْبَارُّ بِمَعْرِفَتِهِ يُبَرِّرُ كَثِيرِينَ، وَآثَامُهُمْ هُوَ يَحْمِلُهَا. لِذلِكَ أَقْسِمُ لَهُ بَيْنَ الأَعِزَّاءِ وَمَعَ الْعُظَمَاءِ يَقْسِمُ غَنِيمَةً، مِنْ أَجْلِ أَنَّهُ سَكَبَ لِلْمَوْتِ نَفْسَهُ وَأُحْصِيَ مَعَ أَثَمَةٍ، وَهُوَ حَمَلَ خَطِيَّةَ كَثِيرِينَ وَشَفَعَ فِي الْمُذْنِبِينَ.﴾»

أكمل نبيل كلامه: ما جاء في النص دليل على صلب المسيح فما رأيك؟

- قال الحاج: «القرآن يعترف بحادثة الصلب لكنه يختلف على شخصية المصلوب: أن شبَه المسيح وقع على شخص آخر صُلب بدلًا من المسيح فما رأيكم؟»
- قال نبيل: «الله لا يمكن أن يخدع البشر ويلقي شِبه إنسان على إنسانٍ آخر.. نحن الآن أمام نصوص كتبها شهود عِيان عاشوا مع المسيح وشاهدوا عملية الصلب، والأهم أن العذراء مريم كانت واقفة تحت الصليب وهي أكثر شخصية تعرف المسيح، كما أن التاريخ والمؤرخين أثبتوا صحة صلب المسيح.»
- ودخلتُ معهم في الحوار وقلت للحاج: «عليك أن ترجع إلى تفسير الإمام الرازي وإشكالاته السبعة التي

قدمها في مشكلة الشبَه.. يقول الإمام الرازي في تفسيره لسورة النساء 157: "إن جاز أن يُقال إن الله تعالى يلقي شبه إنسان على آخر فهذا يفتح باب السفسطة." فالرازي يستبعد أن يكون المقصود من هذا التعبير "شُبِّهَ لهم" هو إلقاء شبه المسيح على إنسان آخر!»

بعد ذلك قرأنا في إنجيل لوقا والأصحاح (24: 1-6):

﴿ثُمَّ فِي أَوَّلِ الأُسْبُوعِ، أَوَّلَ الْفَجْرِ، أَتَيْنَ إِلَى الْقَبْرِ حَامِلاَتٍ الْحَنُوطَ الَّذِي أَعْدَدْنَهُ، وَمَعَهُنَّ أُنَاسٌ. فَوَجَدْنَ الْحَجَرَ مُدَحْرَجًا عَنِ الْقَبْرِ، فَدَخَلْنَ وَلَمْ يَجِدْنَ جَسَدَ الرَّبِّ يَسُوعَ. وَفِيمَا هُنَّ مُحْتَارَاتٌ فِي ذلِكَ، إِذَا رَجُلاَنِ وَقَفَا بِهِنَّ بِثِيَابٍ بَرَّاقَةٍ. وَإِذْ كُنَّ خَائِفَاتٍ وَمُنَكِّسَاتٍ وُجُوهَهُنَّ إِلَى الأَرْضِ، قَالاَ لَهُنَّ: «لِمَاذَا تَطْلُبْنَ الْحَيَّ بَيْنَ الأَمْوَاتِ؟ لَيْسَ هُوَ ههُنَا، لكِنَّهُ قَامَ! اُذْكُرْنَ كَيْفَ كَلَّمَكُنَّ وَهُوَ بَعْدُ فِي الْجَلِيلِ قَائِلًا: إِنَّهُ يَنْبَغِي أَنْ يُسَلَّمَ ابْنُ الإِنْسَانِ فِي أَيْدِي أُنَاسٍ خُطَاةٍ، وَيُصْلَبَ، وَفِي الْيَوْمِ الثَّالِثِ يَقُومُ.»﴾

وعن قيامة المسيح قرأنا الآيات الأخيرة من إنجيل لوقا (24 :44-52)

﴿وَقَالَ لَهُمْ: «هذَا هُوَ الْكَلاَمُ الَّذِي كَلَّمْتُكُمْ بِهِ وَأَنَا بَعْدُ مَعَكُمْ: أَنَّهُ لاَ بُدَّ أَنْ يَتِمَّ جَمِيعُ مَا هُوَ مَكْتُوبٌ عَنِّي فِي نَامُوسِ مُوسَى وَالأَنْبِيَاءِ وَالْمَزَامِيرِ.» حِينَئِذٍ فَتَحَ ذِهْنَهُمْ لِيَفْهَمُوا الْكُتُبَ. وَقَالَ لَهُمْ: «هكَذَا هُوَ مَكْتُوبٌ، وَهكَذَا كَانَ يَنْبَغِي أَنَّ الْمَسِيحَ يَتَأَلَّمُ وَيَقُومُ مِنَ الأَمْوَاتِ فِي الْيَوْمِ الثَّالِثِ، وَأَنْ يُكْرَزَ بِاسْمِهِ بِالتَّوْبَةِ وَمَغْفِرَةِ الْخَطَايَا لِجَمِيعِ الأُمَمِ، مُبْتَدَأً مِنْ أُورُشَلِيمَ. وَأَنْتُمْ شُهُودٌ لِذلِكَ. وَهَا أَنَا أُرْسِلُ إِلَيْكُمْ مَوْعِدَ أَبِي. فَأَقِيمُوا فِي مَدِينَةِ أُورُشَلِيمَ إِلَى أَنْ تُلْبَسُوا قُوَّةً مِنَ الأَعَالِي.»﴾

﴿وَأَخْرَجَهُمْ خَارِجًا إِلَى بَيْتِ عَنْيَا، وَرَفَعَ يَدَيْهِ وَبَارَكَهُمْ. وَفِيمَا هُوَ يُبَارِكُهُمْ، انْفَرَدَ عَنْهُمْ وَأُصْعِدَ إِلَى السَّمَاءِ. فَسَجَدُوا لَهُ وَرَجَعُوا إِلَى أُورُشَلِيمَ بِفَرَحٍ عَظِيمٍ، وَكَانُوا كُلَّ حِينٍ فِي الْهَيْكَلِ يُسَبِّحُونَ وَيُبَارِكُونَ اللهَ. آمِينَ.﴾

وكيف ظهر المسيح لعدة أشخاص بعد القيامة، وشرح لهم نبوءات العهد القديم وجميع ما هو مكتوب عنه في ناموس موسى والأنبياء الذين تنبأوا عن صلبه وقيامته بقوة منتصرًا على الموت لأول مرة في تاريخ البشرية. والمسيح صعد إلى السماء بعد أن ظهر لكثيرين لمدة 40 يومًا وهو حي الآن في السماء.

وختمنا الجلسة بالشكر لله على خطته لخلاص البشرية.

وبعد سنتين ونصف من هذه اللقاءات، أتذكر أننا قرأنا معًا الإنجيل بحسب البشير يوحنا والأصحاح 11 عن المعجزة الكبيرة، التي صنعها المسيح وأقام لعازر الميت من بين الأموات بعد أن أنتن في القبر، لأن له أربعة أيام، كما جاء في النص (يوحنا 11: 38-44):

﴿فَانْزَعَجَ يَسُوعُ أَيْضًا فِي نَفْسِهِ وَجَاءَ إِلَى الْقَبْرِ، وَكَانَ مَغَارَةً وَقَدْ وُضِعَ عَلَيْهِ حَجَرٌ. قَالَ يَسُوعُ: «ارْفَعُوا الْحَجَرَ!» قَالَتْ لَهُ مَرْثَا، أُخْتُ الْمَيْتِ: «يَاسَيِّدُ، قَدْ أَنْتَنَ لأَنَّ لَهُ أَرْبَعَةَ أَيَّامٍ.» قَالَ لَهَا يَسُوعُ: «أَلَمْ أَقُلْ لَكِ: إِنْ آمَنْتِ تَرَيْنَ مَجْدَ اللهِ؟» فَرَفَعُوا الْحَجَرَ حَيْثُ كَانَ الْمَيْتُ مَوْضُوعًا، وَرَفَعَ يَسُوعُ عَيْنَيْهِ إِلَى فَوْقُ، وَقَالَ: «أَيُّهَا الآبُ، أَشْكُرُكَ لأَنَّكَ سَمِعْتَ لِي، وَأَنَا عَلِمْتُ أَنَّكَ فِي كُلِّ حِينٍ تَسْمَعُ لِي. وَلكِنْ لأَجْلِ هذَا الْجَمْعِ الْوَاقِفِ قُلْتُ، لِيُؤْمِنُوا أَنَّكَ أَرْسَلْتَنِي.» وَلَمَّا قَالَ هذَا صَرَخَ

بِصَوْتٍ عَظِيمٍ: «لِعَازَرُ، هَلُمَّ خَارِجًا!» فَخَرَجَ الْمَيْتُ وَيَدَاهُ وَرِجْلاَهُ مَرْبُوطَاتٌ بِأَقْمِطَةٍ، وَوَجْهُهُ مَلْفُوفٌ بِمِنْدِيل. فَقَالَ لَهُمْ يَسُوعُ: «حُلُّوهُ وَدَعُوهُ يَذْهَبْ.»﴾

وفي أثناء قراءة هذا الأصحاح تذكرت أن راعي كنيستي في ذلك الوقت القس "إسحٰق إبراهيم"، كان قد قدم عظة جميلة عن الحجر الذي كان موضوعًا على قبر لعازر، وقال الراعي في عظته: «إن أي حجر في حياتنا يعطل معجزة الله، وهناك أحجار موضوعة على قلوبنا، تُعِيق عمل الله في حياتنا ومن بين هذه الأحجار حجرالخطيئة، أيَّة خطية في حياة الإنسان تعطل بركة الله له. ومن الأحجار المُعَطِّلة أيضًا حجرالشك، الشك في صلاح الله، وفي محبته لنا، كذلك حجرالمشغولية، الذي يُبعدنا عن الله ورحمته، حيث ننشغل بأمور لاقيمة لها.»

أعجبَت الأخ نبيل هذه الأفكار وسألَنا: «هل من أحجار أخرى يمكن أن تقف حائلًا في حياتنا؟» وفكرنا نحن الثلاثة في بعض الأحجار المُعَطِّلة، ثم ختمنا الاجتماع بالصلاة.

في الأسبوع التالي، حضر الحاج، والأخ نبيل في الموعد تمامًا، كما تعودنا، وبدأ الأخ نبيل بالصلاة وطلب حضور الله في وسطنا، وأن يبارك كل واحد فينا، وما أن انتهى من الصلاة، وفجأة وبدون سابق إنذار انطلق الحاج عبد الرؤوف في الصلاة! لأول مرة منذ سنتين ونصف، وكانت صلاته في بساطة الأولاد: **«يارب أشكرك.. أشكرك يا رب لأنك أقمتني من الموت، مثلما أقمت لعازر من بين الأموات، أشكرك لأنك الآن حي في قلبي.»**

غير معقول ما حدث! لم أصدق نفسي، ولم أصدق ما سمعته في الصلاة، وبصوت واحد أنا والأخ نبيل سألْنا الحاج: «ماذا حدث؟» قال بفرح: **«الأسبوع الماضي بعد الاجتماع، رجعت إلى البيت وفتحت الإنجيل (كنا أعطيناه نسخة كاملة من العهد الجديد) وقرأت الأصحاح الحادي عشر من إنجيل يوحنا مرة ثانية وثالثة، ثم ركعت على الأرض ورفعت دعاء إلى الله، وقلت له: "زي ما قلت كلمة فقام لعازر من الموت، أحتاج كلمة منك لأقوم من موت الخطيئة".. الله نظر إليَّ وأقامني، وأنا الآن حي في المسيح.»**

طال انتظاري لهذا اليوم، أخيرًا وبعد هذه المدة الطويلة (سنتين ونصف دراسة وصلاة) استجاب الله وتعامل مع هذه النفس المشتاقة. ورأيت بنفسي معجزة ولادة روحية جديدة لهذا الإنسان الصادق مع نفسه. وقلنا له بصوت واحد «مبروك! أصبحتَ الآن خليقة جديدة، وابنًا حقيقيًا لله، لأنه مكتوب في إنجيل يوحنا (1: 12) ﴿وَأَمَّا كُلُّ الَّذِينَ قَبِلُوهُ فَأَعْطَاهُمْ سُلْطَانًا أَنْ يَصِيرُوا أَوْلاَدَ اللهِ، أَيِ الْمُؤْمِنُونَ بِاسْمِهِ.﴾ أنت الآن أخ لنا في المسيح، الله تعامل معك خلال سنتين ونصف.» فقال لنا: «لا! الله كان يتعامل معي منذ 16 سنة.» فقلت له: «كيف؟» قال: «البداية من خلال جاري المسيحي، الذي كان يسكن في الشقة المقابلة لي، لا أعلم إن كان مؤمنًا حقيقيًا أم لا. كنت أضع أسراري كلها عنده، كلما حدثت مشكلة عائلية معي، أو مشكلة في الشغل، أذهب اليه وأحكي معه، وكان هو أمينًا في حفظ السر، لم يبُح بسري لأحد، وشعرت بأمانته معي وحبه لي، لكنه لم يتكلم معي ولا مرة عن المسيح، ومن خلاله تعرفت على قسٍّ، كان يعرض عنده قصص الأنبياء للأولاد: إبراهيم وإسحق ويعقوب وموسى وداود، من خلال جهاز "البروجيكتور" وكنت

أرحب به أحيانًا في منزلي، حتى أسمح لبناتي أيضًا أن يشاهدن هذه القصص، لكني لم أشعر بارتياح لهذا القس لأنه كان عنيفًا في حواره معي، وعدة مرات حاول أن يثني ذراعي حتى يجعلني مسيحيًّا.»

«وخلال السنين تناقشت وتحاورت مع الكثيرين من زملائي المسيحيين، في المدارس التي عملت بها، وآخرهم الأستاذ جميل سوريال، والأستاذة عطيات، وأخيرًا اختك نبيلة، التي كانت الوسيلة التي استخدمها الله للتعرف عليكم.. هذه هي خطة الله لحياتي خلال 16 سنة، لكن رغم بحثي وقراءاتي ودراساتي لم أتوقع أن أكون في يومٍ من الأيام مسيحيًّا.»

ثم أكمل كلامه قائلًا: «الآن عندي مشكلة كبيرة، ماذا أفعل بعائلتي.. بزوجتي وبناتي وبعملي.. ماذا أفعل؟» نظر إليه الأخ نبيل بتحنن وقال: «أنت ما زلت الحاج عبد الرؤوف.. أنت ابن لله، أنت مسلم مؤمن حقيقي بالله من خلال المسيح، **أنت مسلم ثقافيًا وحضاريًّا وليس دينيًّا**، لأنك أنت آمنت بالمسيح.» وانفرجَت أسارير الحاج عبد الرؤوف وشعر بالارتياح عند سماعه لهذه العبارة.

نظرتُ للحاج بحبٍ وقلت له: «**أنت الآن داخل دائرة ملكوت الله، لن نطلق عليك لقب مسيحي. لأن هناك كثيرين من اليهود آمنوا بالمسيح، وهناك مسيحيون بالاسم لم يكونوا مؤمنين، لكنهم فهموا الإنجيل وآمنوا بالمسيح. كذلك المسلمون الذين قرأوا الإنجيل وفهموه آمنوا بالمسيح. دعنا نطلق عليهم لقب مسلمين مؤمنين بالله من خلال المسيح، وليس من المهم أن يدخلوا في الديانةِ المسيحية، وخصوصًا أن المسيحية ليست ديانة لأن المسيح لم يأت ليؤسس ديانة**

لكنه جاء ليفتح طريق المصالحة مع الله. وهذا موضوع آخر سنتكلم عنه في المستقبل.»

ارتاح الحاج جدًّا لهذه الأفكار، ودعانا لعقد جلستنا القادمة في منزله، وكان بعد انتهاء جلستنا يجلس مع زوجته وبناته يحكي لهم ما تعلمه معنا. وعندما يسألونه: «هل أنت صرت مسيحيًا؟» كان يقول: «أنا الآن أصبحت مؤمنًا حقيقيًا بالله.» وأحيانًا يقول «مؤمن حقيقي بالله من خلال المسيح الذي هو الطريق الوحيد لله.»

دعُونا نتذكر أن محمود آمن بالمسيح وتغيرت حياته في يومٍ واحد وطُرِدَ من المدرسة، بينما الحاج آمن بالمسيح وتغيرت حياته بعد سنتين والنصف واستمر مرتبطا بعائلته ومجتمعه.

بعد شهور دعانا الحاج مرة لزيارته في مدرسته، ورأينا روعة الأعمال التي ينجزها في المدرسة من رسم على كل سور المدرسة بوسائل بسيطة اخترعها من خلط العسل الأسود مع الزنك والأسمنت الأبيض وبعض الألوان. فيُخرج لوحات فنية آية في الإبداع، ويكتب عبارات رائعه عن الله في بعض هذه اللوحات. ولاحظنا مستوى النظافة بالمدرسة، لكن كان الهدف الرئيسي من دعوة الحاج لنا هو أن نتكلم مع الأستاذ جميل سوريال المسيحي الديانة، عن أهمية قبول المسيح في القلب بالإيمان حتى يتمتع بالولادة الجديدة. وقال له الحاج عبد الرؤوف: «اسمع ياجميل أنت زي ابني، لكن مسيحي بالاسم فقط. نظر جميل للحاج بتعجب لكن لم يقاطعه. وأكمل الحاج كلامه: «أنت تحتاج أن تؤمن إيمانًا حقيقًّا بفداء المسيح، اسمع لأصدقائي نبيل وصموئيل، وافتح قلبك لما يقوله الإنجيل.» لم

أصدق نفسي! هكذا أصبح الحاج عبد الرؤوف مبشرًا بالإيمان الحقيقي بالله، من خلال معرفة ما عمله الله في المسيح على الصليب من أجله، ومن أجل كل واحد فينا.

الحاج عبد الرؤوف يُبشِّر! ويُبشِّرمَنْ؟ يبشر مسيحيًّا بالاسم فقط!

تغيَّر الحاج عبد الرؤوف وآمن بالمسيح، وقَبِلَهُ مخلصًا لحياته، وقام من موت الخطية ونال حياةً جديدةً، وتغيرت أنا أيضًا! وقبلت أن أتحرر من أي قيود تمنعني عن الكرازة ومن أي قِصَر نظر نحو المأمورية العظمى، كما ينبغي أن تكون، وبالطريقه التي تناسب كل شخص يحتاج للمسيح.

لعل أصعب أيام حياتنا أنا ونبيل عندما انتقل الحاج عبد الرؤوف للسماء نتيجة لمرض السرطان، وامتلأنا بالحزن الشديد. ولكن في الوقت نفسه كانت تعزيتنا الأكيدة بالرجاء الذي لنا أن الحاج مع المسيح في السماء.

هل أنت -عزيزي القاريء- تحتاج اليوم للتغيير؟ تحتاج أن تغير أفكار كثيرة تعلمتها خطًا؟ مثل ما يُقال: «لما نخَلَّصْ كرازة للمسيحيين نبقى نكرز للمسلمين!» اسأل نفسك مَنْ قائل هذه العبارة!

كان الحاج عبد الرؤوف يشبه كرنيليوس، وكنت أنا أشبه بطرس..

- ماذا حدث مع كرنيليوس؟
- تغير وآمن بالمسيح..
- وماذا حدث مع بطرس في أعمال 10؟
- تغيرت أفكاره الخاطئة..
- وأنا وأنت نحتاج لتغيير أفكارنا الخاطئة..

صلِّ الآن واطلب من الروح القدس أن يُغيرك

11
الْمِفْتَاحُ وَالتَّجَسُّدُ

تغيرت طبيعة عملي، من أمين معمل (مختبر) في مدرسة ثانوية، إلى مدير مخازن في الشركة الألمانية "فيروميتالكو"، وكانت هذه الوظيفة واحدة من المعجزات الكبيرة التي فعلها الله في حياتي لأنني لا أتكلم أيَّة لغة أجنبية، لا الإنجليزية ولا الألمانية، وهذا العمل يحتاج إلى لغة وخبرة في أعمال المنشآت الحديدية، ونوعيتها وطرق تخزينها. وبنعمة إلهية وافق المدير الألماني على تعييني (بمرتب يبلغ أربعة أضعاف مرتبي في المدرسة) بناء على تزكية من صديقيَّ العزيزين، المهندس فيكتورشكري والمهندس شريف جرس، اللذان أثبتا جدارة في العمل معه، فكان لثنائهما عليَّ لدى المدير الألماني أكبر الأثر في موافقته على تعييني.

قدمتُ استقالتي لمدير المدرسة التي أعمل بها، والذي حزن جدًّا -رغم كونه مسلمًا- لهذا القرار وقبله على مضض، متمنيًا لي التوفيق في عملي الجديد. وَدَّعتُ أصدقائي الأعزاء في المدرسة، بعد أن عشت معهم أكثر من عشر سنوات، وكأننا عائلة واحدة! كانوا يقضون أغلب أوقات الراحة في منتصف النهار يشربون الشاي والقهوة ويتحاورون معي. ركبت أتوبيس الشركة الألمانية، في أول يوم عمل لي، وألقيت تحية الصباح عليهم فلم يبالِ بي أحدٌ، فقلت لنفسي: «ربما لأنني وجه جديد

على الأتوبيس، ولكني لاحظت في المحطه التالية أن بعض العاملين استقلوا الأتوبيس وألقوا التحية الإسلامية «السلامُ عَلِيكُمْ» فرد عليهم الجميع، «وعَلِيكُمُ السَلامْ ورحْمَةُ اللهِ وبَرَكَاتِهِ.»، ففهمت ما حدث.

كان الأسبوع الأول في العمل بهذه الشركة، مؤلمًا للغاية، أولًا؛ بسبب الإرهاق الجسدي الذي لم أتعوَّد عليه، طوال اليوم وقوف ومرور على أقسام الشركة، ومتابعة للخامات التي تخرج من المخازن، وتوجيه للأوناش العملاقة، لكي تتحرك في كل مواقع الشركة، فكانت هذه المهامّ كلها هي طبيعة عملي الجديد. هذا بالإضافة إلى أن العمل مع الألمان جاد للغاية. لقد ضاعت أيام الراحة والمكتب وقراءة الجرائد في المدرسة وشرب الشاي والحديث مع الكثيرين من الأصدقاء. وبدأت مرحلة جديدة من العمل الشاقّ والجادّ بعيدًا عن شغل المكاتب.

بدأت الاستيقاظ في الفجر، وكنت أعود للمنزل قبل غروب الشمس، لأنام مثل القتيل من شدة التعب! كانت تعزيتي الوحيدة هي المرتب الكبير الذي سأحصل عليه في نهاية الشهر، والذي كان يعادل مرتب وكيل وزارة في ذلك الوقت.

لم يكن الإرهاق الجسدي هو المشكلة الوحيدة التي واجهتني، ولكن المشكلة الروحية كانت أصعب! فقد ضاع الوقت الذي كنت أقضيه مع الله، في خلوتي الصباحية التي تعودت عليها من خلال قراءة الكلمة والصلاة كل يوم قبل خروجي من المنزل. والأصعب أني فقدت خدمتي في الكنيسة، والتي كانت تعطيني إحساسًا بالمعنى والقيمة. وتركت إدارة اجتماع الشباب، ولم أعد قادرًا على حضور اجتماعات مجموعة التلمذة التي أُحبها؛ فانزعجتُ جدًّا على ما فقدته،

وقـررت أن أذهـب إلــى صـديقي العزيـز الأخ نبيـل جبـور، لأستشيره في هذا الأمر.

بعدما استمع نبيـل لـي جيدًا، قـال لـي: «هل يمكن أن تُصبح شركة "فيروميتالكو" الألمانية هي مكان الخدمة الجديدة لك؟» تعجبت لإجابته! فقد كنت أظن أنه سينصحني بالعودة إلى عملي القديم، ويحذرني من محبة المال، ويقول لي إن الخدمة أهم، ومسؤوليتك في اجتماع الشباب أهم، وخساره أن تضيع حياتك وصحتك مقابل حفنة من المال (هكذا كانت توقعاتي).

فقلت لـه: «يا أخ نبيل كيف تكون "فيروميتالكو" هي الخدمة الجديدة لي؟» قال: «لا أعلم بالضبط، لكن من الممكن أن تصلي من أجل إرشاد الله لك، وتصلي من أجل العاملين بالشركة أن يعرفوا المسيح، أو أن تصلي من أجل ظروفهم المختلفة ومشاكلهم.» قلت: «الغالبية العظمى من المسلمين!» قال: «وما المشكلة؟.. أنت تحب المسلمين ولك خبرة سابقة مع الأخ محمود والحاج عبد الرؤوف.» قلت: «كيف أبدأ معهم؟» قال: «لا أعلم ولكن لنصلِّ معًا.» ولأول مرة أصلي أن يتحول مكان عملي ليصبح مكان خدمتي الجديدة!

خرجت في الصباح إلى مكان انتظار أتوبيس الشركة، وقلت لنفسي: أنا الآن في طريقي إلى خدمتي الجديدة، شركة "فيرومتالكو" الألمانية، وقررت قرارًا جديدًا ومفاجئًا، أن أغُير تحية الصباح! وما أن ركبت الأتوبيس حتى قلت بصوت عال: «السلامُ عَلِيكُمْ»، وكان الرد من الجميع أعلى: «وعَلِيكُمُ السَلامْ ورحْمَةُ اللهِ وبَرَكَاتِهِ.» جلست في المقعد الأمامي وأنا أفكر فيما فعلت، وسألت نفسي: «هل من الخطإ أن شخصًا مسيحيًّا مثلي يستخدم عبارة "السلامُ عَلِيكُمْ"؟» قلت لنفسي «وما المشكلة في

ذلك؟» والجميع يعرفون أنني مسيحي، بل بالعكس، رد فعل زملائي بالأتوبيس كان مشجعًا جدًّا. في المحطة التالية صعد العاملون بالشركة وألقوا علينا تحية الإسلام: «السلامُ عَلِيكُمْ»، فقلت مع الجميع «وعَلِيكُمُ السَلامْ ورحْمَةُ اللهِ وبَرَكَاتِهِ.» فنظروا إليَّ بابتسامة مسرورين لمشاركتهم في هذه التحية.

كانت هذه التحية بمثابة **المفتاح** الذي فتح لي قلوب الكثيرين من المسلمين، وخاصةً المتشددين منهم، ولاحظت اهتمامهم بي واحترامهم لي. ومع الوقت أصبح الكثيرون منهم أصدقاء لي.

كانت الخطوة التالية بعد سنة من العمل بالشركة، هي قراري الشخصي بصوم رمضان مع إخوتي المسلمين (لكن بطريقتى!) كنت أتناول فنجان شاي في الخامسة صباحًا مع ساندوتش قبل خروجى من المنزل، واستمر بدون طعام ولا شراب باقي اليوم، حتى أعود للمنزل في الرابعة بعد الظهر لأتناول طعام الغداء، وشجعت بعض المسيحيين المؤمنين أن يصوموا معي مثل المهندسين فيكتور شكري، وشريف جرس، وعصام لويس وشريف وليم، كلهم وافقوا على الصيام في رمضان.

في اليوم الأول من شهر رمضان، أحضر لي الأخ عبد الصمد (واحد من العمال في قسم المخازن) فنجانًا من الشاي، كما تعود في الأيام السابقة، فقلت له: «نحن في رمضان!» فأجابني: «ما فيش مشكلة يا سعادة الباشا، إنت مالك برمضان؟» قلت له: «أنا لا أشرب شاي في رمضان!» قال لي: «ربنا يخليك لنا، ماشي كلامك، اشرب المرة دي وأنا مش هاعمل شاي تاني لك في رمضان.» قلت له بلهجة آمرة: «لن

أشرب حتى هذا الفنجان!» فأخذه وانسحب بهدوء، ولكن بعد نصف الساعة سَمِعَتْ الشركة كلها خبر رفضي لشرب فنجان الشاي في رمضان، مما زاد من احترام المسلمين لي.

كان شهر رمضان في هذه السنة متوافقًا مع شهر أغسطس 1986، مما زاد الصائمين من الإحساس بالعطش، وكنت أُشفق على العاملين معي تحت الشمس الحارقة، ولكن لم أكنْ أعرف ماذا أفعل لهم، وخصوصًا مع تعليمات المديرين الألمان بضرورة سرعة إنجاز الأعمال المطلوبة. غير أنني كنت أسمح للبعض منهم بالذهاب إلى المصلية، بعض الوقت للراحة وللصلاة.

في أحد أيام شهر رمضان، ومع ازدياد العمل بشكل مكثف، وارتفاع درجة الحرارة، كنت أقف تحت الشمس في موقع الشركة، لأتابع سير العمل، وكنت أتصبب عرقًا حتى كاد أن يُغمى عليَّ من شدة الإعياء! فجأة خرج صديقي المهندس محسن علي جاد، من مكتب الإدارة المُكيف، واتجه نحوي وأخذني بقوة إلى داخل مبنى الإدارة، واتجه إلى الكافيتريا، وفتح لي زجاجة سفن أب مثلجة، وقال لي أمام الواقفين: «اشرب أنت ها تموت بره تحت الشمس، ليه تصوم معنا في يوم مثل هذا؟» وأجبرني على الشرب، فنظرت إليه وأنا أكاد أبكي لهذه المشاعر الإنسانية من الحب الحقيقي الصادق الذى ملأ قلب المهندس محسن من نحوي.

هكذا.. إلى هذه الدرجة وصلت محبة المسلمين لي ومحبتي واحترامي لهم. هكذا كان الجو الذي كنت أعيش فيه، والذي ساعدني كثيرًا على الكرازة والخدمة، في كنيستي الجديدة شركة فيروميتالكو. لكن بَقِيَ السؤال: «هل ما فعلته من

تحية الإسلام، والمشاركة في صوم رمضان (بطريقتى) أو استخدامي لعبارة "لا إله الا الله" أو "بِسم الله الرحمن الرحيم" في مكاتباتي الرسمية سواء في المدرسة سابقًا، أو في الشركة حاليًا.. هل هذا يتوافق مع تعاليم المسيح؟ أم أنني أخترع طريقة أو أساليب ابتكرتها من أفكاري الشخصية؟».

هل تعلم أن المخطوطه رقم 151 فيها عبارة (بسم الله الرحمن الرحيم) في بدايات أسفار العهد الجديد، ونحن نرفض أن نستخدمها الآن !.

وهنا يأتي سؤال: «كيف نصل إلى نوعيات مختلفة من البشر؟ ما هي الوسائل والطرق التي ابتكرها الرسول بولس لتوصيل الإنجيل إلى اليهود والأمم والوثنيين؟»

«أولًا كيف وصل الله إلينا؟»

الله العظيم صار إنسانًا مثلنا، تواضع وتنازل وتجسد حتى يصل إلينا، يتكلم لغتنا ويعيش حياتنا، يأكل ويشرب ويجوع ويعطش، ويحزن ويتعب.

كيف تَعلَّمَ بولس هذا الدرس باعتباره أحسن كارز في العهد الجديد؟ دعونا ندرس بعض الآيات التي كتبها عن حياته الكرازية بالتفصيل لنفهم إجابة السؤال بطرق عملية.

قبل أن تُصدر حُكمًا، تعال معي لنقرأ ما جاء في رسالة الرسول بولس إلى أهل كورنثوس الرسالة الأولى والأصحاح التاسع والأعداد من (19-24) وهذا نصها:

﴿فَإِنِّي إِذْ كُنْتُ حُرًّا مِنَ الْجَمِيعِ، اسْتَعْبَدْتُ نَفْسِي لِلْجَمِيعِ لأَرْبَحَ الأَكْثَرِينَ. فَصِرْتُ لِلْيَهُودِ كَيَهُودِيٍّ لأَرْبَحَ الْيَهُودَ. وَلِلَّذِينَ تَحْتَ النَّامُوسِ كَأَنِّي تَحْتَ النَّامُوسِ لأَرْبَحَ الَّذِينَ تَحْتَ النَّامُوسِ. وَلِلَّذِينَ بِلاَ نَامُوسٍ كَأَنِّي بِلاَ نَامُوسٍ -مَعَ أَنِّي لَسْتُ بِلاَ نَامُوسٍ لِلهِ، بَلْ تَحْتَ نَامُوسٍ لِلْمَسِيحِ-. لأَرْبَحَ الَّذِينَ بِلاَ نَامُوسٍ. صِرْتُ لِلضُّعَفَاءِ كَضَعِيفٍ لأَرْبَحَ الضُّعَفَاءَ. صِرْتُ لِلْكُلِّ كُلَّ شَيْءٍ، لأُخَلِّصَ عَلَى كُلِّ حَال قَوْمًا. وَهذَا أَنَا أَفْعَلُهُ لأَجْلِ الإِنْجِيلِ، لأَكُونَ شَرِيكًا فِيهِ. أَلَسْتُمْ تَعْلَمُونَ أَنَّ الَّذِينَ يَرْكُضُونَ فِي الْمَيْدَانِ جَمِيعُهُمْ يَرْكُضُونَ، وَلكِنَّ وَاحِدًا يَأْخُذُ الْجَعَالَةَ؟ هكَذَا ارْكُضُوا لِكَيْ تَنَالُوا.﴾

أولًا؛ عدد 19 يحمل ثلاث أفكار هامة:

- أن الرسول بولس أصبح حرًّا من الجميع نتيجة لإيمانه بالمسيح.
- ماذا يقصد؟ ربما يقصد أنه صار حُرًّا من اليهود، أو حُرًّا من الناموس (غلاطية 5: 1).
- وإيمانه بالمسيح هو مصدرالحرية (يوحنا 8: 36).

ثانيًا؛ استعبد نفسه للجميع!! ولكن كيف يستعبد نفسه؟ يخدمهم كعبد؛ يخدمهم مثل سيده فيغسل أرجلهم؛ ويفعل كل هذا ليس بضغط من أحد؛ بل بإرادته وبقرار شخصي منه، أن يستعبد نفسه للناس، ويخدمهم ويصل إليهم بطريقة تناسبهم.

ثالثًا؛ لديه هدف واضح، لأجله يستعبد نفسه، لكي يربح الكثيرين للمسيح، ليس خوفًا من أحدٍ، أو رياءً منه أو مجاملة لهم، لكن لكي يحقق هدفًا غاليًا يصبو إليه، وهو ربح الآخرين للمسيح، ليتمتعوا بخلاصه.

رابعًا؛ ما هو الطريق للوصول إلى الكرازة العملية؟ التوحد مع من يكرز لهم (أي أن يصير مثلهم)، يتكلم لغتهم ويتواصل معهم بلغة يفهمونها.

لايمكن لأي شخص مولود في بريطانيا أن يقرأ هذا الكتاب الذي بين يديك الآن، إن لم يُترجَم إلى اللغة الإنجليزية. هكذا رسالة الإنجيل رسالة الخلاص، لا يمكن أن تصل إلى الملايين من الشعوب والثقافات المختلفه، إن لم تُترجم لهم بلغة مفهومة لهم.

ماذا عن باقي الآيات التي قالها الرسول بولس؟ من عدد (20 - 24)، والتي تُعتبر ترجمة تفسيرية تطبيقية عملية لعدد (19)

تعالوا نتابع هذه التطبيقات بشيء من التفصيل.

عدد 20: ﴿فَصِرْتُ لِلْيَهُودِ كَيَهُودِيٍّ لأَرْبَحَ الْيَهُودَ.﴾ كيف صار كيهودي؟ أو كيف طبق هذا المبدأ في حياته فصار (ك) يهودي، فالكاف هنا مهمة جدًّا لأنه لم يرجع لليهودية! لكن دعونا نتصور معًا بعض الصور عن الرسول بولس:

أولًا؛ هل امتنع بولس عن أكل لحم الخنزير بسبب المذكور في لاويين (11: 7) أن اليهود لا يأكلون لحم الخنزير؟ هذا قراره هو، لقد قرر ألَّا يأكل لحم الخنزير حتى لا يُعثر أحدًا من اليهود في أثناء الكرازة لهم بالمسيح. أليس بولس هو الذي قال في (1كورنثوس 8: 13) ﴿لِذلِكَ إِنْ كَانَ طَعَامٌ يُعْثِرُ أَخِي فَلَنْ آكُلَ لَحْمًا إِلَى الأَبَدِ، لِئَلاَّ أُعْثِرَ أَخِي.﴾؟ وعلى مثاله، قررت أنا بإرادتي أن لا آكل لحم الخنزير، من أجل إخوتي المسلمين (ولا مرتديلا كمان)!

ثانيًا؛ هل قرر الرسول بولس أن يذهب إلى المجمع اليهودي كل يوم سبت ويعبد الله، حتى بعد إيمانه بالمسيح؟ نعم، لقد استمر بولس في زيارة المجامع اليهودية طوال حياته، وبداية كرازته في كل مدينة كانت من خلال المجمع اليهودي.

ثالثًا؛ هل كان يرتدي الطاقية الخاصة باليهود على رأسه ويثبتها ببنسة كباقي اليهود؟ نعم بكل تأكيد، رغم أنه أصبح مؤمنًا بالمسيح.

رابعًا؛ ما الذي فعله الرسول بولس أيضًا ليصل لليهود؟ نراه يستخدم التوراة والمزامير في تقديم يسوع المسيا، الذي تتحقق فيه كل نبوات الأنبياء.

دعنا نقرأ ما جاء في سفر الأعمال والأصحاح (13: 16- 25):

﴿فَقَامَ بُولُسُ وَأَشَارَ بِيَدِهِ وَقَالَ: «أَيُّهَا الرِّجَالُ الإِسْرَائِيلِيُّونَ وَالَّذِينَ يَتَّقُونَ اللهَ، اسْمَعُوا! إِلهُ شَعْبِ إِسْرَائِيلَ هذَا اخْتَارَ آبَاءَنَا، وَرَفَعَ الشَّعْبَ فِي الْغُرْبَةِ فِي أَرْضِ مِصْرَ، وَبِذِرَاعٍ مُرْتَفِعَةٍ أَخْرَجَهُمْ مِنْهَا. وَنَحْوَ مُدَّةِ أَرْبَعِينَ سَنَةً، احْتَمَلَ عَوَائِدَهُمْ فِي الْبَرِّيَّةِ. ثُمَّ أَهْلَكَ سَبْعَ أُمَمٍ فِي أَرْضِ كَنْعَانَ وَقَسَمَ لَهُمْ أَرْضَهُمْ

بِالْقُرْعَةِ. وَبَعْدَ ذلِكَ فِي نَحْوِ أَرْبَعِمِئَةٍ وَخَمْسِينَ سَنَةً أَعْطَاهُمْ قُضَاةً حَتَّى صَمُوئِيلَ النَّبِيِّ. وَمِنْ ثَمَّ طَلَبُوا مَلِكًا، فَأَعْطَاهُمُ اللهُ شَاوُلَ بْنَ قَيْسٍ، رَجُلًا مِنْ سِبْطِ بِنْيَامِينَ، أَرْبَعِينَ سَنَةً. ثُمَّ عَزَلَهُ وَأَقَامَ لَهُمْ دَاوُدَ مَلِكًا، الَّذِي شَهِدَ لَهُ أَيْضًا، إِذْ قَالَ: «وَجَدْتُ دَاوُدَ بْنَ يَسَّى رَجُلًا حَسَبَ قَلْبِي، الَّذِي سَيَصْنَعُ كُلَّ مَشِيئَتِي.» مِنْ نَسْلِ هذَا، حَسَبَ الْوَعْدِ، أَقَامَ اللهُ لإِسْرَائِيلَ مُخَلِّصًا، يَسُوعَ. إِذْ سَبَقَ يُوحَنَّا فَكَرَزَ قَبْلَ مَجِيئِهِ بِمَعْمُودِيَّةِ التَّوْبَةِ لِجَمِيعِ شَعْبِ إِسْرَائِيلَ. وَلَمَّا صَارَ يُوحَنَّا يُكَمِّلُ سَعْيَهُ جَعَلَ يَقُولُ: «مَنْ تَظُنُّونَ أَنِّي أَنَا؟ لَسْتُ أَنَا إِيَّاهُ، لكِنْ هُوَذَا يَأْتِي بَعْدِي الَّذِي لَسْتُ مُسْتَحِقًّا أَنْ أَحُلَّ حِذَاءَ قَدَمَيْهِ.»﴾

نرى بولس يلخص في رسالته لليهود أهم ما جاء في التوراة لأنها اللغة والتاريخ الذي يفهمه كل يهودي، فيختصر 400 سنة في عبارة واحدة، ويختصر رحلة بني إسرائيل في البرية، في عددي 18و19. ومن خلال هذا العرض السريع، يصل إلى المسيح في عدد 23. وهذا تطبيق عملي لعبارة: ﴿صِرْتُ لِلْيَهُودِ كَيَهُودِيٍّ لأَرْبَحَ الْيَهُودَ. وَلِلَّذِينَ تَحْتَ النَّامُوسِ كَأَنِّي تَحْتَ النَّامُوسِ لأَرْبَحَ الَّذِينَ تَحْتَ النَّامُوسِ.﴾ أسلوبه واضح وهدفه واضح وهذا هو **(ك)** العمليه لليهود.

كيف أكون أنا للمسيحيين الأرثوذكس "ك أرثوذكسي"؟ أو للمسيحيين الكاثوليك "ك كاثوليكي"؟ هل من الممكن أن أصلي معهم في اتجاه الشرق؟ هل من الممكن أن أرشم معهم علامة الصليب؟ من فضلك فكر معي!.

ماذا عن الآية 21 من كورنثوس الأولى والأصحاح 9؟ ﴿وَلِلَّذِينَ بِلاَ نَامُوسٍ كَأَنِّي بِلاَ نَامُوسٍ -مَعَ أَنِّي لَسْتُ بِلاَ نَامُوسٍ للهِ، بَلْ تَحْتَ نَامُوسٍ لِلْمَسِيحِ- لأَرْبَحَ الَّذِينَ بِلاَ نَامُوسٍ.﴾ هل

يكون من الأفضل أن أجلس في مقهًى أحتسي فنجان شاي؟ (طبعًا لن أشرب شيشة!) لكن جلوسي في المقهى يساعدني على التواصل مع كثيرين من البعيدين عن المسيح، الذين هم بلا إله وبلا شريعة.

الكرازه على الشواطيء: هل من الممكن إقامة اجتماع عبادة على شاطيء البحر والناس "تشوفنا وتسمعنا"؟

هل من الممكن أن يتحول بيتي إلى كنيسة صغيرة نجمع فيها المسلمين المؤمنين الجُدُد، ليعبدوا الله معًا؟

الخدمه في معبد للأوثان! هل يدخل الرسول الكبير بولس إلى داخل معبد للوثن؟ نعم! ولكن لماذا يفعل ذلك؟ ليكرز بالمسيح مخلص العالم. وهل المعبد الذي تعُبد فيه الأوثان يصلح كمكان للكرازة؟ هذا هو ما فعله الرسول بولس في إحدى خدماته المهمة، عند زيارته لمدينة أثينا والمذكورة في سفر أعمال الرسل، الأصحاح 17 عندما دخل آريوس باغوس (ساحة لقاء الفلاسفة) وهو أكبر مكان لعبادة الأوثان في أثينا (عاصمة الحكمة والمعرفة في العالم آنذاك).

ما هي عناصر الرسالة التي قدمها الرسول بولس؟

أولًا؛ امتدحهم.. قال: ﴿أَيُّهَا الرِّجَالُ الأَثِينِوِيُّونَ! أَرَاكُمْ مِنْ كُلِّ وَجْهٍ كَأَنَّكُمْ مُتَدَيِّنُونَ كَثِيرًا.﴾ عجيب هذا الرجل الذي كان قلبه ممتلئًا بالمحبة نحو الناس، فكانت عيناه ترى الجوانب الإيجابية، فرأى في الوثنيين رغبة حقيقية في البحث عن الله وعبادته، وخوفًا من أن ينسوا أحد الآلهة صنعوا الكثير من الأصنام وعبدوها، ولم يهاجمهم الرسول بولس، ولكنه بدأ حديثه معهم بامتداح رغبة قلوبهم في العبادة!

ثانيًا؛ استخدم مدخلًا غريبًا لبداية الكرازة! وجد تمثالًا مكتوبًا عليه «لإِلهٍ مَجْهُولٍ»، فقال لهم: «فَالَّذِي تَتَّقُونَهُ وَأَنْتُمْ تَجْهَلُونَهُ، هذَا أَنَا أُنَادِي لَكُمْ بِهِ...» هل الله إلهنا إله مجهول؟ طبعًا لا.. فلماذا استخدم الرسول هذا المدخل؟ لأنه قرر أن يكرز للذين بلا ناموس(ك) كأنه بلا، فيستخدم أسلوبًا للكرازة يناسبهم.

ثالثًا؛ تكلم معهم عن لاهوت الخلق، عن الإله الخالق للكون وكل ما فيه، (الكون أبسط طريقه لإثبات وجود الله).

رابعًا؛ تكلم معهم عن (قواسم مشتركة) وحدة الإنسانية والبشرية.. كل البشر، من مصدر واحد، الله خلقنا من أصل واحد.

خامسًا؛ استخدم عبارة وثنية، لكنها لا تتعارض مع الإيمان «بِهِ نَحْيَا وَنَتَحَرَّكُ وَنُوجَدُ كَمَا قَالَ بَعْضُ شُعَرَائِكُمْ...» الشاعر اليوناني الوثني "إبيمينيدس"[7] في القرن السادس قبل الميلاد هو قائل هذه العبارة، لكن الرسول استخدمها لأنهم يحبونها ويفهمونها، ولأن هذه العبارة لا تتعارض أبدًا مع إيمان بولس في الله، فهو يؤمن أن الله هو مصدر الحياة، وبه نحيا وهو مصدر القوة والطاقة في حياتنا، وبه نتحرك أيضًا وهو مصدر الاستمرارية، لذا نحن به موجودون حتى الآن.

س: «ماذا قال لهم عن الصليب والفداء والأبدية وغفران الخطية؟»

ج: «لا شيء!»

س: «ماذا قال لهم عن المسيح الذى هو مركز الكرازة؟»

---

[7] Ἐπιμενίδης (Epimenides).

ج: «قال عن المسيح إنه مجرد ﴿رَجُل قَدْ عَيَّنَهُ، مُقَدِّمًا لِلْجَمِيعِ إِيمَانًا إِذْ أَقَامَهُ مِنَ الأَمْوَاتِ.﴾»

هل نُحاكم الرسول بولس على هذه العبارة؟ باعتبار أن المسيح ليس مجرد رجل عينّه الله، بل هو الله المتجسد، لماذا لم يُعلن الرسول هذا الإعلان بكل صراحة؟ هل كان خائفًا منهم أو استخدم (التَّقيَّة) أو الاستحسان البشري؟ ماذا حدث بالضبط معه حتى أخفى كل الحقائق الكبيره في الفكر اللاهوتي المسيحي؟

الرسول بولس هدفه واضح: صرت للذين بِلاَ نَامُوسٍ كأني بِلاَ نَامُوسٍ لأربح الذين بِلاَ نَامُوسٍ، وتطبيقًا لذلك لم يُعلن لهم أي شيء من الناموس، ولكنه استخدم لغة مختلفة عما يستخدمه مع اليهود!.

فالكرازة للأمم تختلف عن الكرازة لليهود (الأمم هم سائر الشعوب الأخرى غير اليهود)، يجب علينا اكتشاف قواسم مشتركة، ولغة مشتركة للكرازة للأمم. وعندما تكلم الرسول بولس مع الأمم عن شخص المسيح ذَكرَ لهم ما يتوقع أن يفهموه، ولم يرغب أن يُعلن كل الحق عن المسيح مرةً واحدةً.

س: «هل تَعْتَبِر هذا إخفاءً لحقيقة المسيح؟ أومحاولة لإخفاء النور؟ أو حالة من حالات إنكار المسيح أمام الآخرين؟ ألم يحذرنا المسيح قائلًا: ﴿وَلكِنْ مَنْ يُنْكِرُني قُدَّامَ النَّاسِ أُنْكِرُهُ أَنَا أَيْضًا قُدَّامَ أَبِي الَّذِي فِي السَّمٰوات!﴾ فهل أنكر الرسول بولس بذلك المسيح أمام اليونانيين؟»

ج: «لا.. وألف لا! الرسول بولس هو أكثر الأشخاص الذين أعلنوا عن شخص المسيح أمام كل العالم، لكن إعلانه عن المسيح كان مختلفًا في كل مرة، فالإعلان مرتبط بقدرة

الشخص على الاستيعاب، أوتحمل كمية النور. والرسول بولس رأى في (آريوس باغوس) أن الإعلان عن المسيح ينبغي أن يكون تدريجيًا، ويكفيهم أن يسمعوا الآن أنه رجل عينه الله للدينونة، ثم في لقاءٍ آخر سوف يضيف بالتأكيد إعلانًا جديدًا. ألم يُعْلِن المسيح عن نفسهِ لتلاميذه بطريقة تدريجية؟ بل دعا تلاميذه إليه ليكتشفوه!»

س: «ما هى نتيجة كرازته في آريوس باغوس؟ هل نجح أم فشل في الكرازة هذه المرة؟ كم عدد النفوس التي آمنت بالمسيح؟»

ج: «النجاح والفشل لا يُقاس بعدد الذين آمنوا؟ لكن بالفرص المتاحة للكرازة، لأن الكرازة زرع وحصاد، فهل نجحنا في زرع كلمة الإنجيل في قلوب الآخرين أم لا؟ ثم نترك النتائج للروح القدس، فهو الذي يبدأ بنا وهو الذى يُكمل ما بدأه بنا أو بغيرنا، نحن علينا مسؤولية أن نزرع، هذا ماعلم به المسيح: ﴿خَرَجَ الزَّارِعُ لِيَزْرَعَ...﴾، أما مَنْ الذي يُنَمي؟ بولس غَرَسَ وَأَبُلُّوسُ سَقَى، لكِنَّ اللهَ كَانَ يُنْمِي.»

س: «هل فشل المسيح عندما تكلم مع الفقيه اليهودي نيقوديموس في إنجيل يوحنا والأصحاح الثالث؟ متى آمن نيقوديموس بالمسيح؟ هل في الجلسة الأولى نفسها؟ هل تقابل مرات أُخرى مع المسيح؟ هل تبعه عن بعد؟»

ج: «لا نعلم أي تفاصيل، لكننا نعلم أنه آمن بعد ذلك بالمسيح، هذا ما جاء في إنجيل (يوحنا 19: 39):

﴿وَجَاءَ أَيْضًا نِيقُودِيمُوسُ، الَّذِي أَتَى أَوَّلًا إِلَى يَسُوعَ لَيْلًا، وَهُوَ حَامِلٌ مَزِيجَ مُرّ وَعُودٍ نَحْوَ مِئَةِ مَنًا.﴾»

سؤال صعب: «كيف أتعلم أن أكون للمسلم "ك مسلم"؟»

ج: «أحترمه.. أحبه.. أشجعه على رغبته في عبادة الله، أسمعه، أسمع أفكاره وإيمانه ومعتقداته، واستخدم بعض العبارات مثل "لا إله إلا الله"؛ "السلام عليكم"؛ "الحمد لله"؛ "سبحان الله"؛ "بِسم الله الرحمن الرحيم"؛ "ما شاء الله".. لأنها كلها عبارات لا تتعارض مع إيماني .

إشجعه على قراءة بعض آيات القرآن التي قالها عن المسيح.. أساعد المسلم أن يقرأ إنجيل لوقا ليستكمل باقى الصورة الصحيحة عن المسيح كما جاءت في الإنجيل، أُقدم له فيلم "يسوع" أو عظة الجبل.»

12

دُرُوسٌ عَمَلِيَّةٌ

في خدمتي الجديدة بشركة "فيرومتيالكو" الألمانية تعلمت الكثير، سواء في مجال حياتى الروحية؛ أو في مجال خدمتي للمسيح. فمثلًا قررت أنه عند خروجي من باب منزلي في الصباح أبدأ بذهني مراجعة الآيات الكتابية التي حفظتها في برنامج التلمذة، كانت المسافة بين منزلي ومكان انتظار أتوبيس الشركة تحتاج لأقل من 10 دقائق سيرًا على الأقدام، وما أمتع أن تبدأ يومك بمراجعة كلمة الله فتغسل مخك وفكرك وذهنك، وتملأه بكلمة الله، فيختلف توجهك وتقضي يومًا رائعًا.

قررت قرارًا آخر: أنني بمجرد أن استقل أتوبيس الشركة وبعد إلقاء تحية الإسلام على زملائي افتح الكتاب المقدس وابدأ في قراءة كلمة الله. كانت البداية صعبة، فيها شيء من الخجل، والجو المحيط فيه كثير من التشويش، سواء بسبب حديث الزملاء مع بعضهم، أو بسبب إذاعة القرآن من خلال راديو الأتوبيس بصوت عال، أو أحيانًا أُخرى إذاعة سيل من الأغاني بعضها هابط! لكن مع استمراري في قراءة الإنجيل والمواظبة على الخلوة في أتوبيس الشركة، اكتشفت أنني لم أعد اسمع لأي ضجيج من حولي، بل أعيش في عالم آخر مع الكلمة وأتمتع بساعة كاملة في خلوة مع الله، رغم أنف الظروف.

أحيانا كانت خلوتي تتحول إلى فرصة للكرازة بدون قصد مني، فمرة جلس بجواري الشيخ محمد، وأنا كنت أرغب

في مراجعة الآيات التي حفظتها في برنامج التلمذة، فطلبت منه أن يراجع معي الآيات وأعطيته محفظة الآيات، وذُهشت من إعجابه ببعض الآيات، واستأذن مني وكتب نصوصها على الجريدة التي في يده، ومرة أخرى سألني واحد من مهندسي الشركة، عندما جلس بجواري، «ماذا تقرأ؟» قلت له «أقرأ الإنجيل»، قال: «واضح أنك متمتع جدًّا بما تقرأ»، قلت له بتواضع: «نعم ما أحلى كلمة الله!» قال لي: «هل يمكن أن تعطيَني نسخة من الكتاب المقدس؟».. قلت له: «غدًا إن شاء الله.» وبالفعل في صباح اليوم التالي: سألني.. «هل أحضرت الإنجيل كما وعدتني؟» فناولته الكتاب المقدس، فشكرني. وعندما وصل الأتوبيس إلى باب الشركة، بدأ الركاب في النزول، وعندما نزلت أنا.. أمسك المهندس جون بذراعي وسحبني إلى جانب الطريق..

- «ماذا أعطيتَ للمهندس عبد النبي اليوم؟»
- قلت له «أعطيته نسخة من الكتاب المقدس»..
- فقال لي بضيق وعصبية: «وماذا سيفعل المهندس عبد النبي بالكتاب المقدس؟»
- قلت «أكيد سيقرأه»..
- قال لي: «بكل أسف سيمزقه، وربما يحرقه!»
- قلت له: «ومن أدراك أنه سيفعل ذلك.. وهو الذي طلبه مني وألح في طلبه، وأنا واثق أنه سيقرأه وسيستفيد منه، وحتى لو أحرقه أو مزقه، هو حر فيما يفعله، لكن لا يجب أن نحرم أحدًا من قراءة الإنجيل وكل واحد يقرر ما يراه بعد قراءة الإنجيل.»

- قال لي «ألَمْ تقرأ ما قاله السيد المسيح له المجد: ﴿لاَ تُعْطُوا الْقُدْسَ لِلْكِلاَبِ، وَلاَ تَطْرَحُوا دُرَرَكُمْ قُدَّامَ الْخَنَازِيرِ، لِئَلاَّ تَدُوسَهَا بِأَرْجُلِهَا وَتَلْتَفِتَ فَتُمَزِّقَكُمْ.﴾؟».
- فقلت له: «وما علاقة هذه الآية بتوزيع الإنجيل لإخوتي المسلمين أو الكرازة لهم؟»
- قال «تمنعنا من تقديم الإنجيل للمسلم!»
- قلت له: «يا باشمهندس جون هذه الآية موجودة في الأصحاح السابع من إنجيل متى وليس لها أي علاقة لا بتوزيع الإنجيل ولا بالكرازة أبدًا.»
- فقال لي بتهكم: «كيف تفهمها أنت أذن؟»
- قلت بصبر: «أفهمها بحسب ما جاءت في باقي الأصحاح، لها علاقه بدينونة الآخرين والحكم عليهم، عندما علمها المسيح مع بداية الأصحاح: ﴿لاَ تَدِينُوا لِكَيْ لاَ تُدَانُوا، لأَنَّكُمْ بِالدَّيْنُونَةِ الَّتِي بِهَا تَدِينُونَ تُدَانُونَ، وَبِالْكَيْلِ الَّذِي بِهِ تَكِيلُونَ يُكَالُ لَكُمْ.﴾ ثم ختم المسيح هذا المقطع بهذه الآية ومعناها لا تقدموا نصائح قيمة لمن لا يُقَدِّر قيمتها ويفهمها ويعمل بها، ويمكن أن تفهم ما أقول لو قرأت سفر الأمثال (9: 7و8) ﴿مَنْ يُوَبِّخْ مُسْتَهْزِئًا يَكْسَبْ لِنَفْسِهِ هَوَانًا، وَمَنْ يُنْذِرْ شِرِّيرًا يَكْسَبْ عَيْبًا. لاَ تُوَبِّخْ مُسْتَهْزِئًا لِئَلاَّ يُبْغِضَكَ. وَبِّخْ حَكِيمًا فَيُحِبَّكَ.﴾»

سكت المهندس جون عند هذا الحد وقال لي: «تحمل نتيجة ما تفعل» وتركني ومضى.

مرة أخرى وأنا أقرأ الإنجيل في الأتوبيس، تمتعت بالأصحاح 13 من رسالة كورنثوس الأولى، وهذا نصها:

﴿إِنْ كُنْتُ أَتَكَلَّمُ بِأَلْسِنَةِ النَّاسِ وَالْمَلاَئِكَةِ وَلكِنْ لَيْسَ لِي مَحَبَّةٌ، فَقَدْ صِرْتُ نُحَاسًا يَطِنُّ أَوْ صَنْجًا يَرِنُّ. وَإِنْ كَانَتْ لِي نُبُوَّةٌ، وَأَعْلَمُ جَمِيعَ الأَسْرَارِ وَكُلَّ عِلْمٍ، وَإِنْ كَانَ لِي كُلُّ الإِيمَانِ حَتَّى أَنْقُلَ الْجِبَالَ، وَلكِنْ لَيْسَ لِي مَحَبَّةٌ، فَلَسْتُ شَيْئًا. وَإِنْ أَطْعَمْتُ كُلَّ أَمْوَالِي، وَإِنْ سَلَّمْتُ جَسَدِي حَتَّى أَحْتَرِقَ، وَلكِنْ لَيْسَ لِي مَحَبَّةٌ، فَلاَ أَنْتَفِعُ شَيْئًا. الْمَحَبَّةُ تَتَأَنَّى وَتَرْفُقُ. الْمَحَبَّةُ لاَ تَحْسِدُ. الْمَحَبَّةُ لاَ تَتَفَاخَرُ، وَلاَ تَنْتَفِخُ، وَلاَ تُقَبِّحُ، وَلاَ تَطْلُبُ مَا لِنَفْسِهَا، وَلاَ تَحْتَدُّ، وَلاَ تَظُنُّ السُّوءَ، وَلاَ تَفْرَحُ بِالإِثْمِ بَلْ تَفْرَحُ بِالْحَقِّ، وَتَحْتَمِلُ كُلَّ شَيْءٍ، وَتُصَدِّقُ كُلَّ شَيْءٍ، وَتَرْجُو كُلَّ شَيْءٍ، وَتَصْبِرُ عَلَى كُلِّ شَيْءٍ. اَلْمَحَبَّةُ لاَ تَسْقُطُ أَبَدًا. وَأَمَّا النُّبُوَّاتُ فَسَتُبْطَلُ، وَالأَلْسِنَةُ فَسَتَنْتَهِي، وَالْعِلْمُ فَسَيُبْطَلُ. لأَنَّنَا نَعْلَمُ بَعْضَ الْعِلْمِ وَنَتَنَبَّأُ بَعْضَ التَّنَبُّؤِ. وَلكِنْ مَتَى جَاءَ الْكَامِلُ فَحِينَئِذٍ يُبْطَلُ مَا هُوَ بَعْضٌ. لَمَّا كُنْتُ طِفْلًا كَطِفْل كُنْتُ أَتَكَلَّمُ، وَكَطِفْل كُنْتُ أَفْطَنُ، وَكَطِفْل كُنْتُ أَفْتَكِرُ. وَلكِنْ لَمَّا صِرْتُ رَجُلًا أَبْطَلْتُ مَا لِلطِّفْلِ. فَإِنَّنَا نَنْظُرُ الآنَ فِي مِرْآةٍ، فِي لُغْزٍ، لكِنْ حِينَئِذٍ وَجْهًا لِوَجْهٍ. الآنَ أَعْرِفُ بَعْضَ الْمَعْرِفَةِ، لكِنْ حِينَئِذٍ سَأَعْرِفُ كَمَا عُرِفْتُ. أَمَّا الآنَ فَيَثْبُتُ: الإِيمَانُ وَالرَّجَاءُ وَالْمَحَبَّةُ، هذِهِ الثَّلاَثَةُ وَلكِنَّ أَعْظَمَهُنَّ الْمَحَبَّةُ.﴾

قرأتُ الأصحاح عدة مرات.. المحبة أهم من أي شيء آخر، أهم من ألسنة الناس (لغات حية) أو الملائكة (لغة التسبيح والتعظيم لله)، أهم من النبوات التي جاء بها كل الأنبياء؛ وأهم من الإيمان الذي ينقل الجبال؛ أهم من العطايا المادية التي أقدمها للناس.. أهم شيء هو المحبة! وسألت نفسي وأنا في أتوبيس الشركة، «هل أحب زميلي الذي يجلس بجواري الآن في الأتوبيس؟ كيف أقول إنني أحبُه وأتركه في طريقه لا يعلم إلى أين يمضي؟ أية محبة هذه التي أتغنى بها، وأنا أترك

كثيرين يذهبون إلى الهلاك الأبدي دون أن أفعل لهم شيئًا؟ ماذا أفعل يا رب مع صديقي وزميلي المهندس سامي أحمد الذي يجلس بجواري الآن؟» وبدون أن أدري قلت له: «مهندس سامي، ممكن تقرأ هذه الكلمات؟» وأعطيته الإنجيل بين يديه، وقلت له: «من فضلك اقرأ أصحاح 13.»

وبكل أدب واحترام استلم المهندس سامي الكتاب المقدس، وبدأ يقرأ فيه بصمت، وأنا أصُلي من أجله، لكن بعد دقائق تغير تفكيري، وشعرت بالضيق لأنني اقتحمت أو فَرَضْتُ نفسي على هذا الصديق، وبَدأَتْ أفكار اللوم تملأ عقلي بكلمات إبليس.. «هذا التصرف ليس من الحكمة، لكنه تسرُّع وانفعال.. ربما ضايقته بتصرفي، ولكونه شخصًا مُحترمًا رفض أن يحرجني، وأخذ مني الكتاب مجاملة لي!» لكنني عندما نظرت إليه وجدته يقرأ بصمت، وعيناه تلتهمان الكتاب، واستمر في القراءة، حتى وصل الأتوبيس بنا إلى باب الشركة. أغلق المهندس سامي الكتاب المقدس بكل خشوع واحترام وأعطاه لي ولم يتكلم ولا كلمة ولم يُعَلِّقْ أي تعليق، وأنا لم أسأله!.

بعد شهر أو أكثر، وبعد انتهاء العمل توجهت للأتوبيس، وفجأة جاء المهندس سامي وجلس بجواري رغم أنه أغلب الأيام لا يعود معنا، بسبب كثرة الأعباء في المكتب الفني، مما يضطره للعمل ساعات إضافية. في هذا اليوم كان وجهه متغيرًا وعابسًا ويبدو عليه الهم، فسألته: «مالك يا باشمهندس؟» قال لي بصوت أسيف: «تعبان تعبان.. تعبان وزهقان»، قلت له: «ولايهمك، مشاكل العمل لا تنتهي، دلوقتي عليك أن تهدأ وتنسى الشركة وما فيها، وتعود لمنزلك لترتاح والصباح رباح.» ومرت لحظات من الصمت، ثم فُوجئت به يسألني :

«فين الكلام اللي خليتني أقرأه منذ أسابيع؟»

«أي كلام تقصد؟» (أنا بصراحة كنت نسيت)،

قال لي: «مرة أعطيتني الإنجيل وقرأت فيه كلمات رائعة لم أقرأ مثلها من قبل، وأنا أحتاج لهذه الكلمات اليوم».. تذكرت كورنثوس الأولى 13 وفتحت الإنجيل على هذا الفصل، وأعطيته للمهندس سامي وجلس يقرأ، وأنا أصلي في سري من أجله، أن يفك الله كربه ويرفع الغم من على قلبه. وبدأت الشمس تغيب والرؤيا تقل للقراءة، ولاحظته وهو يرفع الإنجيل قرب عينيه حتى يستمر في القراءة، حتى وصلتُ إلى محطة النزول، فجأة انتبه وأغلق الإنجيل وناولني إياه وأنا أهم بالنزول.. ومرة ثانية طلب مني نسخة من الإنجيل وأعطيتها له..

لا أعلم إلى أين وصل الآن.. لكني أعلم شيئًا واحدًا، أن ﴿كَلِمَةَ اللهِ حَيَّةٌ وَفَعَّالَةٌ وَأَمْضَى مِنْ كُلِّ سَيْفٍ ذِي حَدَّيْنِ، وَخَارِقَةٌ إِلَى مَفْرَقِ النَّفْسِ وَالرُّوحِ وَالْمَفَاصِلِ وَالْمِخَاخِ، وَمُمَيِّزَةٌ أَفْكَارَ الْقَلْبِ وَنِيَّاتِهِ.﴾.

أعلم أنه ﴿كَمَا يَنْزِلُ الْمَطَرُ وَالثَّلْجُ مِنَ السَّمَاءِ وَلاَ يَرْجِعَانِ إِلَى هُنَاكَ، بَلْ يُرْوِيَانِ الأَرْضَ وَيَجْعَلاَنِهَا تَلِدُ وَتُنْبِتُ وَتُعْطِي زَرْعًا لِلزَّارِعِ وَخُبْزًا لِلآكِلِ، هكَذَا تَكُونُ كَلِمَتِي الَّتِي تَخْرُجُ مِنْ فَمِي. لاَ تَرْجِعُ إِلَيَّ فَارِغَةً، بَلْ تَعْمَلُ مَا سُرِرْتُ بِهِ وَتَنْجَحُ فِي مَا أَرْسَلْتُهَا لَهُ.﴾

س: «متى كانت آخر مرة قَدمْتَ فيها الإنجيل لصديق مسلم؟»

مرة ثالثة في الأتوبيس، وفي أثناء العودة استَقَلَّ السيارة معنا الحاج طلعت مدير الحسابات بالشركة، وهو شخص يميل إلى الدروشة، فجلس بالمقعد الأمامي بجوار السائق، مما سبب ضيق وتذمر للمهندس محمد علي، الذى تعود على الجلوس في هذا المقعد، باعتباره من أقدم المهندسين بالشركة، وعندما بدأ الأتوبيس في السير قال الحاج طلعت بصوت عال: «الفاتحة».. فبدأ الجميع يرددون الفاتحة وأنا معهم، وما أن انتهى الحاج طلعت بصوته العالي من تلاوة كلمات الفاتحة -وهي السورة الأولى في القرآن عند أهل السنة- حتى التفتَ وقال لي:

- «كنت بتقول إيه يا صماويل؟» (بدون الهمزة ينطقون اسمي).
- «كنت أقول الفاتحة.»
- «وأنت حافظ الفاتحة؟»
- «طبعًا ياحاج من أيام المدرسة حفظتها!»
- «ومش بتتضايق وأنت بتقولها؟»
- «لو متضايق ما كنتش قلتها.. فأنا أحُب هذه الكلمات، "الْحَمْدُ لِلَّهِ رَبِّ الْعَالَمِينَ"، مين فينا ياحاج ما يحبش يحمد ربنا وخصوصًا بعد انتهاء يوم عمل، فيه الكثير من المخاطر، في الموقع عندنا غير الإدارة عندكم، أقل حاجة أقول لربنا لك الحمد ولك الشكر يا رب.» فاستدار أكثر في مقعده حتى يراني جيدًا، وقال لي:
- «وباقي كلمات الفاتحة؟»

- قلت له: «"الرَّحْمٰنِ الرَّحِيمِ".. أنا أومن بأن الله الذي أعبده بروحي هو الرَّحْمٰنِ الرَّحِيمِ، وأن رحمة الله جديدة علينا في كل صباح، ﴿لأَنَّهُ مِنْ إِحْسَانَاتِ الرَّبِّ أَنَّنَا لَمْ نَفْنَ، لأَنَّ مَرَاحِمَهُ لاَ تَزُولُ. هِيَ جَدِيدَةٌ فِي كُلِّ صَبَاحٍ.﴾، هذا ما تعلمته أيضًا في الكتاب المقدس.» فقال لي بتعَجُب:

- «فين الكلام دا؟» فتحت الكتاب المقدس على (مراثى إرميا 3: 22) وأعطيته للحاج، فاعتدل في جلسته، وظل يقرأ للحظات ثم أرجعه اليَّ، وقال:

- «خلينا نكمل في الفاتحة»، فقال واحد من المهندسين:

- «كفاية كلام في الدين يا حاج، علشان ماحدش يزعل!» فقال:

- «أنا باتكلم مع صماويل، وعارفه إنه ما يزعلش، وبيعجبني أسلوبه وهو قريب من ربنا جدًّا!» فقلت له:

- «شكرًا يا حاج على الكلام الحلو، وربنا يساعدنا كلنا نكون قريبين منه، وهو أيضًا قريب من كل الذين يدعونه بالحق».. فقال:

- «ما رأيك في "اهْدِنَا الصِّرَاطَ الْمُسْتَقِيمَ، صِرَاطَ الَّذِينَ أَنْعَمْتَ عَلَيْهِمْ غَيْرِ الْمَغْضُوبِ عَلَيْهِمْ وَلَا الضَّالِّينَ. آمين"؟»، قلت له:

- «أنا واثق أن الله سيهدي كل المسلمين، الراغبين في الهداية إلى الطريق المستقيم، لكن هل تعلم ما هو الطريق المستقيم؟» قال:

- «نعم! الإسلام.» قلت له:

- «المسيح هو الطريق المستقيم، لأنه قال عن نفسه ﴿أَنَا هُوَ الطَّرِيقُ وَالْحَقُّ وَالْحَيَاةُ﴾ والدليل أن الآية تقول "صِرَاطَ الَّذِينَ أَنْعَمْتَ عَلَيْهِمْ"، بالفعل الماضي، يعني قبل الإسلام، أنعم الله عليهم، يقصد المسيحيين، أنعم عليهم بالمسيح، الذي هو الطريق إلى الله.» قال بصوت حادٍّ غاضب:

- «لا! أنتم المغضوب عليكم، واليهود هم الضالُّون..» فغضب المهندس جون واعترض على كلام الحاج طلعت.. فقلت لهم:

- «غدًا في المكتب إن شاء الله، سأزورك يا حاج طلعت، ونستكمل حديثنا».. قال:

- «أهلًا ومرحبًا.»

س: «متى كانت آخر مرة تحاورت فيها مع واحد من أحبائنا المسلمين؟ زميلك في العمل أو جارك في البيت؟ تحاورت معه بمحبة واحتملت كلماته الصعبة وواصلت محاولاتك فاتحًا باب الحوار معه؟»

13

الْمَغْضُوبِ عَلَيْهِ

في يوم من أيام العمل استلمت رسالة من كبير المهندسين بالشركة التي أعمل بها بقرار تعين السيد عمرو حامد مساعدًا لي في إدارة مخازن الشركة.. فقلت لحاملها: «من هو عمرو حامد؟» فقال: «واحد من الموظفين في الإدراة، مغضوب عليه وسيعمل معك من أول الأسبوع القادم.»

تعرفت إلى الأخ عمرو، شاب في الخامسة والعشرين من العمر، من أبناء حي مصر الجديدة وهو من المُرَّفَهِينْ، شرحت له طبيعة عملنا وأوكلت إليه بعض المهام، في متابعة أحد أوناش الشركة في أثناء صرف الخامات، وعليه أن يقوم بتسجيلها في دفتر المخازن. مع نهاية اليوم لاحظت تبرم الأخ عمرو من العمل الذي يقوم به.

وفي اليوم التالي سألته: «لماذا لم تستمر في عملك في الإدارة؟» فقال لي: «يبدو أنني غير مرغوب فيَّ، ولأنني أبرمت مع الشركة عقدًا لمدة سنة، وهم يريدون التخلص مني، فأرسلوني إليك حتى يدفعوني لتقديم استقالتي».. قلت له: «يا عمرو أنت شاب في مقتبل العمر، ويمكنك أن تثبت جدارتك في العمل معي وتستمر بالشركة، ولا داعي للظنون، وعليك فقط أن تتحمل الإرهاق الجسدي وتتحمل الشمس والحرّ في الموقع، وتنسى التكييف في الإدارة، وأنا سأساعدك في فهم

كل ما يتعلق بطبيعة شغلك الجديد.» هز رأسه ووعدني بالمحاولة ووافقني على ما قلته، وشكرني على تشجيعي له واتجه إلى الكافيتريا، وأحضر لي كوبًا من الشاي فابتسمت له وقبلته منه قائلًا: «دا واجب عليَّ يا عمرو.»

وفي اليوم الثالث لاحظت أن عمرو ما زال مكتئبًا.. وجاءتني فكرة جديدة لم أفكر فيها من قبل، ناديت على عمرو، وسألته: «هل تحب القراءة؟» قال: «نعم!».. قلت له: «قرأتُ كتابًا رائعًا من عدة سنين، اسمه "قوة التفكير الإيجابي" كان سبب تشجيع غير عادي لحياتي، هل تحب أن تقرأه؟» قال بلهفه «ياريت. أنا أحب القراءة جدًا» ، فقلت:«لكن فيه مشكلة»، قال: «ماهي؟» قلت:«هذا كتاب مسيحى فيه بعض آيات من الإنجيل وربما لا تحب أن تقرأ كتب مسيحية.» أجاب بسرعه: «لا.. لا أنا لست متعصبًا، أنا أحب أن أقرأ مثل هذا الكتاب، يا ريت تقول لي من أين أشتريه»، قلت له: «من مكتبة دار الثقافة المسيحية الكائنة بشارع الجمهورية بوسط القاهرة، لكن غدًا إن شاء الله ستحصل على نسخة منه هدية مني لك.»

وفي اليوم التالي أعطيت زميلي عمرو نسخة من كتاب "قوة التفكير الإيجابي"، فحاول أن يدفع ثمنه لكني رفضت بشدة، فشكرني ووعدني بقراءته، وأنا قررت أن أصلي من أجله لكي يتحرر من مشاعر الاكتئاب.

وبعد أسبوع سألته:

- «هل بدأت في قراءة الكتاب؟» قال:
- «أنا بالأمس انتهيت من قراءته كله.» قلت:
- «وما رأيك؟» قال:

- «كتاب رائع جدًّا، لم أقرأ مثله من قبل، رغم أنني قرأت كتبًا عالمية كثيرة، لكنى لم أقرأ مثل هذا الكتاب».. سألته
- «هل أفادك شخصيًّا؟» قال:
- «بصراحة كتاب حلو، لكن فيه حاجات صعبة، على الأقل بالنسبة لي كمسلم؟» قلت له:
- «أعطني مثالًا».. قال:
- «في الباب الأول يقول الكاتب: "عندما تستيقظ في الصباح ردد هذه العبارة عدة مرات: 'أَسْتَطِيعُ كُلَّ شَيْءٍ فِي الْمَسِيحِ الَّذِي يُقَوِّينِي.' وثِق أن يومك سيكون مختلفًا!" وأنا مسلم لا أستطيع أن أقول مثل هذا الكلام!» قلت له باحترام شديد:
- «معك حق، لكن عندي اقتراح بتعديل هذه العبارة، هل يمكنك أن تقول: "أستطيع كل شيء في الله الذي يقويني"؟» وفجأة قفز من على الأرض قائلًا:
- «نعم أستطيع، هذه فكرة جيدة»، قلت له:
- «كل عبارة تقرأها في الكتاب، غير اسم المسيح وضع اسم الله. ما رأيك؟» قال بابتسامة:
- «فكرة عملية رائعة، اليوم سأبدأ قراءة الكتاب من جديد، وسأستخدمه بهذه الفكرة الجديدة.»

وبعد أيام لاحظت تغييرًا في حياة عمرو، وعمله معي بالشركة، وبدأ يحب مجموعة العمال الذين معي وطبيعة العمل تحت أشعة الشمس، وازدادت محبتنا أحدنا للآخر، وأصبحت أتعامل معه وكأنه أخي الصغير، أُعَلِّمُهُ كل شيء عن نوعية الخامات وطرق تخزينها، وبدأ يفرح بمركزه الجديد، ومرة رآني وأنا في وقت الراحة أقرأ وأدرس الإنجيل، فطلب مني نسخة فأعطيتها له، ووجد فيه بعض الآيات التي قرأها في

كتاب قوة التفكير الإيجابي، وبدأ يطرح سلسلة من التساؤلات، كل يوم عنده سؤال. ونحن نقف معًا في موقع الشركة، كنت أقضي بعض الوقت معه أجاوبه على أسئلته، ولما دخل في الأسئلة الهامة، عرَّفته على صديقي نبيل، لأنه كان يسكن بجواره بحي مصر الجديدة، فدرسا معًا بعض الدروس الكتابية، وبعد شهور اضطر نبيل للسفر وترك البلاد مُرغمًا، وترك عمرو.

وبعد سنوات قدمتُ استقالتي من الشركة، وتولى عمرو إدارة مخازن الشركة بدلًا مني، وما زال فيها حتى اليوم.

ولا أظن أنه آمن بعد بالمسيح، لكني فعلت ما استطعت واستثمرت ساعات العمل في تقديم محبة المسيح وكلمته لهذا الشاب. والله وحده قادر أن يكمل عمله الصالح، وبروحه القدوس قادر أن يرشد عمرو في يوم من الأيام لمعرفته.

كانت هذه بعض الدروس العملية، وغيرها الكثير مما حدث معي في شركة "فيروميتالكو". لكن الفكرة الرئيسية التي أريد أن أسجلها هنا: «هل ممكن أن أخدم الله كارزًا بمحبته مع كل يوم أعيش فيه؟ وفي أي مكان أذهب إليه؟ ومع أي إنسان أتعامل معه مهما كانت خلفيته وظروفه وشخصيته؟ وهل أتعلم أن أفتح عينيَّ فأرى احتياجات الآخرين من حولي؟ هل أسعى جاهدًا لمساعدتهم بدون هدف آخر، ولا حتى بهدف الكرازة؟ هل أساعدهم كبشر، أصدقاء لي وأقدم لهم محبة المسيح العملية؟ هل أترك للروح القدس الفرصة الكاملة كي يستخدم كل هذه الأمور التلقائية، حتى يقود الكثيرين لخلاص المسيح وغفرانه، ونوال اختبار الحياة الجديدة والتمتع بوعد المسيح بالحياة الأبدية؟»

14

أَسْرَارِي الزَّوْجِيَّةُ

بعد زواج ثلاثة من أخواتي البنات، وبعد عملي في شركة فيروميتاالكو، وجدت الظروف مناسبة لي للزواج خصوصًا أني كنت أصلي كثيرًا من أجل هذه الخطوة الهامة، ووصلت لسن 36 سنة. ففكرت في فتاة اسمها مِرفت، كانت تحضر اجتماع الشباب بالكنيسة، كما كانت صديقة أختي الصغيرة عايدة وزميلتها في المدرسة. وهي جميلة الوجه ورشيقة الجسم ومناسبة لي اجتماعيًّا، فقررت ضمها لمجموعة تلمذة جديدة حتى تكون فرصة لمعرفتها عن قرب وللتأكد من إيمانها وتوجهاتها. كانت المجموعة تضم وجيه وسامح وكيني وعماد ووفاء وشكري. وخلال اجتماعاتنا الأسبوعية بدأت التعرف على مِرفت عن قرب، وبدأ إعجابي بها يزيد وخصوصًا لرجاحة عقلها وشخصيتها المرحة وابتسامتها الدائمة.

وبعد ستة أشهر تأكدت من مشاعر قلبي نحوها واقتناع عقلي بها، فقررت أن أفاتحها في موضوع الارتباط. وكعادة البنات يتمنعن عند الطلب.. فقالت لي: «أمهلني ستة أشهر للصلاة والتفكير!» ولكن بعد شهر أعلنَت موافقتها على الزواج رغم تحذيرات بعض صديقاتها المُخلصات بأن هذا الرجل صعبه الحياة معه. قلت لها «يجب أن أكون صريحًا معكِ من البداية، وأشرح لك أهدافي المستقبلية:»

«أولًا؛ أنا أحب إخوتي المسلمين وأرغب دائمًا في خدمتهم وتوصيل محبة المسيح لهم، وهذا الأمر من الممكن أن يعرضني في المستقبل لمشكلات مع الأمن ومن الممكن أن تصل بي الأمور إلى السجن!»

«ثانيًا؛ قلبي متجه إلى التفرغ التامّ لخدمة الرب، وأي وقت أتلقى إرشادًا واضحًا من ربنا سأقدم استقالتي من الشركة الألمانية.»

قالت لي: «وكيف نعيش بعد الاستقالة؟» قلت لها «لا أعلم كيف، لكن أعلم أن حياة الإيمان مع الله اختبار رائع والأروع هو كيفية حياة الإيمان اليومية.» وذكرت لها وعد الله لي في إنجيل متى (6: 26) ﴿أُنْظُرُوا إِلَى طُيُورِ السَّمَاءِ: إِنَّهَا لاَ تَزْرَعُ وَلاَ تَحْصُدُ وَلاَ تَجْمَعُ إِلَى مَخَازِنَ، وَأَبُوكُمُ السَّمَاوِيُّ يَقُوتُهَا. أَلَسْتُمْ أَنْتُمْ بِالْحَرِيِّ أَفْضَلَ مِنْهَا؟﴾

«ثالثا؛ إمكانياتي المادية محدودة وسنعيش بعد الزواج في بيت أهلي القديم، وكل ما يمكنني عمله هو تجديد ذلك البيت ودهانه وتغيير الأثاث حسب الطاقة.»

كانت مِرفت شخصية مشجعة لي من البداية ووافقت على مشروعاتي المستقبلية ووعدتني أن تشارك في تدبير كل ما يحتاجه البيت من تطوير.

تزوجنا في يناير 1985 بالكنيسة الإنجيلية بشبرا النزهة بحضور عدد غفير من أصدقائي من شباب الكنيسة بجانب الأسرتين والعائلتين وبعض أصدقائي المسلمين من الشركة، وأيضًا أختي منيرة وزوجها ممدوح اللذان حضرا من أستراليا وقام بمراسيم الزواج القس إسحٰق إبراهيم ومعه القس إكرام

لمعي والقس رضا عدلي، مع فريق الترنيم بقيادة وصفي ولورنس، وكانت لي فرصة الوعظ لتقديم رسالة خلاص المسيح لجميع الحاضرين.

كانت ليلة لا تُنسى عندما وصلنا إلى فندق البرج المطل على النيل مع مدحت وجانيت أخت مرفت، بسيارتهم المرسيدس وتركونا قبل الفجر، وبعد تغيير ملابسنا أطفأنا الأنوار لننام، لكن مِرفت اعترضت وقالت لي:

- «لماذا تطفيء الأنوار؟» قلت:

- «لننام!» قالت:

- «أنا لا أنام والنور مُطفأ»، قلت:

- «وأنا لا أنام وأي نور في الغرفة».

ونظرنا أحدنا للآخر وانفجرنا في الضحك عندما اكتشفنا أول اختلاف في حياتنا الزوجية. وبسهولة فكرت أن أضيء نور الحمام، وجعلت الباب مفتوحًا قليلًا حتى يكون هناك بصيص من النور، وانتهت أول مشكلة واجهتنا ببعض التنازلات من الطرفين.. وكسبنا القضية.

بعد الزواج كان أكثر ما يشغلني هو «هل باقي أفراد الأسرتين والعائلتين مؤمنين أم لا؟» لذلك استخدمت أول مؤتمر كرازي في صيف 1986 عَقَدَّتُه الكنيسة في بيت المؤتمرات في "الفيرهافن" بالإسكندرية في دعوة أغلب أفراد العائلتين وتشجيعهم على حضور المؤتمر وخصوصًا مع وجود خدام للرب قلوبهم ملتهبة لخلاص النفوس، مثل الدكتورة أليس وزوجها الدكتور إميل جوزيف ومعهم المرنم الموهوب إسحٰق

كرمي. وكانوا حريصين على تقديم كلمة الإنجيل باستقامة ومع صلوات كثيرة رُفعت تحقق الحلم وآمن كثيرون من عائلتي بالمسيح فقد كانوا مسيحيين بالأسم فقط.

والآن دعني أسألك قارئي العزيز: «هل عائلتك كلهم في الإيمان؟ وهل هناك بعض الأفراد بعيدين أو غير مؤمنين؟» من فضلك تحمل مسؤوليتك واكتب أسماءهم الآن وابدأ في الصلاة من أجلهم يوميًّا حتى يفتقدهم الله برحمته.

وفي ديسمبر 1985 رُزقنا بابنتنا منار، وكان اسمها مناسبًا لمجتمعنا. لم نختَر اسمًا غربيًّا لكن كنا حريصين على اختيار اسم مقبول من المسلمين والمسيحيين. وبعد عامين رُزقنا بابننا ديفيد. وبعد سنتين وصلت بنتنا سارة. وبالطبع كنا نصلي لأولادنا قبلما يصلوا إلى عالمنا وخصوصًا من أجل معرفتهم بربنا ومستقبلهم الأبدي، فهذا كان أهم ما يشغلني.

بعد سنوات كنت أخدم في مؤتمر لشباب ثانوي بالعريش، وبالطبع كانت خدمة كرازية خلاصية وشرحت أهمية أن الإنسان المحتاج للخلاص عليه أن يفتح قلبه للمسيح وكان اجتماعًا رائعًا، لكن المفاجأة التي حدثت اليوم التالي هي عندما جاء ابني ديفيد -وكان عمره وقتها عشر سنوات- وقال لي: «بابا أنا سمعتك أمس وأنت تتكلم عن أهمية قبول المسيح»، قلت له «صحيح دا موضوع مهم»، قال لي «أنا عايز أقبل المسيح»، فرحت جدًا وقلت له «هل تفهم ما تقول؟» قال: «أنا سمعتك وأنت تعظ وأنا محتاج للمسيح»، لم أصدق أذني أن ابني الصغير استوعب أمرًا أكبر من سنه، وأن الروح القدس يعمل في حياته. كانت لحظة رائعة أن الله يستخدمني لأقود ابني لأهم قرار في حياته، وهو قرار قبول المسيح كمخلص!.

وأغمض ديفيد عينيه وصلىَّ معي صلاة التوبة: «اللهم ارحمني أنا الخاطي» وفتح قلبه للمسيح وأخذته في أحضاني وأنا فرحان أن ابني أصبح ابنًا حقيقيًّا للمسيح وضمن حياته الأبدية.

قبلها بسنوات اشتركَت منار في مؤتمر خلاصي لمدارس الأحد في بيت السلام بالعجمي وسَلَّمَتْ حياتها للمسيح. وبعد فترة قاد ديفيد ابنتي سارة للإيمان بالمسيح، وما زلت يوميًا أصلي من أجلهم ليحافظوا على خلوتهم اليومية من قراءة الإنجيل والصلاة وهدفي أن يصبحوا تلاميذًا للمسيح ويستخدمهم حسب خطته لعمل الملكوت لأن هذا العمل هو الدائم.

«هل أولادك يؤمنون بالمسيح؟ وهل تُصلي من أجل النمو الروحي المستمر لحياتهم؟» من فضلك تحمل مسؤوليتك الأولى في الإهتمام الروحي بأفراد أسرتك وعائلتك، أهم من إحتياجاتهم الجسدية، فأنت المسؤول الاول عن حياتهم الروحية.

15
سُلَّمُ الْكِرَازَةِ

الكرازة رحلة طويلة من الزرع والري والصلاة، ثم بعد سنوات يأتي الحصاد. هذا ما تعلمته مع صديقي المهندس أحمد.

ولن أنسى هذه المرة.. عندما دخل المهندس أحمد إلى مكتبي في الشركة الألمانية وطرح عليَّ سؤالًا عن الإنجيل، ففتحت درج مكتبي وأخرجت الإنجيل وفتحته لأعطي المهندس أحمد إجابة عن سؤاله من الإنجيل. ولكنه فاجأني وهو واقف أمامي متحفزًا.. وسألني: «ما هذا الكتاب؟» قلت له: «الإنجيل»، قال بلغة بالغة السخريه: «لا.. لا أبعده أبعده، سيبك من هذا الكتاب».. شعرت بإهانة وتملكني غضب شديد، كرد فعل طبيعي لهذه السخرية التي لم أكن أتوقعها أبدًا، ولكن رحمة ربنا كانت أسرع من غضبي وقلت له باحترام: «يا باشمهندس أحمد أنت رجل مسلم مؤمن وخريج جامعة الأزهر، وأنا نِفسي أعرف منك عن الإسلام.. ما رأيك؟» انفرجت أساريره وابتسم ابتسامة باهتة ونسي سؤاله.. وقال لي: «تعال غدًا إلى مكتبي ولنا جلسة مع بعض»، وانسحب بهدوء. وفي اليوم التالي أخذت دفترًا وقلمًا، وذهبت إلى مكتب المهندس أحمد، الذي رحب بي وطلب لي فنجان شاي، قلت له: «ما هو الإسلام؟» قال: «الأركان الخمسة»، قلت له: «أنا أعرفها، الصلاة والزكاة وحج بيت الله وصوم رمضان والشهادتين»، وأضفت.. «أنا من فضلك أرغب في أن أعرف أكثر.»

وبعد أن كتبتُ هذه الأركان الخمسة، وتكلمنا أيضًا عن الصلوات الخمس الفجر والظهر والعصر والمغرب والعشاء. قلت له: «أنا كمسيحي أصَلِّي في كل وقت.» قال: «جميل لكن لازم الصلوات الخمس في موعدهم المحدد.» انتهى وقت الغداء فانطلقت إلى عملي.

وفي اليوم التالي ذهبتُ إليه واستكملنا الحديث مع فنجان شاي.. تكلم عن الله الواحد، "الأَحَد، اللَّه الصَّمَد الذي لَمْ يَلِدْ وَلَمْ يُولَدْ وَلَمْ يَكُن لهُ كُفُوًا أَحَد" (سورة الإخلاص).. استمعت جيدًا لكل ما قاله وكتبته، وأنا أفهم ما يريد أن يقوله لي، من وراء هذه الكلمات.

وبعد أسبوع كان لي جلسة جديدة مع المهندس أحمد وأنا مازلت أسجل كل ما يقوله عن الملائكة والجن.. جن مؤمن وجن غير مؤمن! ماشي، لا تعليق مني حتى الآن، أكمل من فضلك ما تقول، وطبعًا أنا عارف إنه ما فيش حاجة اسمها جن مؤمن، وجن غير مؤمن!.

وتتابعت زياراتي للمهندس أحمد بين الحين والآخر حسب ظروف العمل، وزادت محبتي له، وزاد احترامه لي، وتدربت على شيء صعب! **أن أسمع وأن أكتب** ما يقوله دون مناقشة، دون تعليق.. دون اعتراض.. أُعطي له أذني وأصمت لا أتكلم إلا نادرًا؟ ولكن في أغلب الأحيان، كنت أصلي من أجل نفسي ومن أجله أيضًا، ومن أجل هذه الجلسة، أن تكون مفيدة لي وله.

- «عندي لك مفاجأة»، هذا ما قاله المهندس أحمد في لقاء من اللقاءات بعد شهرين..

- «خير إن شاء الله»..

- «عندي كتاب للدكتور أحمد شلبي الأستاذ في جامعة القاهرة، والكتاب في علم مقارنة الأديان.. هل عندك مانع نقرأه معًا؟» أجبته:

- «لا مانع عندي».. قال:

- «بس أنا خايف يزعلك»..

- «لماذا أنت خائف؟»

- «لأن الكتاب يحتوي على الكثير من النقد للعقيدة المسيحية وبالأخص الإنجيل»..

- «لا تخف أنا حاليًا لست سريع الغضب، ولست محاميًا ولا أدافع عن المسيحية.. يوجد من يدافع عنها (لم يفهم ماذا أقصد) هات ما عندك»..

وبدأنا في قراءة الفصل الأول من كتاب مقارنة الأديان (المسيحية) للدكتور أحمد شلبي الإستاذ بكلية دارالعلوم جامعة القاهرة. لا تعليق مني على الفصل الأول، في اليوم التالي قرأنا الفصل الثاني، وفيه ذكَرَ الدكتورأحمد شلبي في صفحة 51 أن الإناجيل تذكرعددًا ضخمًا أحياهم المسيح بعد الموت أو شفاهم من البرص أو جعلهم يبصرون بعد العمى، وتسائل الدكتور احمد شلبي في كتابه:

من أين هذا العدد الكثير من المرضى والعميان الذين ذكرت الأناجيل أن معجزات المسيح مسّتهم؟ حتى ليوشك أن يفوق هذا العدد سكان فلسطين جميعًا في ذلك الوقت، وكأن كل

السكان مسَّهم البرص أو العمى فشفاهم عيسى، أو ماتوا فأحياهم!.

وهنا استوقفت المهندس أحمد وبهدوء شديد اعترضت على هذه المعلومة، وقلت بكل إحترام هذا كلام خطأ . وهو قال لي «ما هو دليلك؟» قلت «دليلي هو النص المكتوب في الإنجيل.» فقال لي: «هات ما عندك»، فقلت له: «دعنا نتوقف عن النقاش دقيقة واحدة لكي تقرأ معي ما جاء في الإنجيل عن هذا الموضوع»، وبالفعل استأذنته وذهبت إلى مكتبي وأحضرت الإنجيل، وأعطيته للمهندس أحمد، الذي تمتم قائلًا: «أعوذ بالله من الشيطان الرجيم.. بسم الله الرحمن الرحيم».. ولم أُعلق على ما يقول، لأن هذه هي الافتتاحية عند قراءة القرآن أو ربما كان خائفًا من قراءة الإنجيل! وفتحت له الإنجيل، وقرات معه كل المعجزات التي قام بها المسيح.. وسألت المهندس أحمد:

- «كم معجزة مذكورة في الإنجيل؟.. بعد المراجعة:
- «28 معجزات فقط »، في الأناجيل الأربعة، منهم 3 حالات إقامة موتى.
- «فهل سكان فلسطين بهذا العدد؟!» أحمر وجه المهندس أحمد خجلًا، وقال معتذرًا:
- «ربما هناك خطأ في الموضوع!»

وأنا ساعدته في إيجاد مبرر لهذا الكذب، فقلت له:

- «ربما الدكتور أحمد شلبي لم يقرأ النص في الإنجيل جيدًا، وربما نقل هذا الكلام من كتاب آخر.» فقال بأسًى وصوت خفيض:

- «خلينا نكمل قراءة كتاب مقارنة الأديان»، وبعد عدة صفحات قال الدكتور احمد شلبي في صفحة 72:

- أن عيسى رسول الى بني اسرائيل فقط، وهذا ما جاء في انجيل متى 10: 5،6 هؤُلاَءِ الاثْنَا عَشَرَ أَرْسَلَهُمْ يَسُوعُ وَأَوْصَاهُمْ قَائِلاً: «إِلَى طَرِيقِ أُمَمٍ لاَ تَمْضُوا، وَإِلَى مَدِينَةٍ لِلسَّامِرِيِّينَ لاَ تَدْخُلُوا. بَلِ اذْهَبُوا بِالْحَرِيِّ إِلَى خِرَافِ بَيْتِ إِسْرَائِيلَ الضَّالَّةِ.

- قلت له، هذا التعليم هو في بداية رسالة المسيح، أما في نهاية رسالته، إقرأ معي ماقاله المسيح لتلاميذه في انجيل متى 28:19-20 «فاذْهَبُوا **وَتَلْمِذُوا جَمِيعَ الأُمَمِ** وَعَمِّدُوهُمْ بِاسْمِ الآب وَالابْنِ وَالرُّوحِ الْقُدُسِ. وَعَلِّمُوهُمْ أَنْ يَحْفَظُوا جَمِيعَ مَا أَوْصَيْتُكُمْ بِهِ. وَهَا أَنَا مَعَكُمْ كُلَّ الأَيَّامِ إِلَى انْقِضَاءِ الدَّهْرِ». آمِينَ.

- قلت للمهندس أحمد هذه آخر وصية قالها المسيح للتلاميذ أن يذهبوا للعالم أجمع.

- وبعد فترة صمت، قال المهندس أحمد:

- «هل يمكنك أن تشتري لي نسخة من الإنجيل؟»

- «إن شاء الله غدًا تكون معك نسخة»..

وفي الغد أعطيته نسخة من الكتاب المقدس تحتوي على أسفار العهد القديم وعددها 39 سفرًا وأسفار العهد الجديد وعددها 27 سفرًا، وهكذا بدأنا نقرأ فيه معًا، واكتشف المهندس أحمد أن هناك الكثير من المفاهيم التي يعرفها عن المسيحية، هي مفاهيم خاطئة تحتاج للتصحيح، وفي كل مرة كنا نلتقي لنقرأ معًا جزءًا من عظة الجبل، أو نقرأ قصة المسيح كاملة، من الولادة حتى الصلب والقيامة والصعوْد إلى السماء. وهو يوافق على ما قاله القرآن عن المسيح: "وَالسَّلَامُ عَلَيَّ يَوْمَ وُلِدتُّ وَيَوْمَ أَمُوتُ وَيَوْمَ أُبْعَثُ حَيًّا".. الترتيب: الولادة - الموت - البعث، وهو الآن حي في السماء.. المسيح حيٌّ في السماء.

شجعت المهندس أحمد أن يتعرف إلى صديقي نبيل جبور، وأن يناقش معه أسئلة كثيرة يرغب في معرفة الإجابة عليها.

وبعد أن تعرف نبيل على المهندس أحمد واستمع منه إلى أغلب الأسئلة التي تدور في ذهنه وقدم له إجابات شافيه، بدأنا درس كتاب نحن الثلاثة مرة كل أسبوع في عظة الجبل

وبعد شهور حصل المهندس أحمد على عقد عمل في إحدى شركات البترول العملاقة في خليج السويس، وقدم استقالته من الشركة الألمانية.. وعند باب شركتنا، وقفنا معًا لحظات الوداع الأخيرة، وأخذته بالأحضان.. الكتاب المقدس معه، والروح القدس يرافقه، ويكمل معه كل عمل صالح بدأ في حياته.

ماذا تعلمت أنا من هذا الصديق؟

أولًا؛ عندما سألني المهندس أحمد سؤاله الأول في مكتبي كان في الخطوة رقم (-7)، أبعد ما يكون عن المسيح. عنده تعاليم سلبية كثيرة، منها تحريف الإنجيل؛ الشرك بالله؛ البغضة والكراهية للمسيحيين.

ثانيًا؛ عندما تحملتُ إساءته لي، وطلبت منه أن يشرح ما هو الإسلام، وصرفنا قرابة شهرين استمع إليه فقط، وأحترم ما يقوله ونشرب الشاي معًا، صرنا أصدقاء؛ بشرًا يحترم أحدنا الآخر؛ وتكونت لدينا مشاعر احترام متبادلة ومحبة إنسانية وانتقل إلى الخطوة رقم (-6).

ثالثا؛ عندما أحضر لي كتاب مقارنة الأديان، وقرأنا معًا ما كتبه الدكتور أحمد شلبي عن المسيح والإنجيل، واكتشف أن هناك أمورًا خاطئة يحتاج أن يعرفها، فطلب نسخة من الإنجيل ليقرأه، بعد أن كان يرفضه، ومن ثم انتقل إلى الخطوة (-5)، وهي مرحلة اكتشاف مفاهيم خاطئة كثيرة في ذهن المسلم عن المسيح والمسيحيين، ثم الى(-4) بعد قراءة عظة الجبل.

لم يكن سُلَّم الكرازة في ذهني عندما تحاورتُ مع المهندس أحمد، لكني تعلمت الدرس بعد سفره. عندما سألت نفسي هذا السؤال: «هل الوقت الذي قضيته مع أخي أحمد كان كرازة أم لا؟» وخصوصًا عندما يزعج الشيطان ضميري، وكأنه ينصحني.. فيقول لي: «أنت لم تتكلم مع أحمد عن الخلاص أو عن صليب المسيح، أو عن لاهوت المسيح أو عن... الخ. أمور مهمه جدًّا لم تتكلم عنها!» لكني تعلمتُ أن

لكل شيء تحت السمٰوات وقت، وأن الكرازة هي رحلة طويلة وليست لقاء مختصرًا يجب أن أقول فيه كل شيء مرة واحدة!

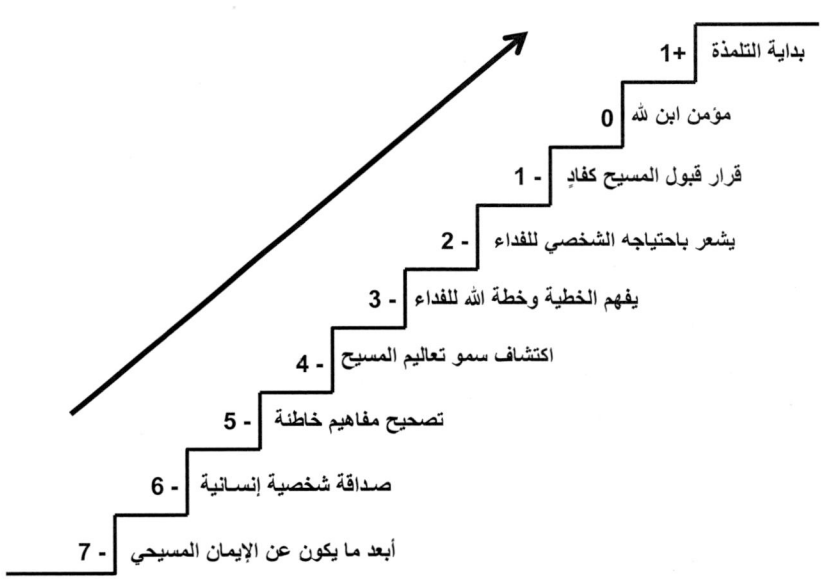

سلم رحلة الكرازة

الكرازة رحلة حياة، يستخدم فيها الله أشخاصًا كثيرين مع نفس واحدة، وأنا كنت في حياة المهندس أحمد ربما المرحلة الكرازية الأولى، أو ربما تكون الثانية ويكون قد سبقني أحد إلى البداية مع أحمد. وصلْ أحمد نتيجة للحوار معه إلى (-4)، وأومن أن الله سيستخدم آخرين مع أحمد عبر السنين، ليقود هذه النفس إلى الخلاص.. وهو يتأنى علينا ﴿لاَ يَشَاءُ أَنْ يَهْلِكَ أُنَاسٌ، بَلْ أَنْ يُقْبِلَ الْجَمِيعُ إِلَى التَّوْبَةِ.﴾ بشرط أن لا نستهين بلطف الله وإمهاله وطول أناته لأن لطف الله يقودنا إلى التوبة.

16

التَّوْحِيدُ

الْمُبَادَرَةُ الْأُولَى

الشيخ مُرسِي - واحد من أعضاء الجماعة الإسلامية الملتزمين، وهو من الفنيين المهرة العاملين معي بالشركة الألمانية- كان قد فاجَأَنِي وأنا بموقع الشركة بسؤال: «هل عندكم تعليم عن الزنا في الانجيل؟» قلت له: «نعم!» قال: «ماذا يقول الإنجيل عن الزنا؟» قلت له إن المسيح قال: ﴿كُلَّ مَنْ يَنْظُرُ إِلَى امْرَأَةٍ لِيَشْتَهِيَهَا، فَقَدْ زَنَى بِهَا فِي قَلْبِهِ.﴾.. أخرج الشيخ مُرسِي من جيبه ورقة وقلمًا وقال: «من فضلك أعد ما قلته مرة ثانية»، ثم سجل قول المسيح وشكرني وانصرف..

نظرتُ إليه متعجبًا ولم أفهم شيئًا، فهذه هي المرة الأولى التي يتكلم فيها الشيخ مُرسِي معي، فهو من الجماعات الإسلامية المتشددة، يلتزم بإطلاق اللحية والزي الإسلامي القصير والبنطلون من تحته، ولم يحدث بيني وبينه أي حوار من قبل. يا ترى ما هدفه من هذا السؤال؟ تم هذا الحديث في الدقائق الأخيرة من يوم الخميس، وبعدها دوت صفارة الانصراف في الشركة، وعندنا إجازة أسبوعية يومي الجمعة والسبت. ورجعنا يوم الأحد للعمل بالشركة. وبعد توزيع العمل علي العاملين معي في قسم المخازن، بدأت حركة العمل تدب وتدور مثل التروس المتعاشقة، فعندما يتحرك ترس واحد وهكذا تحرك جميع

العاملين كل واحد في موقعه، يقوم بدوره كما تقتضي منظومة العمل.

توجهت إلى الماكينة التي يعمل عليها الشيخ مُرسِي، في قصِّ الحديد، وهي ماكينة ألمانية عملاقة، تقطع الحديد كما يقص مقص حاد ورقة بكل بساطة، ويعمل عليها هذا الشاب بإتقان يشهد له الجميع.. ألقيت عليه تحية الإسلام:

- «السلام عليكم يا شيخ مُرسِي»..
- «عليكم السلام ورحمة الله وبركاته»..
- «يوم الخميس سألتني سؤالًا وأخذت الإجابة عنه، ولم أفهم ما الهدف من السؤال وماذا فعلت بالإجابة!»
- نظر إليَّ مبتسمًا وأوقف الماكينة عن العمل، وقال لي: «يوم الجمعة كان عندي خطبة الجمعة في أحد المساجد التي تسمح لنا أحيانًا بالوعظ، وكان موضوع الخطبة عن معصية الزنا، وفكرت أن أستعين بك في معرفة ماذا قال المسيح عليه السلام عن الزنا، والحمد لله عرفت وحفظت ما قاله، أن ﴿كُلَّ مَنْ يَنْظُرُ إِلَى امْرَأَةٍ لِيَشْتَهِيَهَا، فَقَدْ زَنَى بِهَا فِي قَلْبِهِ﴾، واستخدمتها في خطبة الجمعة الماضية بالمسجد»..
- نظرتُ إليه مندهشًا واعتذرت عن تعطيلي له عن العمل، ورجوته أن يسألني أي سؤال يحتاج إليه فشكرني، وضغط على زر الماكينة لتعمل من جديد وخصوصًا أن مدير الشركة الألماني كان ينظر إلينا من بعيد.. لا يعرف ما نقول لكن يهمه أن الماكينة لا تتوقف عن العمل.

وانصرفتُ من أمام الشيخ مُرسِي، وأنا ما زلت مندهشًا.. الشيخ مُرسِي الإسلامي المتشدد، يستخدم آية من الإنجيل قالها

المسيح، لتكون جزءًا من خطبة الجمعة! هذا ما قلته مرة ثانية للشيخ مُرسِي عندما قابلته في وقت الغداء، ثم أكملت كلامي قائلًا: «يا ليتك قلت لي هذا الكلام، كنت حرصت على الاستماع إليك.. هل سجلت هذه الخطبة؟» قال: «لا!»

قلت له: «أنا نِفسي أسمعك في أي وقت، وأنت تقدم خطبة في المسجد».. قال: «إن شاء الله»، وهو غير متحمس للفكرة. بدأت أشعر بالارتياح نحو هذا الرجل، وكنت أحرص أغلب الأيام على أن اقترب من ماكينة قطع الحديد، وأن ألقي عليه تحية الإسلام بصوت عال حتى يسمعني رغم الضجيج، وهو يرد التحية مع ابتسامة تملأ وجهه وتحرك لحيته.

الْمُبَادَرَةُ الثَّانِيَةُ

جاء إليَّ الشيخ مُرسِي قائلًا: «سمعت أنك صائمٌ في رمضان».. قلت: «نعم الحمدلله».. سألني: «هل تقبل أن تزورني في منزلي وتشاركني طعام الإفطار؟».. نظرت إليه وأحببته وتحركت أحشائي نحوه، واتفقنا علي الموعد حتى أتمكن من إبلاغ زوجتي أنني لن أعود في هذا اليوم في موعدي المُعتاد لأنني في ضيافة الشيخ مُرسِي على الإفطار.

وفي الموعد المحدد ركبت معه أتوبيس الشركة، في خط آخر إلى منزله.. وتعجب كثيرون من العاملين عندما رأَوني أجلس بجوار الشيخ مُرسِي، ولم يتكلم أحد منهم وخصوصًا أن أغلبهم بدأ يغط في النوم، بسبب الإرهاق والصوم والحر، ووصلنا إلى بولاق الدكرور وطلب مني الشيخ مُرسِي أن ننزل من الأتوبيس، وعبرنا فوق خطوط السكك الحديدية، ومعنا

مئات العابرين.. لأنها منطقة ذات كثافة سكانية عالية، ومن أفقر المناطق بالقاهرة.

تمكنت من شراء بعض الفاكهة لزوم الزيارة، رغم اعتراض الشيخ مُرسِي بشدة، ووصلنا إلى شقته المتواضعة بالدور الثاني، ودخلت صالة حجمها صغير وفيها كنبة وكرسي وترابيزة خشب صغيرة. واعتذر الشيخ مرسي عن ضيق المكان، فقلت له: «هذه نعمة من ربنا»، وبجوار الكنبة التي جلستُ عليها لاحظت رفًّا خشبيًّا على الحائط موضوع عليه كتابين: القرآن الكريم، والكتاب المقدس الذي أهديته له الأسبوع الماضي. فسألته: «هل تقرأ في الكتاب المقدس يا شيخ مرسي؟» قال: «نعم وعندي أسئلة كثيرة عليه.»

وبعد لحظات ضرب مدفع الإفطار؛ فاستأذنني الشيخ مُرسِي لأداء فريضة صلاة المغرب قبل تناول الطعام فأذنت له، ولكني فوجئت بأنه أحضر سجادة وفرشها أمامي ووقف للصلاة، ثم انحنى ثم ركع ثم سجد وكادت رأسه تقترب من رجليَّ وهو يسجد لأن المكان ضيق، فقلت لنفسي: «ربما رائحة حذائي تضايقه».. وبدون أن أدري تحركت من مكاني، ووقفتُ مبتعدًا عنه بخطوة وأغمضت عيني وبدأت أصلي من أجله ومن أجل احتياجه إلى معرفة الحق، وطلبت بركة من أجل أهل بيته وأولاده، وبركة من أجل الطعام والشركة بيننا، وأن يستخدم الله هذا الوقت للحوار البنَّاء في حياتي وحياة الشيخ مُرسِي. ويبدو أنني كنت في الروح وأنا أصلي، فلم ألحظ الوقت. وبمجرد أن فتحت عينيَّ، حتى رأيت الشيخ مُرسِي ينظر إليَّ وهو ما زال جالسًا على السجادة، لكن علامات الاندهاش والتعجب تظهر على وجهه! وسألني: «ماذا كنت تفعل وأنت واقف الآن؟» قلت

له: «كنت أصلي»، بادرني قائلًا: «هو انتم بتصلوا؟» قالها دون أن يدري! قلت له: «نعم أنا كنت الآن أصلي من أجلك».. قال بصدق: «هذه هي المرة الأولى التي أرى فيها مسيحيًا وهو يصلي!»

وضحكت لصراحته، وتألمت في داخلي بسبب عدم إعلان المسيحيين عن إيمانهم أو صلاتهم أو عبادتهم لربنا، ونظرت إلى الشيخ مرسي قائلًا: «المسيح علمنا عندما نصلي أن ندخل إلى غرفتنا ونصلي في الخفاء، حتى لايرانا أحد، والله أبونا الذي في السماء يرانا ويستمع إلى صلواتنا».. قاطعني: «نأجل الكلام الآن لأنني جوعان والأكل ها يبرد.» ثم انطلق إلى المطبخ وأحضر أطباق الطعام التي أعدتها زوجته، التي لم أرها أو حتى أسمع صوتها، لأن هذا الأمر عيب وحرام عند المسلم المتشدد. وكان الطعام غير ما كنت أتوقع! توقعت أن يكون الإفطار فول وبيض وجبنة مثل فطور الصباح في بيتي، لكن فهمت أن إفطار رمضان مختلف، ولأني ضيف غير عادي، كان الإفطار حمامًا مشويًّا (أنا أحب الحمام) مع ملوخية وأرز وسلاطة.. طعام شهيٌّ جدًّا. واضح أن زوجته ماهرة في الطبخ. شكرته جدًّا على كرم الضيافة، وبناءً على طلبه، شرحت له أقسام الكتاب المقدس العهد القديم الذي ينقسم إلى التوراة وهي كتب موسى الخمسة التي استخدم الوحي الإلهي النبي موسى في كتابتها، والأسفار التاريخية، والمزامير للنبي داود، ثم كتب الأنبياء. والعهد الجديد وهو ينقسم بدوره إلى الإنجيل من أربع بشائر، وأعمال الرسل، ورسائل الرسل بولس ويعقوب وبطرس ويوحنا. واستأذنت للانصراف بعد تناول الشاي الذي أعقب الإفطار الفاخر، وخصوصًا أنني فهمت أن

موعد صلاة العشاء اقترب، وبعدها صلاة التراويح التي تستمر حتى قرب صلاة الفجر، وانطلقت في طريق العودة إلى منزلي.

وبعد انتهاء شهر رمضان والاحتفال بعيد الفطر، دعوت الشيخ مُرسِي لزيارتي في منزلي، وبعد تقديم واجب الضيافة، سألني: «ما هو إيمانك في الله؟» لم أجبه، لكني فتحت له الإنجيل بحسب البشير مرقس (أصحاح 12: 28-29) وبدأ الشيخ مُرسِي في القراءة: ﴿فَجَاءَ وَاحِدٌ مِنَ الْكَتَبَةِ وَسَمِعَهُمْ يَتَحَاوَرُونَ، فَلَمَّا رَأَى أَنَّهُ أَجَابَهُمْ حَسَنًا، سَأَلَهُ: «أَيَّةُ وَصِيَّةٍ هِيَ أَوَّلُ الْكُلِّ؟» فَأَجَابَهُ يَسُوعُ: «إِنَّ أَوَّلَ كُلِّ الْوَصَايَا هِيَ: اسْمَعْ يَا إِسْرَائِيلُ. الرَّبُّ إِلهُنَا رَبٌّ وَاحِدٌ.».. توقف الشيخ مرسي عن القراءة عند هذا الحد فجأة، وسألني بتعجب: «ما معنى ﴿الرَّبُّ إِلهُنَا رَبٌّ وَاحِدٌ﴾؟ هل أنت توحد الله؟» قلت له: «نعم! لا إله إلا الله»، فقال لي وهو يهز رأسه بعنف يمينًا ويسارًا: «مش ممكن! مش معقول!» قلت له:

- «إيه هو اللي مش ممكن؟» قال:
- «هل أنت فعلًا توحد الله؟!» قلت:
- «نعم.. لماذا لا تصدقني؟» قال:
- «لأنني تعلمت سنوات طويلة أنكم أنتم معشر المسيحيين مشركين بالله، والآن وفي دقيقة واحدة تهدم كل ما عرفته عنكم أنكم مشركين، وتثبت لي ومن الإنجيل أنكم موحدين، هذا ما لم أكن أتوقعه على الإطلاق!» فقلت له:
- «من فضلك اقرأ مرة ثانية عدد 29 من أصحاح 12: ﴿فَأَجَابَهُ يَسُوعُ: «إِنَّ أَوَّلَ كُلِّ الْوَصَايَا هِيَ: اسْمَعْ يَا إِسْرَائِيلُ. الرَّبُّ إِلهُنَا رَبٌّ وَاحِدٌ.»﴾ سألته:
- «من الذي قال هذه العبارة؟» قال:

- «عيسى المسيح بن مريم»..

(شرحت له أن اسم "يسوع" في الإنجيل أتى من اسمه في اللغة العبرية "يشوع"، وعندما انتقل اللفظ إلى العربية صار "يسوع"، أما اسمه في اللغة اليونانية فهو "إيسوس"، وانتقل الاسم بطريقة غير مباشرة إلى "عيسى"). قلت:

- «وماذا قال عيسى المسيح؟» قال:
- «الله واحد».. قلت له
- «هل تؤمن الآن أنني موحد بالله؟» أجاب:
- «بصراحة أنت المسيحي الوحيد الموحد بالله!» قلت له:
- «لا.. كل المسيحيين في كل العالم مع اختلاف مذاهبهم الكاثوليكية والأرثوذكسية والبروستانتية جميعهم من صغيرهم إلى كبيرهم يؤمنون بالله الواحد»، قال:
- «هل هناك آيات أخرى في الإنجيل قالها سيدنا عيسى المسيح عن التوحيد؟» قلت له:
- «هذا سؤال جميل.. اقرأ معي إنجيل (متي4: 10)»:

﴿حِينَئِذٍ قَالَ لَهُ يَسُوعُ: «اذْهَبْ يَا شَيْطَانُ! لأَنَّهُ مَكْتُوبٌ: لِلرَّبِّ إِلهِكَ تَسْجُدُ وَإِيَّاهُ **وَحْدَهُ** تَعْبُدُ.»﴾ ثم قرأ معي إنجيل (يوحنا 17: 3)

﴿وَهذِهِ هِيَ الْحَيَاةُ الأَبَدِيَّةُ: أَنْ يَعْرِفُوكَ أَنْتَ الإِلهَ الْحَقِيقِيَّ **وَحْدَكَ** وَيَسُوعَ الْمَسِيحَ الَّذِي أَرْسَلْتَهُ.﴾.. قال:

- «إذًا المسيح هنا هو رسول الله»، قلت له:
- «نعم الآن حسب هذه الآية هو الرسول وهو الرسالة، وسأتكلم معك عن هذا الموضوع بعد أن ننتهي من موضوع التوحيد.»

تعلمت أن أحافظ علي الخط المستقيم في أثناء الحوار، فلا أنتقل من موضوع إلى موضوع آخر، إلا بعد أن أنتهي تمامًا من الموضوع الأول، وإذا طرأ أي موضوع جديد أكتبه أمامي في ورقة حتى نعود إليه مرة أخرى، وهذا التصرف يثبت للآخر أنني أحترمه وأقدِّر أسئلته وأرغب في الإجابة عليها، ولا أتعمد التهرب منها، لكن لكل سؤال وقت حتى لا يتحول الحوار إلى نقاط كثيرة متشعبة ولا نصل لشيء.

وقلت للشيخ مرسي: «دعنا نستكمل موضوع التوحيد أولًا، وسأطرح سؤالًا: هل تحدث العهد القديم عن الله الواحد؟ وهل كتب أنبياء العهد القديم عن الله الواحد؟

أولًا:**التوحيد في العهد القديم**

كلمة "الرب" ذُكرت في الكتاب المقدس في 5879 آية عن الوحدانية، منها 5468 مرة في كل العهد القديم، و411 مرة في كل العهد الجديد. وكلمة "الله" ذُكرت 2249 مرة في كل الكتاب المقدس، منها في العهد القديم 1235 مرة، وفي العهد الجديد 1014 مرة.

في المواضع التالية في أسفار العهد القديم يؤكد الكتاب المقدس على وحدانية الله:

- خروج 20: 3 ﴿لاَ يَكُنْ لَكَ آلِهَةٌ أُخْرَى أَمَامِي.﴾
- تثنيه 4: 35 ﴿إِنَّكَ قَدْ أُرِيتَ لِتَعْلَمَ أَنَّ الرَّبَّ هُوَ الإِلهُ. لَيْسَ آخَرَ سِوَاهُ.﴾
- تثنيه 6: 4 ﴿اِسْمَعْ يَا إِسْرَائِيلُ: الرَّبُّ إِلهُنَا رَبٌّ وَاحِدٌ.﴾

- تثنيه 10: 12 ﴿فَالآنَ يَا إِسْرَائِيلُ، مَاذَا يَطْلُبُ مِنْكَ الرَّبُّ إِلهُكَ إِلاَّ أَنْ تَتَّقِيَ الرَّبَّ إِلهَكَ لِتَسْلُكَ فِي كُلِّ طُرُقِهِ، وَتُحِبَّهُ، وَتَعْبُدَ الرَّبَّ إِلهَكَ مِنْ كُلِّ قَلْبِكَ وَمِنْ كُلِّ نَفْسِكَ.﴾
- تثنية 32: 39 ﴿اُنْظُرُوا الآنَ! أَنَا أَنَا هُوَ وَلَيْسَ إِلهٌ مَعِي. أَنَا أُمِيتُ وَأُحْيِي. سَحَقْتُ، وَإِنِّي أَشْفِي، وَلَيْسَ مِنْ يَدِي مُخَلِّصٌ.﴾
- صموئيل الثاني 7: 14 لِذلِكَ قَدْ عَظُمْتَ أَيُّهَا الرَّبُّ الإِلهُ، لأَنَّهُ لَيْسَ مِثْلُكَ وَلَيْسَ إِلهٌ غَيْرَكَ حَسَبَ كُلِّ مَا سَمِعْنَاهُ بِآذَانِنَا.
- وفي ترجمة الكتاب الشريف جاء النص: فَمَا أَعْظَمَكَ يَا رَبِّي وَإِلَهِي! لَا مَثِيلَ لَكَ! وَكَمَا سَمِعْنَا بِآذَانِنَا، لَا إِلَهَ إِلَّا اللهُ.
- صموئيل الثاني 22: 32 أَنَّهُ مَنْ هُوَ إِلهٌ غَيْرُ الرَّبِّ؟ وَمَنْ هُوَ صَخْرَةٌ غَيْرُ إِلهِنَا؟
- وفي ترجمة الكتاب الشريف لَا إِلَهَ إِلَّا اللهُ، وَلَا مَلْجَأَ غَيرُ رَبِّنَا.

وهذا معناه أن عبارة (لا إله إلا الله) ذُكرت قبل الإسلام ب 1500سنة.

- إشعياء 44: 6 ﴿أَنَا الأَوَّلُ وَأَنَا الآخِرُ، وَلاَ إِلهَ غَيْرِي.﴾
- إشعياء 45: 5-6 ﴿أَنَا الرَّبُّ وَلَيْسَ آخَرُ. لاَ إِلهَ سِوَايَ. نَطَّقْتُكَ وَأَنْتَ لَمْ تَعْرِفْنِي. لِكَيْ يَعْلَمُوا مِنْ مَشْرِقِ الشَّمْسِ وَمِنْ مَغْرِبِهَا أَنْ لَيْسَ غَيْرِي. أَنَا الرَّبُّ وَلَيْسَ آخَرُ.﴾

- إشعياء 45: 21 ﴿أَخْبِرُوا. قَدِّمُوا. وَلْيَتَشَاوَرُوا مَعًا. مَنْ أَعْلَمَ بِهذِهِ مُنْذُ الْقَدِيمِ، أَخْبَرَ بِهَا مُنْذُ زَمَانٍ؟ أَلَيْسَ أَنَا الرَّبُّ وَلاَ إِلهَ آخَرَ غَيْرِي؟ إِلهٌ بَارٌّ وَمُخَلِّصٌ. لَيْسَ سِوَايَ.﴾
- إشعياء46:9 ﴿لأَنِّي أَنَا اللهُ وَلَيْسَ آخَرُ. الإِلهُ وَلَيْسَ مِثْلِي.﴾
- ملاخي2:10﴿أَلَيْسَ أَبٌ وَاحِدٌ لِكُلِّنَا؟ أَلَيْسَ إِلهٌ وَاحِدٌ خَلَقَنَا؟﴾

التوحيد في العهد الجديد

كذلك في المواضع التالية في أسفار العهد الجديد يؤكد الكتاب المقدس على وحدانية الله:

- إنجيل متى4:10﴿حِينَئِذٍ قَالَ لَهُ يَسُوعُ: «اذْهَبْ يَا شَيْطَانُ! لأَنَّهُ مَكْتُوبٌ: لِلرَّبِّ إِلهِكَ تَسْجُدُ وَإِيَّاهُ وَحْدَهُ تَعْبُدُ.»﴾
- إنجيل متى 19: 17 ﴿فَقَالَ لَهُ: «لِمَاذَا تَدْعُونِي صَالِحًا؟ لَيْسَ أَحَدٌ صَالِحًا إِلاَّ وَاحِدٌ وَهُوَ اللهُ. وَلكِنْ إِنْ أَرَدْتَ أَنْ تَدْخُلَ الْحَيَاةَ فَاحْفَظِ الْوَصَايَا.»﴾
- إنجيل مرقس 12: 29 ﴿فَأَجَابَهُ يَسُوعُ: «إِنَّ أَوَّلَ كُلِّ الْوَصَايَا هِيَ: اسْمَعْ يَا إِسْرَائِيلُ. الرَّبُّ إِلهُنَا رَبٌّ وَاحِدٌ.»﴾
- إنجيل يوحنا 17: 3 ﴿وَهذِهِ هِيَ الْحَيَاةُ الأَبَدِيَّةُ: أَنْ يَعْرِفُوكَ أَنْتَ الإِلهَ الْحَقِيقِيَّ وَحْدَكَ وَيَسُوعَ الْمَسِيحَ الَّذِي أَرْسَلْتَهُ.﴾

16 التَّوحِيد

- سفر أعمال الرسل 4: 24 ﴿فَلَمَّا سَمِعُوا، رَفَعُوا بِنَفْسٍ وَاحِدَةٍ صَوْتًا إِلَى اللهِ وَقَالُوا: «أَيُّهَا السَّيِّدُ، أَنْتَ هُوَ الإِلهُ الصَّانِعُ السَّمَاءَ وَالأَرْضَ وَالْبَحْرَ وَكُلَّ مَا فِيهَا.»﴾
- أعمال 15:14 ﴿... نَحْنُ أَيْضًا بَشَرٌ تَحْتَ آلاَمٍ مِثْلُكُمْ، نُبَشِّرُكُمْ أَنْ تَرْجِعُوا مِنْ هذِهِ الأَبَاطِيلِ إِلَى الإِلهِ الْحَيِّ الَّذِي خَلَقَ السَّمَاءَ وَالأَرْضَ وَالْبَحْرَ وَكُلَّ مَا فِيهَا.﴾
- أعمال 17: 24 ﴿الإِلهُ الَّذِي خَلَقَ الْعَالَمَ وَكُلَّ مَا فِيهِ، هذَا، إِذْ هُوَ رَبُّ السَّمَاءِ وَالأَرْضِ، لاَ يَسْكُنُ فِي هَيَاكِلَ مَصْنُوعَةٍ بِالأَيَادِي.﴾
- رسالة رومية 3: 30 ﴿لأَنَّ اللهَ وَاحِدٌ...﴾
- كورنثوس الأولى 8: 4 ﴿فَمِنْ جِهَةِ أَكْلِ مَا ذُبحَ لِلأَوْثَانِ: نَعْلَمُ أَنْ لَيْسَ وَثَنٌ فِي الْعَالَمِ، وَأَنْ لَيْسَ إِلهٌ آخَرُ إِلاَّ وَاحِدًا.﴾
- كورنثوس الأولى 12: 6 ﴿وَأَنْوَاعُ أَعْمَال مَوْجُودَةٌ، وَلكِنَّ اللهَ وَاحِدٌ، الَّذِي يَعْمَلُ الْكُلَّ فِي الْكُلِّ.﴾
- غلاطيه 20:3 ﴿وَأَمَّاالْوَسِيطُ فَلاَ يَكُونُ لِوَاحِدٍ.وَلكِنَّ اللهَ وَاحِدٌ.﴾
- رسالة أفسس 4: 6 ﴿إِلهٌ وَآبٌ وَاحِدٌ لِلْكُلِّ، الَّذِي عَلَى الْكُلِّ وَبِالْكُلِّ وَفِي كُلِّكُمْ.﴾
- تسالونيكي الأولى 1: 9 ﴿... وَكَيْفَ رَجَعْتُمْ إِلَى اللهِ مِنَ الأَوْثَانِ، لِتَعْبُدُوا اللهَ الْحَيَّ الْحَقِيقِيَّ.﴾

- تيموثاوس الأولى 1: 17 ﴿وَمَلِكُ الدُّهُورِ الَّذِي لاَ يَفْنَى وَلاَ يُرَى، الإِلهُ الْحَكِيمُ وَحْدَهُ، لَهُ الْكَرَامَةُ وَالْمَجْدُ إِلَى دَهْرِ الدُّهُورِ. آمِينَ.﴾
- تيموثاوس الأولى 2: 5 ﴿لأَنَّهُ يُوجَدُ إِلهٌ وَاحِدٌ وَوَسِيطٌ وَاحِدٌ بَيْنَ اللهِ وَالنَّاسِ: الإِنْسَانُ يَسُوعُ الْمَسِيحُ.﴾
- رسالة يعقوب 2: 19 ﴿أَنْتَ تُؤْمِنُ أَنَّ اللهَ وَاحِدٌ. حَسَنًا تَفْعَلُ. وَالشَّيَاطِينُ يُؤْمِنُونَ وَيَقْشَعِرُّونَ!﴾
- بطرس الأولى 2: 17 ﴿أَكْرِمُوا الْجَمِيعَ. أَحِبُّوا الإِخْوَةَ. خَافُوا اللهَ. أَكْرِمُوا الْمَلِكَ.﴾
- 1يوحنا 5: 20 ﴿هذَا هُوَ الإِلهُ الْحَقُّ وَالْحَيَاةُ الأَبَدِيَّةُ.﴾
- يهوذا 25 ﴿الإِلهُ الْحَكِيمُ الْوَحِيدُ مُخَلِّصُنَا، لَهُ الْمَجْدُ وَالْعَظَمَةُ وَالْقُدْرَةُ وَالسُّلْطَانُ، الآنَ وَإِلَى كُلِّ الدُّهُورِ. آمِينَ.﴾
- رؤيا 1: 8 (8 مرات) ﴿أَنَا هُوَ الأَلِفُ وَالْيَاءُ، الْبَدَايَةُ وَالنِّهَايَةُ، يَقُولُ الرَّبُّ الْكَائِنُ وَالَّذِي كَانَ وَالَّذِي يَأْتِي، الْقَادِرُ عَلَى كُلِّ شَيْءٍ.﴾
- رؤيا 22: 13 ﴿أَنَا الأَلِفُ وَالْيَاءُ، الْبِدَايَةُ وَالنِّهَايَةُ، الأَوَّلُ وَالآخِرُ.﴾

إذن يُعلم الكتاب المقدس عن الله الواحد، هذه الوحدانية، هي وحدانية العمل والوجود، فأنبياء الكتاب المقدس قرأوا وحدانية الله من واقع إعلانه لهم في أعماله المجيدة معهم.

استكملت حديثي مع الشيخ مُرسِي، عن الآية التي وردت في الإنجيل بحسب البشير مرقس 12: 29 ﴿إِنَّ أَوَّلَ كُلِّ الْوَصَايَا هِيَ: اسْمَعْ يَا إِسْرَائِيلُ. الرَّبُّ إِلهُنَا رَبٌّ وَاحِدٌ.﴾

وسألته: «هل تعرف ماذا يقصد المسيح؟» قال: «ماذا يقصد؟» قلت: «دعني أشرح خلفية هذا الموضوع أولًا، ثم أشرح لك ماذا يقصد المسيح.»

يبلغ عدد وصايا الشريعة عند اليهود 613 وصية، وكل يهودي مستقيم الرأي والعقيدة يلتزم بالخضوع لهذه التشريعات، لكن من البديهي أن يتعب اليهودي الملتزم من تطبيق الشريعة، ويصل إلى مرحلة الإحساس بالفشل، لهذا كانوا يتساءلون دائمًا: «من يلخص لنا هذه التشريعات؟» لذا نرى النبي "داود" يلخص الشريعة في مزمور15 إلى 11 تشريعًا، والنبي "إشعياء" يلخصها في 6 وصايا في (إش33: 15)، والنبي "ميخا" يلخص التشريعات ال613 في 3 وصايا في (ميخا 6: 8) ﴿قَدْ أَخْبَرَكَ أَيُّهَا الإِنْسَانُ مَا هُوَ صَالِحٌ، وَمَاذَا يَطْلُبُهُ مِنْكَ الرَّبُّ، إِلاَّ أَنْ تَصْنَعَ الْحَقَّ وَتُحِبَّ الرَّحْمَةَ، وَتَسْلُكَ مُتَوَاضِعًا مَعَ إِلهِكَ.﴾ ثم جاء المسيح له كل المجد وسأله كاتب الشريعة السؤال القديم نفسه، قائلًا: ﴿«أَيَّةُ وَصِيَّةٍ هِيَ أَوَّلُ الْكُلِّ؟»، فَأَجَابَهُ يَسُوعُ: «إِنَّ أَوَّلَ كُلِّ الْوَصَايَا هِيَ: اسْمَعْ يَا إِسْرَائِيلُ. الرَّبُّ إِلهُنَا رَبٌّ وَاحِدٌ. وَتُحِبُّ الرَّبَّ إِلهَكَ مِنْ كُلِّ قَلْبِكَ، وَمِنْ كُلِّ نَفْسِكَ، وَمِنْ كُلِّ فِكْرِكَ، وَمِنْ كُلِّ قُدْرَتِكَ. هذِهِ هِيَ الْوَصِيَّةُ الأُولَى.»﴾أجاب الشيخ مُرسِي: «وماذا يقصد المسيح بهذه الكلمات؟» قلت له: «كان يقصد، **أن العبادة لله هي حب.**» علق مقاطعًا: «لا، العبادة فرض تقدمه لله.»

قلت: «لا، الله لا يحتاج منا أن نقدم له أي شيء، فهو ليس في حاجة لأي شيء، ولايفرض علينا شيئًا، ولكنه يطلب منا أن نحبه بإرادتنا وبكامل حريتنا، من كل القلب، محبة بمشاعر حقيقية. ومن كل الفكر: أي يكون فكري دائمًا مشغول ومحصور في الله.» قال متسائلًا: «كيف تكون العبادة لله هي حب؟»

قلت: «عندما أحبه أرنم له وأسبحه بترنيمات الحب..
أصلي له.. وأتكلم معه..
أرفعُ دعاءً إليه..
كم مرة؟ خمس مرات أم سبع مرات أم كل الوقت؟ أتكلم مع الله عندما أستيقظ في الصباح، أشكره وأحمده، وأتكلم معه قبل تناول الطعام لأشكره على عطاياه وخيراته، أتكلم معه قبل الخروج للعمل لأستودع نفسي ويومي ﴿كَمَا لِخَالِق أَمِينٍ﴾، أتكلم معه في الطريق، لأستمع لإرشاده ومشورته ورأيه الحكيم، أتكلم معه عندما تواجهني مشكلات وصعوبات أو تحديات خلال اليوم وما أكثرها، أتكلم معه بعد عودتي لمنزلي سالمًا، أتكلم معه قبل النوم، وفي كل وقت، ﴿أَمَّا أَنَا فَصَلاَةٌ.﴾ هذه هي العبادة بدافع الحب.»

جدير بالذكر هذا، ما قالته "رابعة العدوية" إنها ما عبدت الله شوقًا إلى الجنة، ولاخوفًا من جهنم، إنما تعبده لكمال شوقها إليه

أَحِبُّكَ حُبَّيْنِ: حُبَّ الْهَوَى وحُبًّا لأَنَّكَ أَهْلٌ لِذَاكَ
فَأَمَّا الَّذي هُو حُبُّ الْهَوى فَشُغْلِي بِذِكْرِكَ عَمَّنْ سِوَاكَ
وَأَمَّا الَّذي أَنْتَ أَهْلٌ لَهُ فَحُبٌّ شُغِلتُ بِهِ عَنْ سِوَاكَ
فَلا الْحَمْدُ فِيْ ذَا وَلاَ ذَاكَ وَلَكِنْ لَكَ الْحَمْدُ فِيْ ذَا وَذَاكَ

وأضفتُ قائلًا: «أيضًا عندما أحب الله، أقرأ كلمته، فالكتاب المقدس هو كلمة الله. أقرأه كل يوم حتى تزداد معرفتي بالله، وحتى أكتشف محبته لي، حتى أعرف وصاياه وتعاليمه، فأحفظها وأطيعها لفائدة حياتي، لقد قال المسيح بكل صراحة في انجيل يوحنا (14: 21) ﴿اَلَّذِي عِنْدَهُ وَصَايَايَ وَيَحْفَظُهَا فَهُوَ الَّذِي يُحِبُّنِي...﴾ أي أن قراءة ودراسة وحفظ الكلمة لا بد أن تكون بدافع الحب، **فالعبادة لله هي حب**. وعندما أحبه أحب كل الناس، من أصدقاء ومن غير الأصدقاء، ومصدر حبي للناس هو حبي لله، لذا قال الرسول يوحنا في رسالته الأولى (4: 20) ﴿إِنْ قَالَ أَحَدٌ: «إِنِّي أُحِبُّ اللهَ» وَأَبْغَضَ أَخَاهُ، فَهُوَ كَاذِبٌ. لأَنَّ مَنْ لاَ يُحِبُّ أَخَاهُ الَّذِي أَبْصَرَهُ، كَيْفَ يَقْدِرُ أَنْ يُحِبَّ اللهَ الَّذِي لَمْ يُبْصِرْهُ؟﴾ العبادة ليست طقوسًا تؤدىّ لله، من وقوف وتلاوة صلوات أو ركوع وسجود، ولكن العبادة هي أن تحب الله، من كل كيانك العاطفي والفكري والإرادي، ويقودك هذا الحب إلى محبة الجميع وإلى العبادة المقبولة عند الله.»

مبدآن تعلمتهما من حواري مع أخي وصديقي الشيخ مُرسِي:

أولًا؛ الله واحد: التوحيد هو أساس الإيمان المسيحي، وهو نقطة البداية في أي حوار مسيحي إسلامي.

ثانيًا؛ العباده لله هي حب: المُسلم لا يعرف غير أداء الفرض. بالطبع لا يمكن التعميم أو فرض هذا على إطلاقه.. هناك العديد من الفرائض التى تؤدَّى بحب.. بل هناك نوافل (سنن) غير مفروضة يؤديها المسلم رغبة في التقرب إلى الله.

إجابة باقي السؤال الذي سأله الشيخ مُرسي وكتبتُه: «إن كان الله واحد، فمن هو المسيح؟»

المسيح هو كلمة الله، كما جاء في إنجيل يوحنا (1: 1): ﴿فِي الْبَدْءِ كَانَ الْكَلِمَةُ، وَالْكَلِمَةُ كَانَ عِنْدَ اللهِ، وَكَانَ الْكَلِمَةُ الله.﴾ ثم عدد 14 ﴿وَالْكَلِمَةُ صَارَ جَسَدًا وَحَلَّ بَيْنَنَا.﴾

قال الشيخ مُرسِي: «المسيح كلمة الله في القرآن أيضًا في سورة النساء171 "إِنَّمَا الْمَسِيحُ عِيسَى ابْنُ مَرْيَمَ رَسُولُ اللَّهِ وَكَلِمَتُهُ."

قلت له: «والهاء تعود على الله. وأيضًا في سورة آل عمران 45 "إِذْ قَالَتِ الْمَلائِكَةُ: يَا مَرْيَمُ إِنَّ اللَّهَ يُبَشِّرُكِ بِكَلِمَةٍ مِّنْهُ اسْمُهُ الْمَسِيحُ عِيسَى ابْنُ مَرْيَمَ." ولعلك تلاحظ إشارته إلى الكلمة بضمير مذكر في قوله بكلمة منه.. **اسمه**.. ولم يقل بكلمة منه.. **اسمها**.»

وأضفت: «أليس في ذلك دلالة واضحة على أن النص لا يقصد بها مجرد كلمة عادية بل إن **(كلمة الله) التي لا تنفصل عنه قد تجلى في جسد المسيح؟** وهذا ما يؤكده أحد علماء المسلمين وهو الشيخ محيي الدين العربي (أحد أشهر المتصوفين في القرنين الثاني عشر والثالث عشر ولُقِّبَ بالشيخ الأكبر) إذ قال: **«الكلمة هي الله متجليًا وهي عين الذات الإلهية لا غيرها.»**[8] وقال أيضا **«الكلمة هو اللاهوت.»**[9] وهذا عين ماقاله الدكتور **محمد الشقنقيري** أستاذ الشريعة الإسلامية بجامعة باريس وعين شمس، في جريدة الأهرام: **«نحن نعرف أن القرآن يقول عن يسوع إنه كلمة الله وروحه، وهذه التسمية لا تنال المسيحي بأية صعوبة ومن ثم كان الاعتراض على المسلمين لاضطرارهم إلى الاعتراف بألوهية المسيح.»**

---

[8] كتاب شرح فصوص الحكم، الجزء الثاني، صفحة 35.

[9] صفحة 13.

ثم يستطرد: **«مَن المسيح؟ يجيب المسلم أنه كلمة الله وروح الله، ولكن هذا الكلمة أو هذا الروح.. أمخلوقٌ؟ أم غير مخلوقٍ؟ إذا كان روح الله غير مخلوق فلا إشكال: فالمسيح إذن هو الله. وإذا كان الكلمة وروح الله مخلوقًا فيكون الله إذن قبل الخلق بغير كلمة وبغير روح وذلك غير متصور.»**[10]

من هو المسيح إذن؟ المسيح هو كلمة الله المُتَجَسِد.

الله الواحد الجامع، سبحانه وتعالى، جلَّ جلاله، هو أسمى وأعلى من عقولنا ومحدوديتنا، وأعلى من أن يُفسَّرَ بمثال، لكن يمكن تبسيط الشرح بمثال عملي:

إن الكلام الذي أكلمك به الآن، صار كتابًا؛ فالكتاب الذي هو بين يديك الآن هو تجسيد لكلامي. ورغم تَجَسُّد كلامي في الكتاب الذي بين يديك، إلا أنه ما يزال موجودًا أيضًا في عقلي، ومن الممكن أن أقوله لآخرين!»

هذا هوالمسيح كلمة الله، الذي كان في الله وخرج من الله، وتجسَّد في صورة إنسان، وفي الوقت نفسه كان موجودًا في الله.

قال المسيح في إنجيل يوحنا (3: 13): ﴿وَلَيْسَ أَحَدٌ صَعِدَ إِلَى السَّمَاءِ إِلاَّ الَّذِي نَزَلَ مِنَ السَّمَاءِ، ابْنُ الإِنْسَانِ الَّذِي هُوَ فِي السَّمَاءِ.﴾ مع أن المسيح في هذا الوقت كان جالسًا على الأرض بجوار نيقوديموس، وفي الوقت نفسه كان في السماء.

[10] جريدة الأهرام، 26 من مايو 1985، مترجمة عن المجلة التاريخية للقانون الفرنسي، وقام بالترجمة الدكتور محمد بدر أستاذ تاريخ القانون في كلية الحقوق جامعة عين شمس.

لذلك نحن نؤمن كون الله واحدًا؛ له ذات؛ وله كلمة؛ وله روح.. وهذا لا يقتضي الشِّرك بالله. وكون الله الواحد الجامع الذي نؤمن به له ثلاثة أقانيم وأن لفظة أقنوم في اللغة الأرامية تشير إلى وحدة الكِيان. والأقانيم الثلاثة لا يمكن فصلها عن بعضها البعض، ولا يمكن استيعابها كحقائق بشرية، بل هي الطريقة التي عبر بها الله الواحد عن طبيعته. والمسيح هو الأقنوم الثاني في طبيعة الله الواحد.

17

الْبَقَاءُ للهِ

يعمل معي في قسم المخازن 15 عاملًا، أهمهم العامل عبد الصمد الذي يقوم بعمله على أحسن وجه، ولكني فوجئت في يوم بغيابه عن العمل دون سابق إنذار، وعرفت أن والدته توفيت، فقمت في اليوم التالي بزيارته لتقديم واجب العزاء، وأخذت معي زميله الشيخ محمد، حتى يقودني في الطريق إلى منزله، وهناك التقيت بالأخ عبد الصمد وابنه صبري البالغ من العمر نحو 20 سنة. وجلسنا معًا بعد تقديم واجب العزاء ونحن لا نفعل شيئًا. وبعد دقائق من الصمت، طلبت من الشيخ محمد أن يقرأ لنا بعض آيات من القرآن (طبعًا طلب غير متوقع من شخص مسيحي أن يطلب الاستماع إلى آيات القرآن).. اعتدل الشيخ محمد في جلسته وربَّعَ رجليه على الكنبة، وبدأ في تلاوة آيات من القرآن. أما أنا فقد شبكت يديَّ إحداهما بالأخرى، وجلست أنصتُ حتى انتهى من التلاوة، وبعدها شكرته، ثم تصافحت مع الأخ عبد الصمد وابنه صبري، وشجعته بكلمات التعزية المعروفة "البقاء لله"، وانصرفنا.

بعد شهور فاجأني عبد الصمد بدعوته لي لزيارته، فسألته «ما السبب؟» قال لي: «ابني صبري عايز يشرب معك فنجان شاي».. تعجبت من هذه الدعوة، لكني وافقته دون إدراك لسبب الدعوة، لكن بمجرد وصولي لمنزله اكتشفت أن ابنه يحتفل بعيد ميلاده الحادي والعشرين، ولهذه المناسبة دعا عائلته وبعض

أصدقائه، ودعاني أنا أيضًا. وعاتبت عبد الصمد لعدم إخباري بالمناسبة، فأنا لم أحُضِر معي هدية لهذه المناسبة.

وبعد الانتهاء من توزيع حلويات عيد الميلاد، جلست بجوار صبري وشكرته على دعوته الكريمة، وقلت له: «لماذا دعوتني؟» فأجاب بابتسامه وهدوء: «أنا لم أنس زيارتك لنا بعد وفاة جدتي، وحضورك مع الشيخ محمد حيث طلبت منه تلاوة آيات القرآن، وأنت مسيحي.. بكل صراحة أحببتك واحترمتك، وطلبت من أبي ضرورة دعوتك في هذا اليوم حتى أُعبِّر لكَ عن احترامي الشديد وإعجابي بشخصك»..

في أعماقي شكرت الرب على ما قاله صبري وعلى ما فعلته بتلقائية شديدة وبدون ترتيب مني، لكن الروح القدس استخدمه كفرصة للكرازة بسبب المحبة والاحترام.

ودَّعَ صبري أغلب الضيوف الموجودين، وجاء مرة أخرى وجلس بجواري، فسألته: «ماذا تدرس الآن يا صبري؟» فقال لي: «انتهيت من دراسة دبلوم المدارس الثانوية الصناعية قسم خراطة، وانتظر التعيين.» فقلت له: «ماذا تفعل الآن في أوقات فراغك؟» فقال: «أقرأ الكثير من الكتب.» قلت له: «قراءة الكتب أكثر حاجة مفيدة، برافو عليك! أنا فرحان باستخدامك لوقتك بهذه الطريقة، لكن هل تتذكر ما تقرأه؟» قال: «أنا ألخّص ما أقرأ.. كل كتاب أقرأه أكتب عنه صفحة أو صفحتين من الأشياء التي أعجبتني في هذا الدفتر».. «برافو عليك، أنا محروم حاليًا من القراءة بسبب ساعات العمل الكثيرة في الشركة.. هل تحب أن تساعدني يا صبري؟» قال لي بسرعة: «أنا مستعد أساعدك في أي حاجة أقدر أعملها.» قلت «تعال لزيارتي مرة فيْ الأسبوع، وهات معك الدفتر الذي

تلخص فيه ما قرأت، وكل مرة احكِ لي ملخصًا لأهم الكتب التي قرأتها.» قال لي: «بكل سرور أنا أحب أعمل كده، وأحب أزورك وأجلس معك».. اتفقنا على موعد الزيارة واستأذنت للانصراف.

وحضر صبري لمنزلي في الموعد تمامًا ومعه الدفتر، وبعد الترحيب وتناول واجب الضيافة، قرأ معي ملخصًا لأحد الكتب، وشرح ما تعلمه في هذا الكتاب واتفقنا على موعد اللقاء القادم. وبعد أسبوع حضر صبري في الموعد، وشعرت بعمق المحبة التي تربطنا، وحرصه على الحضور ومشاركتي بما قرأه وما تعلمه في الكتب. ولكن في أثناء شرحه عرفت أن هذا الكتاب الأخير الذي قرَأه عرض لذكر السيد المسيح. سألته: «ماذا تعرف عن المسيح يا صبري؟» فقال: «أعظم نبي في القرآن ومن الرسل أولي العزم.» فسألته: «هل قرأت الإنجيل؟» قال لي: «لا أعرف.. من أين أحصل عليه؟» قلت له: «تحب تحصل على نسخة؟» قال: «يا ريت».. استأذنته وأحضرت له نسخة من الإنجيل فأخذها ووعدني بقراءته.

واستمر صبري في الحضور لمنزلي عدة مرات، لنتابع القراءة معًا ثم انقطعت جلستنا بسبب ارتباطه بعمل جديد مع صديقي المهندس فيكتور شكري الذي أعجبه كثيرًا، وصبري أُعجب به، وبدأ يستكمل معه القراءة في الإنجيل.. وبعد فترة تُوفيَ المهندس فيكتور في حادث أليم، مما سبب صدمة كبيرة للأخ صبري، وانقطعت أخباره عني.. لكني أعلم شيئًا واحدًا أن ما يبدأه الله سوف يكمله، كما قال الرسول بولس في رسالته إلى أهل فيلبي 1: 6 ﴿وَاثِقًا بِهذَا عَيْنِهِ أَنَّ الَّذِي ابْتَدَأَ فِيكُمْ عَمَلاً صَالِحًا يُكَمِّلُ إِلَى يَوْمِ يَسُوعَ الْمَسِيحِ.﴾

18

عَائِلَتِي الْكَبِيرَةُ

في ديسمبر 1989 سافرت إلى أستراليا لزيارة أخواتي البنات الثلاث ماري ومنيرة ونبيلة، اللواتي تزوجن في مصر وسافرن منذ سنوات طويلة وأصبح لهن أولاد وبنات لم أرهُم سوى في الصور.

وعند وصولي لمطار سيدني استقبلتني العائلة كلها استقبال الأبطال، كل أخت مع زوجها وأولادها وبناتها، غير أصدقائي مثل عصام لويس وصفوت سليمان، بصراحة كان لقاءً عاطفيًّا ذُرفت فيه دموع كثيرة، فلم نلتقِ منذ 18 سنة.

وكان الموضوع الرئيسي في أثناء أيام الزيارة: «هل ممكن تعيش معنا على طول؟ وخصوصًا أن فرص العمل لك كبيرة وفرص الخدمة كبيرة جدًّا!» وتحت إلحاح العائلة ومحبتهم لي، توجهت إلى الله في الصلاة وطلب مشيئة الرب.

أنا لست مِلكًا لنفسي وليس من حقي أن أتخذ قرارًا، إلا بعد الرجوع لصاحب الأمر، وهو يعرف ما هو الأفضل لحياتي، ومشيئته صالحة جدًّا.

في الأسبوع الأخير من زيارتي لأستراليا، كنت في رحلة للجبال الزرقاء (مع أختي منيرة وزوجها ممدوح والقس إكرام ابن خالته). وبعد العودة من الرحلة نام الجميع بسبب الإرهاق

ولأن عندهم عمل في الصباح، ما عدا القس إكرام وأنا لأن التوقيت بالنسبة لنا مختلف. واقترح القس إكرام أن نستفيد من باقي الليلة في مشاهدة فيديو وبحث في مكتبة ممدوح. ولم يجد غير فيديو الوصايا العشر، عن النبي موسى وخروج بني إسرائيل من مصر. بدأ عرض الفيلم ومن الطبيعي أنه بدون ترجمة عربية، فتبرع القس إكرام بالترجمة، رغم معارضتي بحجة الإرهاق طوال اليوم وأنا عارف القصة من التوراة.

وبعد عشر دقائق مْن بداية العرض، تعمد المُخرج ظهور صورة النبي موسى وهو يغوص في الوحل حتى الركبتين بعد أن رفض عرش فرعون، وصار عبدًا مع عبيد بني إسرائيل، وجاءني صوت واضح في قلبي، الآيه في رسالة العبرانيين (11: 24) **﴿بِالإِيمَانِ مُوسَى لَمَّا كَبِرَ أَبَى أَنْ يُدْعَى ابْنَ ابْنَةِ فِرْعَوْنَ، مُفَضِّلاً بِالأَحْرَى أَنْ يُذَلَّ مَعَ شَعْبِ اللهِ عَلَى أَنْ يَكُونَ لَهُ تَمَتُّعٌ وَقْتِيٌّ بِالْخَطِيَّةِ، حَاسِبًا عَارَ الْمَسِيحِ غِنًى أَعْظَمَ مِنْ خَزَائِنِ مِصْرَ، لأَنَّهُ كَانَ يَنْظُرُ إِلَى الْمُجَازَاةِ.﴾** أنت ماذا تختار بحريتك؟ القس إكرام استكمل مشاهدة الفيلم والترجمة، وأنا رُحت في عالم آخر!

واستيقظت من شرود ذهني على صوت القس إكرام الذي أكمل الفيلم للنهاية وهو يقول لي: «تصبح على خير.» انتبهت إلى أنني لم أرَ باقي الفيلم، لأن فكري توقف على مشهد موسى في الوحل. دخل القس إكرام غرفته وأنا دخلت غرفتي وراجعت ما حدث معي، أنا لم أطلب رؤية فيلم الوصايا العشر، القس إكرام كان يبحث عن فيلم آخر ولكنه لم يجد غير هذا الفيلم. أنا لا أؤمن بالصدفة لكن أومن بالتدخل الإلهي، وتأكدت أن الله تحدث معي بطريقة تناسبني استجابة لصلاتي وأعطاني

حرية الاختيار، وبسرعة ركعت على ركبتيَّ وبدموع قلت له «شـكرًا لصوتك الرقيق، أنا راجـع لمصـر وراجـع لكنيسـتي وبلدي وشعبي وخدمتي لك بمصر، وسأستقيل مـن الشـركة الألمانية بعد عودتي، وسأعطي كل ما تبقى من عمري لك لأنك تستحق، لأنـك أنقذتني مـن هذا العـالم الشـرير بموتـك عـلى الصليب، واشترتني وأنا مِلْكٌ لك.»

وفي اليـوم الأخير من الرحلـة لأستراليا اجتمعت العائلـة كلها، والأصدقاء وقلت لهم: «أنا لازم أرجـع لمصر، وأعيش باقي عمري هناك، لكن لم أذكر لهم ما حدث معي، ربما لن يصدقوني!»

وبعـد وصـولي إلى مطـار القاهـرة، استقبلني صديقي وجدي الذي كان يعمل في شركة الطيران السعودية، وقال لـي: «فيه حد عاقل تأتيه فرصة السفر إلى أستراليا ويرجع تاني؟» شكرته على تعبه ولكن لم أقل له أي شيء عن قراري.

ورَجعتُ إلى الشركة الألمانيـة واشتغلت عدة أشـهر لكن قراري لم يتغير. وفي يوم الأحد الموافق 1990/5/13 كتبت استقالتي من العمل في الشركة الألمانية إحدى أكبر شركات الاستثمار في مصر. رفض المدير المصري المُسلم قبـول استقالتي. واستمرت ورقـة الاستقالة أسبوعين في مكتبه، حتى يعرف مني مـاذا سأفعل بعد الاستقالة. وكان "صـعبان عليه" كيف أواجه تكاليف الحياة بعد ترك العمل وهو يعلم حجم مرتبي ومصاريف أسرتي.

وشكرته على مشاعر الأبوة والمحبة الحقيقية، ولم أستطع أن أقول لـه إنني سـأعمل مـع أعظم وأكبر مستثمر في العالم،

الذي قال لتلاميذه في إنجيل متى (4: 19): ﴿هَلُمَّ وَرَائِي فَأَجْعَلُكُمَا صَيَّادَيِ النَّاسِ.﴾ وهو الذي قال: ﴿اعْمَلُوا لاَ لِلطَّعَامِ الْبَائِدِ، بَلْ لِلطَّعَامِ الْبَاقِي لِلْحَيَاةِ الأَبَدِيَّةِ.﴾

كان سؤال المدير هو السؤال نفسه الذي يدور في ذهني أنا أيضًا، لكنني تذكرت الوعد الذي أعطاه لي الله في سنة 1968 في إنجيل متى (6: 26) ﴿اُنْظُرُوا إِلَى طُيُورِ السَّمَاءِ: إِنَّهَا لاَ تَزْرَعُ وَلاَ تَحْصُدُ وَلاَ تَجْمَعُ إِلَى مَخَازِنَ، وَأَبُوكُمُ السَّمَاوِيُّ يَقُوتُهَا. أَلَسْتُمْ أَنْتُمْ بِالْحَرِيِّ أَفْضَلَ مِنْهَا؟﴾

لكن كيف سيتمم الله ما وعد به؟ لا أعلم! لكنني أتذكر في الشهر الأول بعد استقالتي أن الشركة قررت صرف مرتب شهر مكافأة لجميع العاملين بالشركة والقرار ينطبق عليَّ حتى بعد استقالتي! بعد شهر من الاستقالة سَمِعَتْ أختي منيرة بقرار استقالتي وتفرغي للخدمة فقررت مع زوجها ممدوح إرسال مبلغ 150 دولارًا شهريًا من عشورهما حتى تشاركني مسؤوليات الخدمة.

أما باقي العائلة في مصر عندما سمعوا بقرار استقالتي، اعتبروا هذا القرار نوعًا من الجنون وسألوني: «كيف تعيش أنت وأسرتك؟ وكيف تدفع مصاريف مدارس أولادك؟ وكيف كلمك الله ودعاك لترك العمل؟ أنت تخدم الله وأنت موجود في العمل! ما هي الخدمة الجديدة التي ستقوم بها بعد ترك العمل؟» ولم يكن عندي إجابات واضحة لكل هذه الأسئلة، لكن كان عندي إيمان بإله قادر على كل شيء وهو قادر أن يستخدمني كما يريد وقادر أن يسدد احتياجاتي حسب غناه في المجد.

قبل استقالتي بعدة أشهر سافر الأخ نبيل جبور من مصر ورغم احتياجاته المادية أعطاني سيارة "فولكس فاجن" هدية ولم يكن معي رخصة قيادة لأني لم أتوقع أن أمتلك سيارة في ذلك الوقت، وودعته في مطار القاهرة بحزن شديد لأنني خشيت أن لا أراه مرة أخرى، لكن كان لله خطة إلهية.

19

التَّلْمَذَةُ

القس حمدي سعد خادم بقلب راع، سافر للخدمة في سيدني لكن ما زال قلبه متعلق بكنيسته الأولى في سيدي بشر بمدينة الإسكندرية. وفي إحدى زياراته لمصر اتصل بي تليفونيًّا ودعاني لاجتماع مع بعض قادة الكنيسة، وفيه اتفقنا على عمل مجموعتين للتلمذة لقادة الشباب بالكنيسة بشرط موافقة الراعي الجديد القس جورج شاكر.

تعودت كل يوم سبت أن أستقل القطار الذي يتحرك من مدينة القاهرة، الساعة الثانية بعد الظهر ويصل إلى مدينة الإسكندرية الساعة الرابعة عصرًا، حيث أبدأ مجموعة تلمذة في الكنيسة الإنجلية بسيدي بشر بحري، في الساعة الخامسة تمامًا حتى الساعة السابعة، يعقبها نصف الساعة راحة مع فنجان شاي، ثم أبدأ مجموعة تلمذة أخرى من السابعة والنصف حتى التاسعة والنصف، لأستقل قطار العودة للقاهرة في العاشرة والربع وأصل إلى منزلي بعد منتصف الليل، وكان هذا اليوم مُمْتِعًا بالنسبة لي، لأني أرى مؤمنين بالكنيسة يتتلمذون وينمون، ليصبحوا تلاميذًا للمسيح، وسببًا لنمو وانطلاق الكنيسة وللأجيال الجديده فيها. كانت التلمذة تجري في عروقي وأشعر بأهميتها لكل مؤمن وأهتم بعمل مجموعات تلمذة في أيَّة كنيسة تطلب ذلك، حتى أشجع المؤمنين وأساعدهم بطرق عملية على النمو الروحي للتشبه بالمسيح، وعلى التدريب على الكرازة.

ما تعلمته أن إهتمام السيد المسيح الأول لم يكن الكتاب لكن الرسول، لم تكن الوثيقة بل التلميذ هو المهم، وأن منهج التلمذة هو حياة المسيح. لذلك أعطيت للتلمذة الإهتمام الأول في خدمتي.

وفي رحلة الذهاب من القاهرة إلى الإسكندرية، كنت أستخدم هذا الوقت في الكرازة للشخص الجالس بجواري؛ وهو يجلس بجواري مضطرًا لمدة ساعتين، حتى نصل إلى الإسكندرية. وإليكم ما حدث في إحدى هذه السفرات:

ركبتُ القطار وجلست بالعربة المخصصة، حسب ما جاء بيانها بالتذكرة، جلس بجواري شخص بدين، شعرت به عندما جلسَ وملأ المقعد المجاور، وترك باقي جسده يزاحمني في مقعدي! وما أن تحرك القطار ليبدأ رحلة الذهاب إلى الإسكندرية، بدأت أنا في الصلاة من أجل هذا الرجل الجالس إلى جواري: «يا رب أنت تعرفه وتعرف احتياجاته، يا رب أعطني نعمة حتى أستخدم هذا الوقت معه بأحسن صورة ممكنة.»

وبعد دقائق التفتُّ إليه فوجدته يغط في نومٍ عميق! فتحت حقيبتي الصغيرة، وأخرجت كتابًا لأقرأه، فأنا أحب القراءة جدًّا ولا أجد مُتسعًا من الوقت لها، فأستغل ساعات السفر في القراءة. وعندما كان القطار في منتصف الطريق، وبينما أنا مستمتع بالقراءة، شعرت بالجالس بجواري يتحرك ويستيقظ من نومه، فأغلقت الكتاب بسرعة وأخرجت كتيبًا آخر أصدرته دار الكتاب المقدس عن عظة الجبل. وبدأت القراءة فيه بوضوح. وبالفعل لاحظت جاري يقرأ معي، على الأقل بعض العناوين عن الصدقة والصلاة والصوم، لكنه لم يسألني رغم اهتمامه بما

أقرأ، وبعد دقائق أخرج من جيبه مسبحةً وبدأ يُسبح الله. وهنا كانت البداية حيث شجعني الروح القدس أن أطرح عليه سؤالًا:

- «ماذا تقول وأنت تسبح الله؟» اعتدل في جلسته ونظر إليَّ مبتسمًا وقال:
- «أقول الحمد لله 11 مرة؛ سبحانك يا الله 11 مرة؛ الله أكبر 11 مرة.» «واضحٌ أنك مسيحي»، قالها مختتمًا إجابته. فقلت له:
- «نعم أنا مسيحي مؤمن بالله، وأرى الكثيرين من المسلمين يستخدمون المسبحة، وخصوصًا في شهر رمضان، لكني لا أعرف ماذا يقولون، وأشكرك جدًّا لأنك ساعدتني أن أفهم ماذا يقول المسلم عندما يُسبح الله!» ثم قال لي مُعَقِّبًا:
- «أنت سألتني سؤالًا، وأنا عايز اسألك سؤال: ما معنى كاثوليك وأرثوذكس وبروتستانت؟» قلت له بتركيز شديد وبسرعة حتى لايضيع الوقت في مناقشات جانبية
- «إن كاثوليك تعني الجامعة؛ وأرثوذكس تعني المستقيم؛ بروتستانت تعني المحتجّ.» فقال لي:
- «أنا أحب البابا شنودة واحترمه لثقافته الغزيرة وحبه للشعر، ودائمًا أكون حريصًا على الاستماع إلى أي حديث له، فكلامه يشْرح الصدر.» فقلت له:
- «وأنا أيضًا أحبه وأحضر له في الكاتدرائية بعض العظات، وأشكرك من أجل حبك للبابا شنودة. لكن عندي سؤال مهم لك: ماذا تعرف عن المسيح؟» قال:
- « المسيح مذكورٌ عندنا في القرآن كثيرًا.» قلت له:
- «كم مرة ذُكر المسيح في القرآن؟» قال:
- «لا أعرف».. قلت:

- «93 مرة، منهم 25 مرة باسم عيسى، والباقي باسم المسيح، وإشارات أخرى عن المسيح. رغم أن محمد لم يُذكر سوى 4 مرات فقط!» سألني:
- «هل قرأتَ القرآن؟» قلت:
- «نعم أغلب السور القرآنية الكبيرة مثل سورة البقرة وآل عمران والمائدة والنساء وسورة مريم.» قال:
- «عظيم جدًّا، واضحٌ أنك لستَ متعصبًا.» ثم بادرته بالسؤال:
- «هل قرأت الإنجيل؟» قال:
- «لا!».. قلت له:
- «لماذا لا تقرأ الإنجيل؟» قال:
- «بصراحه معك حق، لكني لا أعلم من أين أشتري الإنجيل!» قلت له:
- «اسمح لي أن أقدم هذا الكتاب الصغير هديةً لك.» فقال:
- «تصدق وتآمن بالله؟».. قلت:
- «لا إله إلا الله.» قال:
- «وأنت تقرأ فيه منذ دقائق، كنت أرغب أن أستعيره منك، لأنني قرأت بعض العناوين عن الصدقة والصلاة ولكنيْ كنت مُحْرَجًا منك!» فقلت:
- «الكتيب هدية لك».. قال:
- «لاسأدفع ثمنه» وأخرج بعض النقود من جيبه. قلت له
- «هو هدية بسيطة لا تستحق الشد والجذب معًا.» أخذ الكتيب وشكرني، ثم سألني:
- «هل هذا هو الإنجيل؟ أم جزء منه؟» قلت:

- «نعم هو جزء من الإنجيل، عبارة عن العظة التى قالها المسيح، عندما علَّمَ تلاميذه عن الصدقة»:

﴿احْتَرِزُوا مِنْ أَنْ تَصْنَعُوا صَدَقَتَكُمْ قُدَّامَ النَّاسِ لِكَيْ يَنْظُرُوكُمْ، وَإِلاَّ فَلَيْسَ لَكُمْ أَجْرٌ عِنْدَ أَبِيكُمُ الَّذِي فِي السمٰوات. فَمَتَى صَنَعْتَ صَدَقَةً فَلاَ تُصَوِّتْ قُدَّامَكَ بِالْبُوقِ، كَمَا يَفْعَلُ الْمُرَاؤُونَ فِي الْمَجَامِعِ وَفِي الأَزِقَّةِ، لِكَيْ يُمَجَّدُوا مِنَ النَّاسِ. اَلْحَقَّ أَقُولُ لَكُمْ: إِنَّهُمْ قَدِ اسْتَوْفَوْا أَجْرَهُمْ! وَأَمَّا أَنْتَ فَمَتَى صَنَعْتَ صَدَقَةً فَلاَ تُعَرِّفْ شِمَالَكَ مَا تَفْعَلُ يَمِينُكَ، لِكَيْ تَكُونَ صَدَقَتُكَ فِي الْخَفَاءِ. فَأَبُوكَ الَّذِي يَرَى فِي الْخَفَاءِ هُوَ يُجَازِيكَ عَلاَنِيَةً.﴾

وقرأت معه تعاليم المسيح عن الصلاة:

﴿وَمَتَى صَلَّيْتَ فَلاَ تَكُنْ كَالْمُرَائِينَ، فَإِنَّهُمْ يُحِبُّونَ أَنْ يُصَلُّوا قَائِمِينَ فِي الْمَجَامِعِ وَفِي زَوَايَا الشَّوَارِعِ، لِكَيْ يَظْهَرُوا لِلنَّاسِ. اَلْحَقَّ أَقُولُ لَكُمْ: إِنَّهُمْ قَدِ اسْتَوْفَوْا أَجْرَهُمْ! وَأَمَّا أَنْتَ فَمَتَى صَلَّيْتَ فَادْخُلْ إِلَى مِخْدَعِكَ وَأَغْلِقْ بَابَكَ، وَصَلِّ إِلَى أَبِيكَ الَّذِي فِي الْخَفَاءِ. فَأَبُوكَ الَّذِي يَرَى فِي الْخَفَاءِ يُجَازِيكَ عَلاَنِيَةً. وَحِينَمَا تُصَلُّونَ لاَ تُكَرِّرُوا الْكَلاَمَ بَاطِلًا كَالأُمَمِ، فَإِنَّهُمْ يَظُنُّونَ أَنَّهُ بِكَثْرَةِ كَلاَمِهِمْ يُسْتَجَابُ لَهُمْ. فَلاَ تَتَشَبَّهُوا بِهِمْ. لأَنَّ أَبَاكُمْ يَعْلَمُ مَا تَحْتَاجُونَ إِلَيْهِ قَبْلَ أَنْ تَسْأَلُوهُ.﴾

ثم وصلنا إلى تعاليم المسيح عن الصوم:

﴿وَمَتَى صُمْتُمْ فَلاَ تَكُونُوا عَابِسِينَ كَالْمُرَائِينَ، فَإِنَّهُمْ يُغَيِّرُونَ وُجُوهَهُمْ لِكَيْ يَظْهَرُوا لِلنَّاسِ صَائِمِينَ. اَلْحَقَّ أَقُولُ لَكُمْ: إِنَّهُمْ قَدِ اسْتَوْفَوْا أَجْرَهُمْ. وَأَمَّا أَنْتَ فَمَتَى صُمْتَ فَادْهُنْ رَأْسَكَ وَاغْسِلْ وَجْهَكَ، لِكَيْ لاَ تَظْهَرَ لِلنَّاسِ صَائِمًا، بَلْ لأَبِيكَ الَّذِي فِي الْخَفَاءِ. فَأَبُوكَ الَّذِي يَرَى فِي الْخَفَاءِ يُجَازِيكَ عَلاَنِيَةً.﴾

وقبل أن يصل القطار إلى محطة الوصول (محطة سيدي جابر)، قرأنا تعاليم المسيح عن محبة القريب ومحبة الأعداء:

﴿سَمِعْتُمْ أَنَّهُ قِيلَ: تُحِبُّ قَرِيبَكَ وَتُبْغِضُ عَدُوَّكَ. وَأَمَّا أَنَا فَأَقُولُ لَكُمْ: أَحِبُّوا أَعْدَاءَكُمْ. بَارِكُوا لاَعِنِيكُمْ. أَحْسِنُوا إِلَى مُبْغِضِيكُمْ، وَصَلُّوا لأَجْلِ الَّذِينَ يُسِيئُونَ إِلَيْكُمْ وَيَطْرُدُونَكُمْ.﴾

وأمور روحية أخرى كثيرة نهى فيها المسيح عن القتل حتى بالكلام، وعن الزنا حتى بالنظرة!

وصل القطار إلى محطة سيدي جابر بالإسكندرية، خسارة! مضى الوقت سريعًا دون أن ندري، نزل صديقي معي وعلى رصيف المحطة شد على يديَّ، وودعني بحرارةٍ كأننا أعز الأصدقاء.

وحضر صديقي الدكتور فوزي، ليصطحبني معه في سيارته إلى كنيسته بسيدي بشر، رآني مبتسمًا هادئًا، فقال: «واضح أنك مبسوط، ياترى ما السبب؟» قلت له: «السؤال يا دكتور، السؤال هو السبب!» قال: «ماذا تقصد؟» قلت «البداية هي أن تطرح سؤالًا على أي إنسان في أمر يهمه، فيبدأ بينكما حوارًا ممتدًّا لا ينتهي، فالسؤال هو مفتاح الحوار، هو بداية الكرازة.»

<u>**سؤال عملي:**</u> ما هي بعض الأسئلة التي يمكنك أن تطرحها على أي إنسان.. وتبدأ من خلالها فتح حديث للكرازة؟

هل يمكنك أن تسأله عن معتقداته وتستمع إليه دون مقاطعة؟

هل من الممكن أن تسأله عن مفهومه عن الأبدية؟

20

صَدِيقِي رَمَضَان

تعرفت عليه في المكتب الذي كانت تعمل فيه زوجتي مِرفت، وكنت استمعت إليها وهي تحكي لي ما يدور في المكتب مع الحاجّة نبيلة المحترمة، والحاجّة خيرية المبتسمة، والأخت المنقَّبة، والأخت ماجدة رئيسة القسم، ما يدور بينهن من حوارات.

وعند دخولي مكتب زوجتي لأول مرة، رحب بي الجميع لأنهم يعرفوني دون أن يرونني، من كثرة حديث زوجتي عني بالخير دائمًا، مما أوجد لديهم رغبة صادقة في معرفتي، لكن توقيت الزيارة لم يكن مناسبًا، لأني وصلت في لحظة كان فيها الحوار محتدمًا بينهم، عن الجنَّة في الإسلام وحور العين وأشياء أخرى صعبة..

فقالت لهم زوجتي: «أنا عايزة أروح النار مش عايزة أروح الجنة بتاعتكم!» فتكهرب الجو، ودخلت أنا في هذه اللحظة وألقيت عليهم تحية الإسلام، فوقف الجميع لتحيتي دون أن يعرفوا من أنا، فأسرعت مِرفت وقالت: «هذا هو زوجي الذي يحبكم كثيرًا»، وبسرعة سحب المهندس رمضان مقعدًا إلى جوار مكتبه، وطلب إليَّ أن أجلس إلى جواره وبعد تحية جميع من في الغرفة من السيدات(دون سلام باليد)جلست بجوار مكتب الأستاذ رمضان الملتحي والمبتسم ابتسامة عريضة، تُظهرأسنانه البيضاء الجميلة وتوحي لأي إنسان يلقاه بالارتياح.

بادرني الأستاذ رمضان بالتحية وأسرع في عمل فنجان شاي لي ثم حكى لي مُلخَّصًا لما دار، وعلق على ما قالته زوجتي قبل وصولي، ثم قال مُعقبًا: «كانت كلماتها قاسية».. قلت له بهدوء: «بعض المناقشات تسبب خصومات، ويجب أن نحترس من المناقشات الضارة.» فقال لي: «بس أنا عندي أسئلة كثيرة عن المسيحية - ناس كتير عندهم أسئلة- وعندما نسأل الزميلة مِرفت تجيبنا بأجاباتٍ جميلة لا نتوقعها، ويجري الحوار في المكتب بمزيد من المحبة والاحترام، على الأقل هذا أفضل من أن نقضي الوقت في كلام لا يفُيد، ونمسك في سيرة الناس! وخصوصًا وأنت تعلم أن حجم العمل قليل، وعلينا أن نستثمر الوقت المتبقي بطريقة مفيدة.» فوافقته وشكرته على سعة صدره، وعلى ما أسمعه عنه من التدقيق في المعاملة مع الجنس الآخر، وعن حرصه على الطَرْقِ على باب الغرفة قبل دخول المكتب للاستئذان للدخول (لأن جميع مَنْ في الغرفة سيدات) وعن تقواه وقيامه بفروض الصلاة كل فرض في وقته.. شكرني بحياء وقال «الله يساعدنا أن نفعل ما يرضيه، لأنه ما أصعب أن نُغضب الله سبحانه وتعالى».. ثم استطرد قائلًا: «عندي أسئلة كثيرة أحتاج الحصول على إجابات عنها، وخصوصًا أنني مهتم جدًّا بمزيد من الدراسات الإسلامية، وأواظب علي حضور بعض دروس الفقه في المسجد كل يوم بعد صلاة العشاء، ونتيجة لهذه الدراسات، عندي الكثير من التساؤلات حول المسيحية والمسيح والإنجيل.» قلت له: «أهلًا ومرحبًا بك.. هل يمكنك أن تأتي لزيارتي في مكتب الكنيسة؟».. ابتسم ووعدني بالحضور.. واتفقنا على موعد وانتظرته وأنا أصرف الوقت في الصلاة من أجله.

وكـان أول سـؤال طرحـه الأسـتاذ رمضـان هـو: «هـل تشـرب الخمـر؟» نظـرت إليـه متعجبـًا ولـم أجبـه بكلمـه واحـدة، لكني فتحت الكتاب المقدس علـي رسـالة أفسـس (5: 18) وقلت له «هل من الممكن أن تقرأ؟»: ﴿وَلاَ تَسْكَرُوا بِالْخَمْرِ الَّذِي فِيهِ الْخَلاَعَةُ، بَلِ امْتَلِئُوا بِالرُّوحِ.﴾، وباندهاش واضح على وجهه قرأ الآية نفسها مرة ثانية، وبصوتٍ عال، ﴿وَلاَ تَسْكَرُوا بِالْخَمْرِ الَّذِي فِيهِ الْخَلاَعَةُ، بَلِ امْتَلِئُوا بِالرُّوحِ.﴾ ونظـر إلـيَّ متعجبًـا، وقـال: وأيضًـا فيـه نـص يُحـرم علـى المسيحي شـرب الخمـر.. التفتُّ إليه قائلًا: ليس نصًّا واحدًا فقط، لكن نصوص كثيرة في الكتاب المقدس تُحظر شرب الخمر مثل (أمثال 23: 29-30) اقرأ معـي: ﴿لِمَنِ الْوَيْلُ؟ لِمَنِ الشَّقَاوَةُ؟ لِمَنِ الْمُخَاصَمَاتُ؟ لِمَنِ الْكَرْبُ؟ لِمَنِ الْجُرُوحُ بِلاَ سَبَبٍ؟ لِمَنِ ازْمِهْرَارُ الْعَيْنَيْنِ؟ لِلَّذِينَ يُدْمِنُونَ الْخَمْرَ، الَّذِينَ يَدْخُلُونَ فِي طَلَبِ الشَّرَابِ الْمَمْزُوجِ. لاَ تَنْظُرْ إِلَى الْخَمْرِ إِذَا احْمَرَّتْ حِينَ تُظْهِرُ حِبَابَهَا فِي الْكَأْسِ وَسَاغَتْ مُرَقْرِقَةً. فِي الآخِرِ تَلْسَعُ كَالْحَيَّةِ وَتَلْدَغُ كَالأُفْعُوانِ. عَيْنَاكَ تَنْظُرَانِ الأَجْنَبِيَّاتِ، وَقَلْبُكَ يَنْطِقُ بِأُمُورٍ مُلْتَوِيَةٍ.﴾

وبعد لحظات من الصمت قال لـى: «غير معقول هذا الكلام.. تعلمت عنكم أنتم معشر المسيحيين أنكم تشربون الخمر كالماء، وتسكرون وتعربدون، وتأتي أنت في دقيقة واحدة لتهدم ما تعلمته في سنين! طول عمري أنظر لكم على أنكم ملعونين من الله، لأنه قال لنا ملعونٌ شاربها وحاملها وبائعها.» قلت لـه: «انظر أنـت بنفسـك إلـى مايقولـه الكتـاب المقـدس،واحكم كمـا تريـد».. انتبـه إلـى نفسـه، وسـألني: «هل أنـت فعلًا لا تشـرب الخمـر؟».. قلـت لـه: «أنـا لا أشـرب الخمـر.» قـال: «إذًا دعنـي أسألك سؤالًا آخر، وأرجو أن لا تغضب منـي»، قلـت لـه: «أنـا أعطيتك كل الحرية أن تسأل ما تريد».. قال: «ماذا تفعلون في

ليلة رأس السنة الميلادية؟» قلت له: «ماذا تعرف أنت؟ أو ماذا تتوقع أن نفعل في رأس السنة؟» قال: «تشربون الخمر في الكنائس وترقصون، وعند منتصف الليل يُقَبِّل كل واحد منكم المرأة التي يريدها! هكذا تحتفلون بعيد رأس السنة الجديدة؟! ونحن المسلمون نجتمع في المسجد لنرفع دعاء إلى الله سبحانه وتعالى أن يحفظنا من غضبه علينا، بسبب ما تفعلون أنتم من آثام وذنوب وشرور، في هذه الليلة المشؤومة!»

قلت له: «أشكركم من أجل صلواتكم ودعائكم إلى الله، لكن دعني أسألك أخي المسلم.. هل عندك عقل؟» قال: «نعم!» قلت له: «هل تستخدمون عقولكم في التفكير؟» قال «نعم!».. قلت: «لا أظن! لأنني كمسيحي شرقي أذهب إلى الكنيسة للاحتفال برأس السنة ومعي زوجتي وابنتي وأختي، فهل يدلك عقلك على أنني أسمح لأي شخص أيًّا من كان هذا الشخص، أن يُقَبِّل زوجتي أو أختي أو ابنتي؟ هل عقلك يتقبل أن رجلًا شرقيًّا مثلي يقبل هذه الأمور؟» قال: «لا، لكن هذا ما نسمعه يحدث داخل الكنيسة!» أكملت كلامي قائلًا: «وهل زوجتي تسمح لي أن أُقَبِّل امرأة أخرى غيرها في ليلة الاحتفال برأس السنة؟ "أكيد ها تجعلها آخر سنة!"» قال: «صعب على أي زوجة أن تقبل مثل هذا التصرف، لكن دعني مما قلته لك.. وأرجو أن لا أكون ضايقتك بسؤالي، أو سببت لك ألمًا. من فضلك قل لي ماذا تفعلون في كنائسكم في ليلة الاحتفال برأس السنة؟» قلت له: «لن أقول لك!» قال: «لماذا؟» قلت «لأننا اليوم في منتصف شهر نوفمبر وليلة رأس السنة بعد شهر ونصف، وأنا أدعوك لتحضر معنا احتفال هذه السنة، وترى بنفسك ماذا نفعل!» نظر إلى نفسه والتفت إليَّ قائلًا: وهل الناس في الكنيسة يقبلون أن شخص مثلي يدخل الكنيسة؟ (يقصد أنه ملتحٍ ويرتدي الزي

الإسلامي)» قلت له: «سوف ترى بنفسك، كيف يرحبون بك!» انتظرت لحظات ثم قلت: «أهلًا ومرحبًا بك معنا يا أستاذ رمضان في كنيستنا في ليلة الاحتفال برأس السنة.. سيبدأ الاحتفال بمشيئة الله في الساعة الثامنة من مساء يوم 31 ديسمبر وسينتهي الاحتفال بعد دقات الساعة الثانية عشرة بعد منتصف الليل.»

وفي ليلة الاحتفال انشغلت بالترحيب بالأصدقاء القدامى بالكنيسة الذين لم أرهم منذ شهور، والذين تعودوا ألا يفوتهم هذا الاحتفال على مر السنين، حيث تلتقي أغلب عائلات الكنيسة وتربطنا علاقة عميقة وشركة روحية قوية، فنحن نعيش في عائلة كبيرة تسمى جسد المسيح أي الكنيسة.. وهذا الجسد يمثل أعضاء كثيرين، وكل عضو مُهم جدًّا في عائلة الله، لذا نحرص على معرفة أخبار كل عضو، ونهتم معًا بكل الظروف التي نمر بها سواء الحلوة أو المرة، فالكنيسة بالنسبة لنا ليست مكانًا للعبادة فقط، ولكنها بيتنا الكبير الذي تجتمع فيه العائلة، لذا قال الرسول بولس: «فَلَسْتُمْ إِذًا بَعْدُ غُرَبَاءَ وَنُزُلًا، بَلْ رَعِيَّةٌ مَعَ الْقِدِّيسِينَ وَأَهْلِ بَيْتِ اللهِ.» فالكنيسة أهل بيت الله.

وقَبل بداية الحفل جاء عادل (واحدٌ من أعضاء الكنيسة)، جاء إليَّ ومعه الأستاذ رمضان الذي حضر كما وعد، فرحبتُ به ودخلنا معًا إلى قاعة الكنيسة لنحضر الاحتفال. وتعمدت أن نجلس في آخر مكان في القاعة، حتى يتمكن أخي رمضان من رؤية كل برنامج الاحتفال، الذي بدأ بطابور من الأطفال يدخلون الكنيسة حاملين الشموع، وما أن وصلوا إلى الأمام حتى عزفت الموسيقى وبدأ الأطفال ينشدون أحلى ترانيم الميلاد:

رَنَّ صَـــوْتٌ فِي الْأَعَـــالِي   يَا تُـــرَى مَـــاذَا الْخَـــبَرْ؟
وَلِمَ الْأَمْـــلَاكُ تَشْـــدُو   بِتَرَانِـــيمِ الظَّفَـــرْ؟
كُلُّهُـــمْ فِي الْمَجْـــدِ غَـــنَّ   بِأَنَاشِـــيدِ السُّـــرُور
قَـــدْ بَـــدَا أَمْـــرٌ عَجِيـــبٌ   رَحْمَـــةُ اللهِ الْغَفُـــورْ

أَيُّهَـــا الرُّعَـــاةُ هُبُّـــوا   وَانْظُـــرُوا الـــرَّبَّ الْمَجِيـــدْ
إِنَّـــهُ قَـــدْ صَـــارَ طِفْـــلًا   بِاتِّضَـــاعٍ كَالْعَبِيـــدْ
مَجِّـــدُوهُ هَلِّلـــوُيَا   مَجِّـــدُوهُ فِي الْعُلَـــى
مَجِّـــدُوهُ هَلِّلـــوُيَا   إِنَّـــهُ فَـــادِي الْمَـــلَا

منظـر الأولاد والبنـات بملابسـهم الجميلـة مـع الموسـيقى وأناشـيد المـيلاد، أشـاع جـوًّا مـن الفـرح والبهجـة داخـل قاعـة الكنيسة حتى أن الأستاذ رمضـان اشترك مع مئات الحاضرين في التصفيق الحادّ للأطفال عند خروجهم من القاعة.

وبدأت الفقرة الثانية من الاحتفال، وهي عبارة عن تمثيلية يقـوم بهـا الشـباب الصـغير (المرحلـة الإعداديـة)، وموضـوع التمثيليـة عـن مـيلاد المسيح الطفل، وتـرى علـى المسـرح تقـف شـابة صـغيرة تمثـل العـذراء القديسـة مـريم قامـت بهـذا الـدور "فيـرا" مـن فتيـات الكنسـية، وأمامهـا مـذود جميـل موضـوع فيـه طفل صغير، وثلاثة أشخاص ماهر ومجدي ونبيل يمثلون دور المجوس الفُرس، الذين جاءوا من المشرق يقدمون للطفل هدايا

ذهبًا ولبانًا ومرًّا ويسجدون للطفل المولود يسوع، ثم يرفعون دعاءً أن يولد يسوع في بيت كل واحد من الحاضرين.

تعالى التصفيق عند نزول الستار على المشهد الأخير.. ونظر إليَّ الأستاذ رمضان قائلًا: «عمرهم صغير لكن تمثيلهم رائع، وفكرة المسرحية مناسبة لهذا اليوم لكنني لم أفهم ماذا يقصدون بأن يولد المسيح في قلوبنا وبيوتنا!» نظرت إليه بتحنن ومحبة وقلت له: «دا موضوع كبير وأكيد سنتعرض له في أثناء حوارتنا القادمة، إن شاء الله في القريب.»

وبدأت الفقرة الثالثة بصعود فريق التسبيح من شباب في المرحلة الجامعية إلى منبر الكنيسة بقيادة لورنس، وخلال ساعة كاملة قدموا لنا مجموعة من التسابيح الروحية في جوٍّ من العبادة، مع تأملات وآيات من الكتاب المقدس حتى الساعة الحادية عشرة.

وعندما اعتلى راعي الكنيسة المنبر (القس هاني عزيز في ذلك الوقت)، قرأ معنا: «الْمَزْمُورُ الثَّالِثُ وَالْعِشْرُونَ»:

﴿الرَّبُّ رَاعِيَّ فَلاَ يُعْوِزُنِي شَيْءٌ. فِي مَرَاعٍ خُضْرٍ يُرْبِضُنِي. إِلَى مِيَاهِ الرَّاحَةِ يُورِدُنِي. يَرُدُّ نَفْسِي. يَهْدِينِي إِلَى سُبُلِ الْبِرِّ مِنْ أَجْلِ اسْمِهِ. أَيْضًا إِذَا سِرْتُ فِي وَادِي ظِلِّ الْمَوْتِ لاَ أَخَافُ شَرًّا، لأَنَّكَ أَنْتَ مَعِي. عَصَاكَ وَعُكَّازُكَ هُمَا يُعَزِّيَانِنِي. تُرَتِّبُ قُدَّامِي مَائِدَةً تُجَاهَ مُضَايِقِيَّ. مَسَحْتَ بِالدُّهْنِ رَأْسِي. كَأْسِي رَيَّا. إِنَّمَا خَيْرٌ وَرَحْمَةٌ يَتْبَعَانِنِي كُلَّ أَيَّامِ حَيَاتِي، وَأَسْكُنُ فِي بَيْتِ الرَّبِّ إِلَى مَدَى الأَيَّامِ.﴾

وتكلم القس هاني معنا عن رعاية الله لنا، من سنة إلى أخرى وعن المراعي الخُضر التي يرعانا فيها الله، ﴿حَسَبَ

كَمَـالِ قَلْبِـهِ، وَبِمَهَـارَةِ يَدَيْـهِ...﴾، وعـن الحفـظ والحمايـة وميـاه الراحة التي يروينا بها، وأنه يرد نفوسنا إذا ابتعدنا عنه، كما رد نفس بطرس بعد أن أنكره، ورد نفس النبي يونان بعد أن هرب، ورد نفس داود بعد وقوعه في الخطية والزنا والقتل، ودفعه إلى الاعتراف والندم والتوبة.

وختم كلامه قائلًا: «الله مستعد دائمًا، أن يرد نفوسنا الضالة، والبعيدة عنه هذه الليلة! دعونا نقف للصلاة»، وقف معنا الأستاذ رمضان مع مئات الحاضرين، ومرت لحظات من الصمت الرهيب، ونحن وقوفٌ أمام الله العظيم القدوس، ثم سَمِعْنا صوت القس هاني وهو يقول لجموع العابدين: «قدموا شكرًا وحمدًا لله، على كل ما صنعه معنا هذه السنة، كل يوم كان الله راعيًا صالحًا لكل نفس موجودة اليوم.. ﴿اذْبَحْ للهِ حَمْدًا﴾..» وتعالت أصوات الحمد لله علي مراحمه الجزيلة وغفرانه لخطايانا، وحفظه لنا من شرور هذا العالم. وبعد دقائق هدأت أصوات المصلين، وارتفع صوت فريق التسبيح قائلًا:

كَلَّلْتَ السَّنَةَ بِجُودِكَ وَآثَارُكَ تَقْطُرُ دَسَمًا
كُلُّ الْقَلْبِ يَفِيضُ بِحَمْدِكَ وَتُهَلِّلُ نَفْسِي تَرَنُّمًا
لَكَ يَنْبَغِي التَّسْبِيح يَا مُخَلِّصِي الْمَسِيح
وَلَكَ تَهْدِي الْقُلُوب حُبَّهَا الحَقَّ الصَّرِيح

وبعد أن انتهى الشعب مع فريق التسبيح من إنشاد هذه الترنيمة الجميلة حتى دقت الساعة الثانية عشرة، وانتهى عام من تاريخ البشرية وبدأ عام جديد. فقال الراعي: «دعونا نرفع صلوات وطلبات وتضرعات من أجل العام الجديد، حتى يَعُمَّ

السلام ربوع البلاد، ويأتي الله بخيره على الجميع، ويملأ قلوبنا بالمحبة ويعطينا أن نعيش حياة التقوى والخشوع، ويحفظنا من الشرير، ويستخدمنا لمجده. دعونا نصلي من أجل الحكومة، وكل من هم في منصب، حتي يعطيهم الله الحكمة والرشد في قيادة هذه البلاد.» ثم طلب من الجميع أن نختم اجتماعنا بالصلاة التي عَلَّمَها لنا المسيح.. واتَّحدت الأصوات مرددة:

﴿أَبَانَا الَّذِي فِي السمٰوات، لِيَتَقَدَّسِ اسْمُكَ. لِيَأْتِ مَلَكُوتُكَ. لِتَكُنْ مَشِيئَتُكَ كَمَا فِي السَّمَاءِ كَذلِكَ عَلَى الأَرْضِ. خُبْزَنَا كَفَافَنَا أَعْطِنَا الْيَوْمَ. وَاغْفِرْ لَنَا ذُنُوبَنَا كَمَا نَغْفِرُ نَحْنُ أَيْضًا لِلْمُذْنِبِينَ إِلَيْنَا. وَلاَ تُدْخِلْنَا فِي تَجْرِبَةٍ، لكِنْ نَجِّنَا مِنَ الشِّرِّيرِ. لأَنَّ لَكَ الْمُلْكَ، وَالْقُوَّةَ، وَالْمَجْدَ، إِلَى الأَبَدِ. آمِينَ.﴾

وخرجنا من قاعة الكنيسة، وانتهى احتفال رأس السنة بحضور الأستاذ رمضان، الذي سألته قائلًا: «ما رأيك؟» أجاب: «حفل رائع جدًّا لم أشهد مثله من قبل»، ثم رفع يديه بأقصى ما يمكن نحو السماء، وقال: **«الله شاهد عليَّ أن ما رأيته الليلة سأقوله لإخوتي المسلمين حتى آخر يوم في حياتي.»** ثم أخذني بالأحضان وقال لي: «كل سنة وأنت طيب يا رجل يا طيب.. هذا ليس احتفالًا، لكنها كانت فرصة رائعة للعبادة.. الله كان يملأ المكان.. كان جوًّا من الخشوع لم أعهده من قبل»، وفوجيء الأستاذ رمضان بالكثيرين من العابدين يسلمون عليه، قائلين: «كل سنة وأنت طيب».. لم يفرقوا بينه وبين شخص آخر، رغم اللحية والزي الإسلامي الواضح. كان جميع الخارجين من الكنيسة يملأهم حب حقيقي مبتسمين مبتهجين، كل واحد يُحيي الآخر بسنة ممتلئة بالخير للجميع.

كـان صـديقي وأخـي رمضـان فـي الخطـوة رقـم (-6) فـي سلم الكـرازة عنـدما التقينـا معًـا فـي المكتـب. لكـن بعـد حضـوره احتفال رأس السنة في الكنيسة، عَبَرَ إلى الخطوة (-5) (اكتشاف مفاهيم خاطئة) وتم محو الكثير منها.

ثـم جـاء لزيـارتي عـدة مـرات حصـل فيهـا علـى إجابـات للكثيـر مـن أسـئلته، فانتقـل للخطـوة (-4) (اكتشـاف سـمو تعـاليم المسيح).

وبعـدها أعطيتـه نسـخة مـن الإنجيـل، وقرأنـا فيهـا معًـا وتحاورنـا فـي احتيـاج الإنسـان إلـى فـادٍ يقـوم بفدائـه مـن دينونـة الخطيـة فانتقـل إلـى (-3) (يفهـم الخطيـة وعواقبهـا وخطـة الله للفداء).

ثـم تقـدمنا خطـوةً أخـرى إلـى (-2) (يشـعر باحتياجـه الشخصـي للفـداء وغفـران الخطايـا)، حيـث أصـبح يعـرف مسؤوليته في مسألة خلاص نفسه، لكنه يتردد كثيرًا ويفكر أكثر في مشاكل من الممكن أن تواجهه، وأنا أصلي من أجلـه وانتظر اليوم الـذي يعـرف فيـه المسيح كفـادٍ، ويـدخل إلـى ملكـوت الله، ويتمتع بغفران خطاياه، وينال الوعد بالحيـاة الأبديـة، ومكانًـا فـي السماء 100%.

صـلوا معـي مـن أجـل صـديقي وأخـي رمضـان، أن يهـزم الخـوف والتـردد، ويُصـبح مؤمنًـا حقيقيًـا بـالله مـن خـلال المسيح الذي قال عن نفسه في انجيل يوحنا 6:14 :

«أَنَا هُوَ الطَّرِيقُ وَالْحَقُّ وَالْحَيَاةُ. لَيْسَ أَحَدٌ يَأْتِي إِلَى الآبِ إِلاَّ **بِي.**»

21

سُورِيٌّ وَيَهُودِيَّةٌ

في مايو سنة 1996 قمت بأول زيارة إلى أمريكا، أوصاني صديقي فيكتور شكري أن أحترس من كتابة أيَّة بيانات خاطئة في كارت الدخول بمطار نيويورك لأن أي خطإٍ حتى غير المقصود يُعتبر كذبًا وأي كذب في أمريكا يُعتبر جريمة كبرى لن يَسمحوا لي بعدها بالدخول لأمريكا أبدًا.

وكان الهدف من الزيارة هو حضور دورة الألعاب الأولمبية في أطلنطا بولاية چورچيا بدعوة من صديقي الدكتور ماهر، ثم زيارة صديقي نبيل في كولورادو، ثم أصدقائي المهاجرين من كنيستي منذ سنوات طويلة في عدة ولايات أمريكية، لتشجعيهم على زيارة مصر والاشتراك في مؤتمر للمهاجرين.

وأخذت أول طائرة من مطار القاهرة إلى مطار أثينا باليونان، وانتظرت عدة ساعات هناك حتى آخد طائرة عملاقة تعبر المحيط الأطلنطي إلى نيويورك. في ساعات الانتظار انشغلت بتحذيرات صديقي فيكتور، فرفعت صلاة إلى الله القدير أن يساعدني في رحلتي، وأهم شيء احتياجي لشخص يعرف العربية والإنجليزية ليساعدني في أمر كتابة كارت الدخول، لأن لغتي الإنجليزية محدودة وأخشى الخطأ. ركبت الطائرة العملاقة جامبو 747 ونظرت إلى الركاب كلهم عيونهم زرقاء وشعرهم أشقر!

تستغرق الرحلة 10 ساعات من أثينا حتى نيويورك، ففتحت الجرائد العربية التي معي وبدأت في القراءة حتى أتخلص منها قبل أن أبدأ في قراءة بعض الكتب الروحية، بعد لحظات لاحظت أن الشخص الجالس بجواري ينظر معي إلى الجرائد، قلت في نفسي يمكن بيتفرج على الصور، ثم تشجعت وسألته: «هل حضرتك بتعرف عربي؟» قال «نعم! أنا من أصل سوري وعايش في أميركا»، قلت «هللويا! وأنا مصري وأول مرة أزور أمريكا»، تصافحنا وقال لي: «ما معنى هللويا؟» ناولته إحدى الجرائد المصرية وقلت له: «أنت بجواري استجابة لصلاة رفعتها لله في مطار آثينا!» لم يفهم، فشرحت له ماحدث، ومدى احتياجي لشخص يساعدني في كتابة كارت الدخول. ابتسم لي وقال: «أنا في خدمتك.» شكرته وبدأنا في التعارف، قال: «أنا مهندس أعمل في شركة يونانية أمريكية مركزها الرئيسي في أثينا وعائد من اجتماعات مجلس الإدارة»، قلت له: «وأنا كنت أعمل في شركة ألمانية، لكن أعمل الآن في تدريس الكتاب المقدس.»

ثم سألته: «لو أطال الله في عمرك 100 سنة أُخرى بعد الآن، ثم واتتك المنية إلى أين سوف تذهب؟» انتظر لحظات صمت وتفكير، وقال لي: «بصراحة تامَّة لا أعلم والله وحده يعلم!» ثم أضاف: «أنا أول مرة أحد يسألني هذا السؤال ولم أفكر فيه من قبل.» هو شخص صوته هادئ ومتواضع في كلامه، استدار في جلسته ونظر نحوي وقال: «خليني أسألك السؤال نفسه: أين ستذهب بعد 100 سنة؟» قلت له بهدوء: «أنا ذاهب للسماء.» قال: «لماذا؟ لأنك مسيحي وأنا مسلم؟» قلت له «أنا مش مسيحي!» نظر إلي باستغراب وقال: «ذكرت لي أنك

مسيحي!» قلت «أنا كنت مسيحي والآن أنا مؤمن حقيقي بالله من خلال الإيمان بالمسيح!! وخرجت من الدين المسيحي!»

علَّقَ: «بصراحة أنا لا أفهمك! ممكن تشرح لي؟» قلت: «أنا ولدتُ في بيت مسيحي وعشت 20 سنة في الكنيسة وبعد ما قرأت ودرست الإنجيل اكتشفت أن المسيح لم يأت ليؤسس "ديانة مسيحية!" لكنه جاء ليؤسس ملكوت الله.» قال: «من فضلك فهمني.. واحدة واحدة.. اشرح أكتر، أنا أول مرة أسمع الكلام دا.» وطرح الجريدة من يده وبدأ يُصغي لي بتركيز شديد، قلت: «العهد الجديد يحتوي على 27 كتابًا، لم تُذكر كلمة المسيحية فيهم غير ثلاث مرات فقط.»

المرة الأولى في سفر أعمال الرسل (11: 26) ﴿فَحَدَثَ أَنَّهُمَا اجْتَمَعَا فِي الْكَنِيسَةِ سَنَةً كَامِلَةً وَعَلَّمَا جَمْعًا غَفِيرًا. وَدُعِيَ التَّلاَمِيذُ **مَسِيحِيِّينَ** فِي أَنْطَاكِيَةَ أَوَّلاً.﴾

والثانية في أعمال الرسل (26: 28) ﴿فَقَالَ أَغْرِيبَاسُ لِبُولُسَ: «بِقَلِيل تُقْنِعُنِي أَنْ أَصِيرَ **مَسِيحِيًّا**.»﴾

والمرة الثالثة في رسالة الرسول بطرس الأولى (4: 16) ﴿وَلكِنْ إِنْ كَانَ **كَمَسِيحِيٍّ**، فَلاَ يَخْجَلْ، بَلْ يُمَجِّدُ اللهَ مِنْ هذَا الْقَبِيلِ.﴾

قال: «لو المسيح عليه السلام لم يُعَلِّم عن الديانة المسيحية فما هي إذن رسالته؟» قلت: «اقرأ معي إنجيل متى (4: 17) ﴿مِنْ ذلِكَ الزَّمَانِ ابْتَدَأَ يَسُوعُ يَكْرِزُ وَيَقُولُ: «تُوبُوا لأَنَّهُ قَدِ اقْتَرَبَ **مَلَكُوتُ السمٰوات**.»﴾

هذه أول عبارة تكلم فيها عن أن رسالته هي ملكوت السمٰوات، أو ملكوت الله، وفي كل الإنجيل تحدث عن ملكوت الله أكثرمن 40 مرة، وفي العهد الجديد ذُكرملكوت الله أكثرمن 120 مرة. قال:

- «وماذا يقصد المسيح بعبارة ملكوت الله؟»

- «الحقيقة عبارة ملكوت الله لها معان كثيرة أهمها سلطان الله على حياة الإنسان الذي يدخل إلى ملكوته، فملكوته مفتوح لجميع البشر، بلا قيد ولا شرط إلا شرط واحد» قال:

- «ما هو؟» قلت:

- «الإيمان بالمسيح الطريق الوحيد إلى الله!» قال:

- «وهل قال المسيح ذلك؟» قلت له:

- «بكل تأكيد! اقرأ معي إنجيل يوحنا أصحاح (14: 6) ﴿أَنَا هُوَ الطَّرِيقُ وَالْحَقُّ وَالْحَيَاةُ. لَيْسَ أَحَدٌ يَأْتِي إِلَى الآبِ إِلاَّ بِي.﴾ سألني بتعجب:

- «لماذا المسيح هو الطريق الوحيد؟ أليس موسى طريق؟ أليس محمد طريق؟» قلت له:

- «المسيح هو الوحيد الذي نزل من السماء حسب إنجيل يوحنا (3: 13)، والمسيح هو الوحيد الذي ولد من امرأة عذراء لم يمسسها بشر.» اعترضني وقال:

- "إِنَّ مَثَلَ عِيسَى عِنْدَ اللهِ كَمَثَلِ آدَمَ خَلَقَهُ مِنْ تُرَابٍ ثُمَّ قَالَ لَهُ كُنْ فَيَكُونُ." قلت له

- «آدم مخلوق والمسيح مولود.. آدم أول خليقة الله لكن المسيح الوحيد كلمة الله وروحه، المسيح إلهي 100% وإنساني 100% يستطيع أن يتعامل مع الله ويستطيع أن يُمسك بيد الإنسان ويصالحه مع الله.»

- «وهل أنت دخلت ملكوت الله عن طريق المسيح؟» قلت:

- «نعم!» قال

- «كيف حدث ذلك؟» أحضرت له منديلًا من مناديل الطائرة ورسمت عليه ملكوت الله ودائرة تشير للديانة المسيحية في أقصى الشمال أسفل الصفحة كما هو مبين بالشكل:

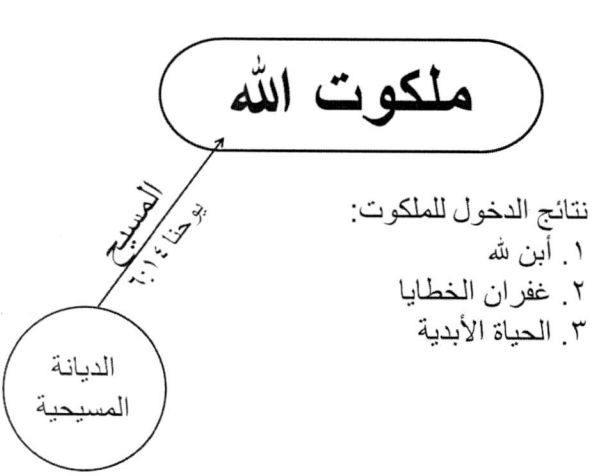

قلت له: «أنا خرجت من الديانة، ودخلت ملكوت الله عن طريق المسيح، وأنا عايز حضرتك تخرج من الديانة، وتدخل

إلى ملكوت الله عن طريق المسيح. أنا خرجت من الديانة المسيحية ودخلت إلى ملكوت الله وأصبحت ابنًا لله وغُفرت كل خطاياي وحصلت على وعد بالحياة الأبدية. علشان كدا قلت لحضرتك أنني واثق أني ذاهب للسما على أساس ما وعد به المسيح.»

وجهت حديثي له: «وحضرتك الآن في دائرة الديانة الإسلامية في أقصى اليمين أسفل الصفحة.. لا تأتِ إلى دائرة الديانة المسيحية، لكن تعال معي إلى ملكوت الله، عن طريق المسيح وتمتع بالغفران والحياة الأبدية.»

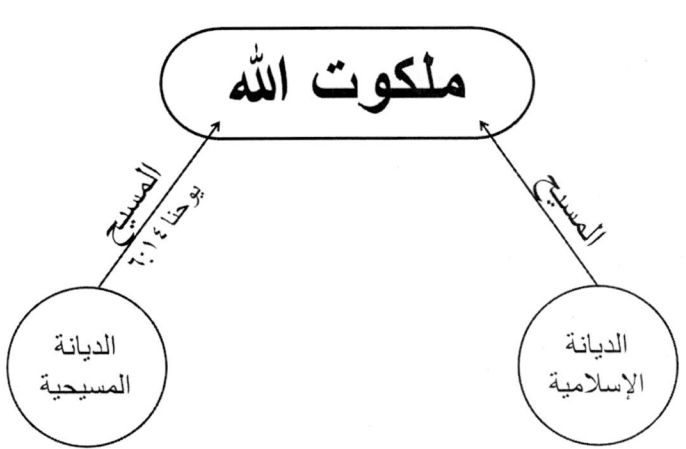

كان منفتحًا لكلامي ووعدني بالتفكير فيما سمعه لأول مرة في حياته. توقفنا عن الحديث لتناول وجبة طعام قدمتها لنا المضيفة اليونانية المبتسمة، ثم شاهدنا فيلمًا عرضه كابتن الطائرة على كل المسافرين، وأنا أغمضت عينيَّ ورفعت صلاة من أجل صديقي ورحت في غفوة.

21 سُورِيٌّ ويهودِيَّة

واستيقظتُ بعد الساعة تقريبًا واكتشفت أننا استهلكنا قرابة 6 ساعات من زمن الرحلة وباقي 4 ساعات على الوصول لمطار نيويورك، سألت نفسي ماذا أفعل في باقي الوقت، فتحت كتابًا لأقرأ فيه، ثم جاءتني فكرة عجيبة!

أنا كنت جالسًا على الممر، وكان صديقي المهندس المسلم السوري يجلس بجواري في الوسط، يقرأ في الجريدة المصرية التي أعطيتها له وبجواره سيدة تجلس بجوار النافذة. فسألته: هل من الممكن أن تترجم ما قلته لك عن ملكوت الله للسيدة التي تجلس بجوارك؟ رفع يديه الاثنتين ببطء إلى أعلى وقال لي باستنكار: «لا، لا للحديث عن الدين مع الأجانب، فهم لا يحبون أن يتحدثوا في الدين إطلاقًا.»

بصراحة أنا كنت عايز أراجع معه ما تكلمت به عن ملكوت الله، حتى أساعده في استيعاب الدعوة إلى الملكوت واتخاذ قرار بالدخول. قلت له بهدوء: «قل لها: بجواري شخص غريب الأطوار وعايز يحكي معكِ عن المسيح وأنا سأقوم بالترجمة له، فهل تسمحين له؟» هو چنتلمان جدًّا فوافق واستدار نحوها وأنا أصلي له (الصلاة تصنع المستحيل) وصديقي يتحدث مع السيدة وأنا أنتظر وطال انتظاري أكثر من 10 دقائق! وأنا مُتعَجِّبٌ من الحديث بينهما، ثم استدار نحوي وقال: «اعتذر عن التأخير لكن عندي لك مفاجأة..» ونظر للمرأة، وكأنه يسمح لها بالحديث، فانفجرت فيَّ قائلة: «أنت مش عارف المسيحيين عملوا في اليهود إيه في أسبانيا؟» أنا انزعجت جدًّا لسببين: الأول صوتها العالي وهجومها الشديد، والثاني موضوع أسبانيا أنا لا أعرف عنه شيئًا! أنا أعرف ما

فعله هتلر باليهود في ألمانيا أثناء الحرب العالمية الثانية، ولكني لا أعرف ماذا حدث في أسبانيا؟

وبعد لحظات قصيرة، استجمعت قواي العقلية وقلت لها بهدوء: «المسيحيون عملوا أخطاء كثيرة»، قالت مقاطعة: «كيف إذن تدعوني للمسيحية؟» استجمعت قواي مرة ثانية وقلت لها (وصديقي المسلم يقوم بالترجمة): «أنا لا أدعوك للمسيحية، إطلاقًا.» وطلبت من صديقي المسلم المحترم أن يأتي بمنديل جديد ويرسم عليه ملكوت الله باللغة الإنجليزية، ثم يرسم 3 دوائر ويكتب على الأولى الديانة المسيحية وعلى الدائرة الثانية الديانة الإسلامية وفي الوسط الدائرة الثالثة ويكتب عليها الديانة اليهودية، وقال لها: «لا تدخلي الديانة الإسلامية ولا الديانة المسيحية، تعالي معنا وادخلي إلى ملكوت الله.» (أنا كنت أتابع حديثه والرسم وأقول هل ممكن واحد لم يؤمن بعد أن يُبشر بالمسيح؟)

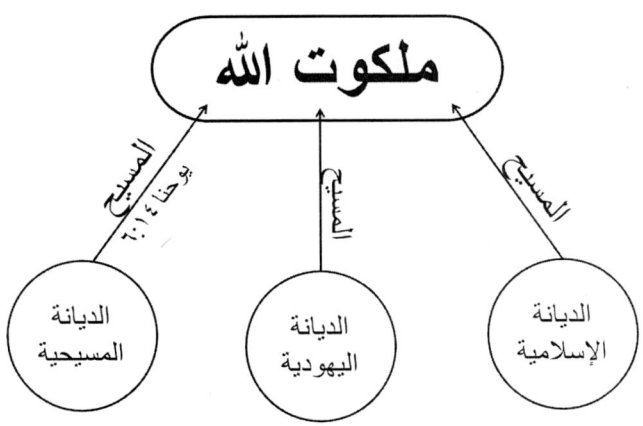

ونَظرَتْ السيدة اليهودية إلى الرسم وقالت: «فهمت قصدك، هذا أمرٌ غريب يحتاج للتفكير»، طوْيتُ المنديل وسلمته لها وقلت لنفسي ربما تكون هذه الفرصة الأخيرة لها، لأنها تقترب من التسعين من العمر، يا رب أنت ساعدها حتى لا تخسر مستقبلها الأبدي.

وأحضرت مضيفة الطائرة كارت الجوازات ووزعته على كل واحد من الركاب، وبسرعة أخذ صديقي المسلم الكارت الخاص بي وأخرج قلمًا وبدأ يسألني عن بياناتي الشخصية ويسجلها في الكارت، وأصر على إعطائي الأولوية في أن يكتب الكارت الخاص بي قبل أن يسجل بياناته في الكارت الخاص به.

لمسَت عجلات الطائرة أرض مطار نيويورك، واهتزت الطائرة بقوة، وتعالت أصوات المسافرين بكلمات الشكر وتهنئة بعضنا بسلامة الوصول، بعد رحلة سفر طويلة، وودعت صديقي المسلم وشددت على يده، ومعه رسالة ملكوت الله، ولوحت بيدي من بعيد للسيدة اليهودية.

ومنذ ذلك اليوم تعلمت أن أستخدم رسمة ملكوت الله للكرازة بالمسيح لجميع الناس، وأقول لهم مؤكدًا: «لا نريد أن نُغير دين أحد، نريد كلنا أن نعرف ونؤمن بالله الواحد إيمان حقيقي، ونحبه ونعرف المسيح الطريق الوحيد إلى الله، وندخل إلى ملكوته الروحي، ونحصل على غفران الخطايا، ونضمن الحياة الأبدية»

22
عِيدُ الْأُمِّ

كل سنة في 21 من مارس تحتفل مصر بعيد الأم، فكرت: «لماذا لا تحتفل الكنيسة أيضًا بعيد الأم؟» عرضت الفكرة على مجلس الكنيسة، وبدأت الاعتراضات.. «إحنا نهتم بالأمور الروحية فقط، عيد الأم مناسبة اجتماعية، ما دخل الكنيسة بها؟» بعد الكثير من المناقشات وافق المجلس على إعطائي فرصة للتجربة، وبعد الصلاة وطلب إرشاد الله، قررت تكريم 10 أمهات مثاليات، 5 منهن مسيحيات، و5 مسلمات. اتصلت بشيخ مسجد الخازندار القريب من الكنيسة، وطلبت منه ترشيح أم مثالية من المسجد، ورحب الشيخ إبراهيم رضا بالفكرة ووعدني بالحضور مع نخبة من المسجد ووعدني باختيار أم مثالية. بعدها زرت مدرسة شبرا الثانوية للبنات، في شارع الكنيسة نفسه، وطلبت من الأستاذة "إكرام محمود" مديرة المدرسة اختيار أم مثالية مسلمة وأم مثالية مسيحية من مُدرسات المدرسة، ورحبت المديرة بالفكرة ووعدتني أيضًا بالحضور، ثم توجهت إلى المدرسة الإنجيلية (التابعة للكنيسة)، وطلبت من الأستاذ "سعيد" ناظر المدرسة اختيار مُدرسة مسلمة وأخرى مسيحية، فاختار الحاجّة "سناء" والأستاذة "هالة". وأخيرًا توجهت إلى رئاسة الحي وطلبت منهم اختيار أم مسيحية وأم مسلمة لتكريمهما في عيد الأم، والكنيسة اختارت باقي الأمهات العشرة المثاليات. وطلبت من وزارة الإعلام أن تُرسِل

فريقًا من المصورين لنقل هذا الحدث الفريد من نوعه إلى الشعب المصري، ووافق الوزير "أنس الفقي" على هذا الطلب وتم إرسال فريق من القناة الثانية لبث الحفل على القنوات المصرية! وطلبت من المرنم المعروف والمحبوب "نجيب لبيب" أن يشترك معنا في هذا الحفل، وأن يقود التسبيح بعزف العود الذي يحبه الجميع، وطلبت منه اختيار ترانيم مناسبة لإخواننا من المسلمين، مثل "أنت عظيم يا الله، عظيم في محبتك وعظيم في رحمتك"، وبالفعل قدم مجموعة ترانيم رائعة صفق لها الحضور وعلى رأسهم إخواننا المسلمين الذين حضروا لأول مرة اجتماع عبادة، واشتركوا معنا في الترنيم، واستمعوا لرسالة من راعي الكنيسة القس "إكرام لمعي" عن المرأة الفاضلة كما جاءت في سفر أمثال سليمان والأصحاح الأخير:

«امْرَأَةٌ فَاضِلَةٌ مَنْ يَجِدُهَا؟ لأَنَّ ثَمَنَهَا يَفُوقُ اللآلِئَ.»

بصراحة لم أصدق كل ماحدث! هل من الممكن أن يشترك إخوتنا المسلمون معنا في العبادة داخل الكنيسة وأن يشتركوا معنا في الترنيم وفي مصرنا العزيزة دون أي مشكلات بل تتعمق علاقتنا ويدركون أننا نعبد الله وليس غيره؟

هل ممكن أن تساهم مثل هذه الأفكار في إنقاذ مستقبل مصر من الفتن ومن ازدياد موجة الكراهية ضد المسيحيين التي نلمسها اليوم بكل أسف؟.

على الكنيسة اليوم أن تقدم المحبة المسيحية والعملية كما ذكرها الرسول بولس في الفصل 13 من رسالته الى أهل كورنثوس

23

الْبَقَاءُ فِي الْمَوْقِعِ

قرأ شخص اسمه حمادة كتابًا بعنوان "البارقليط" للكاتب المسلم أحمد حجازي السقا، يرغب أن يثبت للمسلم، أن نبوات الكتاب المقدس تتنبأ عن نبي الإسلام محمد، وطريقته في الكتابة أن يأخذ بعض نصوص الإنجيل ويفسرها كما يحلو له، ويقدمها للقاريء المسلم، وكأنها حقائق، مع أنها أكاذيب ملفقة. لكن الروح القدس يعمل أمورًا عجيبة في حياةِ الناس.

عندما قرأ حمادة بعض نصوص الإنجيل الموجودة في الكتاب الإسلامي، لمعت أمام عينيه حلاوة هذا النص في إنجيل البشير يوحنا (16: 7 - 16):

﴿لكِنِّي أَقُولُ لَكُمُ الْحَقَّ: إِنَّهُ خَيْرٌ لَكُمْ أَنْ أَنْطَلِقَ، لأَنَّهُ إِنْ لَمْ أَنْطَلِقْ لاَ يَأْتِيكُمُ الْمُعَزِّي، وَلكِنْ إِنْ ذَهَبْتُ أُرْسِلُهُ إِلَيْكُمْ. وَمَتَى جَاءَ ذَاكَ يُبَكِّتُ الْعَالَمَ عَلَى خَطِيَّةٍ وَعَلَى بِرّ وَعَلَى دَيْنُونَةٍ: أَمَّا عَلَى خَطِيَّةٍ فَلأَنَّهُمْ لاَ يُؤْمِنُونَ بِي. وَأَمَّا عَلَى بِرّ فَلأَنِّي ذَاهِبٌ إِلَى أَبِي وَلاَ تَرَوْنَنِي أَيْضًا. وَأَمَّا عَلَى دَيْنُونَةٍ فَلأَنَّ رَئِيسَ هذَا الْعَالَمِ قَدْ دِينَ. إِنَّ لِي أُمُورًا كَثِيرَةً أَيْضًا لأَقُولَ لَكُمْ، وَلكِنْ لاَ تَسْتَطِيعُونَ أَنْ تَحْتَمِلُوا الآنَ. وَأَمَّا مَتَى جَاءَ ذَاكَ، رُوحُ الْحَقِّ، فَهُوَ يُرْشِدُكُمْ إِلَى جَمِيعِ الْحَقِّ، لأَنَّهُ لاَ يَتَكَلَّمُ مِنْ نَفْسِهِ، بَلْ كُلُّ مَا يَسْمَعُ يَتَكَلَّمُ بِهِ، وَيُخْبِرُكُمْ بِأُمُورٍ آتِيَةٍ. ذَاكَ يُمَجِّدُنِي، لأَنَّهُ يَأْخُذُ مِمَّا لِي وَيُخْبِرُكُمْ. كُلُّ مَا لِلآبِ هُوَ لِي. لِهذَا قُلْتُ إِنَّهُ يَأْخُذُ مِمَّا لِي وَيُخْبِرُكُمْ. بَعْدَ قَلِيل لاَ تُبْصِرُونَنِي، ثُمَّ بَعْدَ قَلِيل أَيْضًا تَرَوْنَنِي،

لأَنِّي ذَاهِبٌ إِلَى الآبِ.﴾

قال في قلبه: « هذا الكلام جميل أنا نفسي أقرأ الإنجيل.. لكن من أين أحصل على نسخة منه؟ لا أعرف!»

حمادة يعمل في أحد المصانع صباحًا، ويمتلك سيارة تاكسي يعمل عليها في المساء، (ويستكمل الروح القدس عمله) فيركب مع حمادة زبون يطلب منه توصيله إلى أرض المعارض بمدينة نصر.. سأل حمادة الراكب: «أكيد بتحب القراءة ورايح تشتري كتب من المعرض!» رد الراكب بهدوء: «لا إحنا بنبيع كتب».. «ما هي الكتب التي تبيعونها؟» «نحن نبيع الكتاب المقدس والعهد الجديد وشرائط مسجلة للإنجيل.» قال حمادة باندهاش وفرح: «فين بتبيعوا الكتب دي؟» الراكب: «في سراي 6 في دار الكتاب المقدس.» قال حمادة: «هل ممكن أشتري نسخة من الإنجيل؟» الراكب: «مرحبًا بك تعال شرفنا اليوم.»

وصل التاكسي إلى أرض المعارض بشارع صلاح سالم بالقاهرة، نزل الراكب، ووراءه حمادة يتبع خطواته، حتى وصل إلى مقر دار الكتاب المقدس، وبسرعة اشترى نسخة، وسأل حمادة البائع: «هي دي النسخة السليمة أم النسخة المحرفة؟» نظر إليه البائع بابتسامة، وقال له: «ما فيش نسخة محرفة يا أستاذ، هذا افتراء كاذب، حتى يمنعوا الناس من قراءة الإنجيل!» سأله حمادة: «وهل كل شيء عن سيدنا عيسى موجود هنا؟» قال له: «نعم»، قال حمادة: «سؤال أخير: لو قرأت الإنجيل وعندي أسئلة ممكن تساعدوني؟» «طبعًا، اتصل بنا في أي وقت، ونحن في خدمتك.» كتب حمادة اسمه وعنوانه ورقم تليفونه على ورقة وأعطاها للبائع ومضى في طريقه.

23

دائمًا في معرض الكتاب، زحام شديد وخصوصًا في مقر دار الكتاب المقدس، حيث يتردد الكثير من زوار المعرض بقصد الفرجة أو شراء بعض الكتب والشرائط والأفلام.

وفي اليوم نفسه قادني الروح القدس لزيارة معرض الكتاب وبالأخص مقر دار الكتاب المقدس، لأقف على آخر إصدارات الدار. ونظرًا لأن بعض العاملين بالدار يعرفون مدى محبتي لإخوتي المسلمين ناولني الأخ محب ورقة فيها اسم حمادة وعنوانه، وقال معقبًا: «عنده أسئلة كثيرة ويحتاج لمن يجاوبه».

وبعد عدة أيام نظرت إلى الورقة التي في جيبي، وتذكرت حمادة، لكن كانت المشكلة أن عنوانه صعب في مكان غير معروف في إحدى ضواحي القاهرة، وأنا ليس عندي وقت للوصول إليه. ومن باب راحة الضمير، طلبت من صديقي أمجد أن يقوم بزيارة حمادة بدلًا عني، وإن كان جادًّا وعنده أسئلة فأنا مستعد أن أستقبله بمنزلي إذا أراد.

وقَبِلَ أمجد القيام بالبحث عن الأخ حمادة في العنوان المذكور، وبعد عناء ومشقة شديدة استخدم فيها عدة وسائل مواصلات، وصل إلى منزل حمادة وطرق الباب، ففتح له وسأله مُتعجبًا:

- «مين حضرتك؟»

- «أنا أمجد جئت لزيارتك نيابة عن الشيخ صموئيل.»

- «مين الشيخ دا، أنا معرفش حد بالإسم ده!»

- «كلامك صحيح، لكن حضرتك تركت عنوانك في معرض الكتاب.» وناوله الورقة.

- «آه صحيح دا خطّي وعنواني»، وبعد تردد طلب من أمجد أن يدخل.

- «حضرتك عندك أسئلة عن الإنجيل والكتاب المقدس وفيه واحد بيحب المسلمين، وعنده استعداد يجاوب على أسئلتك إذا كنت ترغب في ذلك.»

- «يا ريت.. أنا فعلًا عندي أسئلة كتير، بس ما عنديش وقت غير يوم الجمعة القادم.»

- «خلينا نتقابل عند محطة المترو، وأنا أوصلك لمنزله.. سأنتظرك الجمعة القادم إن شاء الله.»

وفي الموعد المُحدد حضر أمجد لمنزلي، ومعه حمادة.. رجل في الأربعينيات من العمر، وعلى وجهه ابتسامة هادئة.

ورحبت بالأخ حمادة، وبعد احتساء الشاي قال لي: «أشكرك على دعوتك لي، لكن عندي أسئلة كثيرة، عن الإنجيل وعن سيدنا عيسى عليه السلام.» قلت له: «أخي أنت في بيتك الآن وهات ما عندك من أسئلة بلا أي تحفظ.» قال:

- «هل الإنجيل محرف؟ ما رأيك؟»

لم أرُدّ عليه.. سحبت نسخة من الإنجيل، كانت موضوعة على الطاولة أمامي، وناولتها لحمادة، وقلت له: «أين التحريف الذي تقصده؟ من فضلك ساعدني أشوف فين التحريف وأوعدك بأمانة أنني سأترك هذا الإنجيل بمجرد اكتشاف التحريف!»

حمادة: (بخجل شديد) «أنا لا أعرف أين التحريف، لكن سمعت ذلك كثيرًا في المسجد، وقرأت بعض الكتب الإسلامية التي تتهم الإنجيل بالتحريف، لكن لا أعرف بالتحديد أين التحريف!»

لم أذكر له الأسئلة الخمسة الشهيرة: «من الذي حرفه؟ ومتى حُرف؟ ولماذا التحريف؟ وأي الأجزاء حُرفت؟ وأين الكتاب الصحيح؟» لكني ابتسمت وقلت له بهدوء: «عندي اقتراح لك، دعنا نلتقي معًا كل أسبوع في نفس هذا الموعد، ونقرأ الإنجيل سويًّا في محاولة لاكتشاف التحريف كما تدَّعي، وفي أثناء القراءة يمكنك أن تسأل كما تريد.»

وفي كل أسبوع كنا نجتمع معًا لمدة ساعة، لقراءة عدة أصحاحات من إنجيل متى، وكان أول أصحاح يتكلم عن سلسلة نسب المسيح، فقال لي حمادة: «هناك اختلاف بين سلسة النسب المذكورة هنا والأخرى المدونة في إنجيل لوقا!» شجعته أن يقرأ معي كل الأسماء المذكورة، وشرحت له أن الأسماء تشمل فرعين بداية من الملك داود. فرع يبدأ بالملك سليمان ابن داود وهو المذكور هنا في إنجيل متى، وفرع يبدأ بناثان ابن داود وهو الموجود في إنجيل لوقا، ويستمر حتى آدم. الأسماء في إنجيل متى، مرتبة ترتيبًا تنازليًا، من إبراهيم حتى المسيح. الأسماء في إنجيل لوقا، مرتبة ترتيبًا تصاعديًا، من المسيح حتى آدم.

قال لي: «أول مرة أفهم هذا الكلام. كنت فاكر فيه اختلاف أو أخطاء، لكن واضح أن الأمر يحتاج إلى دراسة أكثر من مجرد القراءة.»

واستمرت قراءتنا معًا للإنجيل كل أسبوع، هو يسأل وأنا أجيب، وبدأ يحب كلمات الإنجيل، ويفهم أن جميع البشر خطاة، ويحتاجون إلى غفران المسيح.

وفي بداية ونهاية وقت القراءة والدراسة والأسئلة، نقف سويًا ونرفع دعاء إلى الله، بكلمات بسيطة نحمده ونشكره على خيراته، ونطلب منه أن يعرفنا الحق، «يارب عرفني الحق.»

وقرأنا معجزات المسيح، وكيف أنه شَفى الأبرص وفتح عين الأعمى وأقام الموتى، وقرأ دعوة المسيح للجميع قائلًا: ﴿تَعَالَوْا إِلَيَّ يَا جَمِيعَ الْمُتْعَبِينَ وَالثَّقِيلِي الأَحْمَالِ، وَأَنَا أُرِيحُكُمْ.﴾ أعجبته هذه الكلمات جدًّا، وأعجبه أيضًا ما قيل عن المسيح: ﴿لاَ يُخَاصِمُ وَلاَ يَصِيحُ، وَلاَ يَسْمَعُ أَحَدٌ فِي الشَّوَارِعِ صَوْتَهُ. قَصَبَةً مَرْضُوضَةً لاَ يَقْصِفُ، وَفَتِيلَةً مُدَخِّنَةً لاَ يُطْفِئُ.﴾ وتأثر كثيرًا بإخراج الشياطين، وكيف كانوا يهربون صارخين، أمام سلطان المسيح.

لا أعلم ما حدث مع أخي حمادة بالتحديد، لكني أعلم شيئًا واحدًا، أنه في مرة من المرات وفي أثناء وقوفنا للصلاة والدعاء، قال: «يا رب أحمدك وأشكرك، لأنك عرفتني الحق، نورت عينيَّ، أنت الحق، يا رب أنا باطلب منك تغفر كل أخطائي، وتسامحني على ذنوبي، وتجعلني مِلكًا لك. آمين.»

نظر إليَّ ومسح بكفيه على وجهه، وقال: «أشعر براحة داخلية وفرحًا لم أختبره من قبل!» قلت له: «أخي مبروك، أنت اليوم أصبحت ابنًا لله، لأنه مكتوب:

﴿وَأَمَّا كُلُّ الَّذِينَ قَبِلُوهُ فَأَعْطَاهُمْ سُلْطَانًا أَنْ يَصِيرُوا أَوْلاَدَ اللهِ.﴾..

الروح القدس الآن يسكن في داخلك، بس فيه حاجة مهمة عايز أقولها لك.. انظر إلى هذا الرسم»:

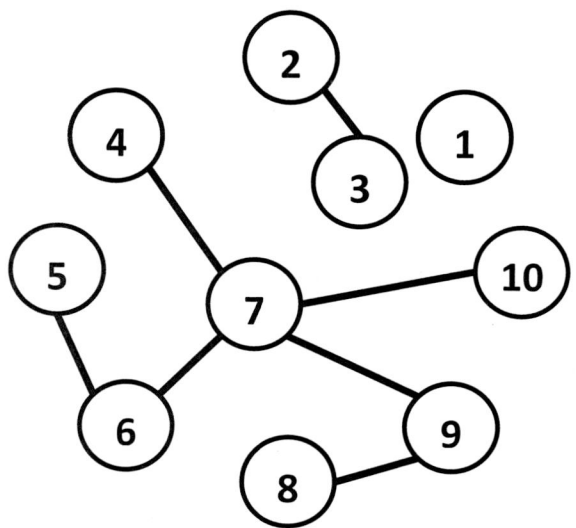

- «عندنا عشرة أشخاص مَنْ فيهم الأضعف؟ ومَنْ الأفضل؟ ولماذا؟»

نظر حمادة إلى الرسم، وبعد دقائق قال: «أضعف شخص هو رقم 1» قلت له: «لماذا؟» قال «لأنه منعزل عن الباقي.» قلت له «وأفضل شخصية؟» قال «رقم 7».. «لماذا؟» «لأنه متصل برقم 4 ورقم 6 ورقم 9 ورقم 10.»

قلت له: «تحب حمادة يكون رقم كام؟» قال بلا تردد «رقم 7 طبعًا.» قلت له: «هل تعرف ماذا أقصد؟» قال: «لا، اشرح لي قصدك.» قلت له: «بعد الإيمان بالمسيح يا أخي حمادة، لا أتمنى أن تكون مثل رقم 1 منعزل عن الناس، أو أكون أنا وأنت مثل رقم 2 و3 منغلقين على أنفسنا ومتقوقعين،

بل أتمنى أن تكون رقم 7 على علاقة قوية مع عائلتك، ومع زملائك بالشركة، ومع جيرانك أيضًا.»

قال: «أتمنى أن أنجح أعمل كده، خايف إيماني بالمسيح يعزلني عن باقي الناس، خصوصًا لو عرفوا عن إيماني الجديد، ها يبغضوني ويرفضوني ويهاجمونني، ومش بعيد يقتلوني لأن دا هو تعليم الردة في الإسلام.» قلت له:

- «كيف تقول للآخرين عن إيمانك؟» قال

- «عايز أسمع نصيحتك.» قلت:

- «أنت الآن مسلم مؤمن حقيقي بالله، من خلال المسيح.» سألني:

- «هل هناك داعي أن أغير اسمي؟» قلت:

- «اسمك ليس له أي علاقة بإيمانك بالمسيح.» قال:

- «بصراحة كلامك دا ريحني وشال حمل ثقيل من على أكتافي.» سألته:

- «اذا أطال الله في عمرك 100 سنة، وجاء وقت المنية، أين ستذهب بعد الموت؟» قال وهو مبتسم:

- «للسما على طول».. قلت له:

- «وزوجتك أين تذهب؟!» قال

- «لجهنم على طول!»

- «هل يعجبك هذا الوضع؟» قال:

- «لا! لكن ماذا أفعل؟ زوجتي صعبة.. محجبة ومتشددة، ولن تفهم ما حدث معي! ولن تقبل أن تسمع ما عرفته عن الحق، ومستحيل تؤمن بالمسيح لأنها متعصبة جدًّا.» قلت له:

- «كلامك صحيح، لكن هل الله يقدر؟» قال:

- «الله يقدر على كل شيء.»

- «دعنا نقف ونصلي!» رفعت دعاء من أجلهم قائلًا:

- «أحمدك يا رب لأنك فتحت عيني أخي حمادة، ونورت بصيرته وقلبه، من فضلك افتقد زوجته برحمتك، وعرفها الحق، ونور بصيرتها بروحك آمين.»

واستمرت جلستنا الأسبوعية لدراسة الإنجيل، حتى ينمو أخي حمادة في الإيمان، ومع نهاية كل جلسة نرفع صلاة ودعاء من أجل زوجته وعمله، وأسأله: «أنت رقم كام يا حمادة؟» يقول «أنا رقم 7.»

في مرة أعطيته شريط فيديو فيلم يسوع، حسب ما جاء في إنجيل لوقا، وهو بدوره عرضه على زوجته وأولاده، وبعد دقائق قليلة، سألت زوجته: «مين هذا الشخص اللي ظاهر على الشاشة؟» قال حمادة: «دا عيسى المسيح.» صرخت زوجته: «وقف الشريط! دول ناس كفرة بيصوروا الأنبياء.»

أوقف حمادة عرض الشريط، وتركه في الفيديو.

وبعد أيام عاد حمادة من عمله، فوجد زوجته تجلس مع أولاده، يشاهدون فيلم حياة يسوع! نظرت إليه وقالت:

«الأولاد عايزين يتفرجوا فجلست معهم»، نظر إليها مبتسمًا ومشجعًا.

وبعد عدة شهور، شاهدت مَهَا زوجها يقرأ في كتاب، فسألت: «ماذا تقرأ؟» قال «أقرأ الإنجيل»، صرخت بأعلى صوتها في وجهه: «إنت عايز تتنصر، ولا إيه الحكاية بتاعتك بالضبط؟»

قال حمادة: «المسلم الحقيقي لازم يقرأ التوراة والزبور والإنجيل، وأنا باعمل كدا»، وترك الكتاب مفتوحًا على إنجيل مرقس.

في اليوم التالي رجع من شغله، وجد الكتاب مفتوحًا على رسالة كورنثوس الأولى، فعرف أن زوجته عندها رغبة في المعرفة، لكن روح الكبرياء تمنعها من إعلان احتياجها.

بعد سنة تقريبًا، شجعني حمادة على زيارته في البيت، للحديث مع زوجته، فرحبت ووضعت هذه الزيارة أمام الله في الصلاة.

واستقبلني حمادة في بيتة بترحاب، وأحضرت زوجته لنا الشاي، فطلبت منها أن تجلس معنا إن كان ذلك ممكنًا، فوافقت. نظرت إليها وهى ترتدي الحجاب، وقلت لها «يا أخت مَهَا أنا مش عايزك تبقي مسيحية!» فنظرت لي نظرة صعبة للغاية، وقالت: «إنت عايز مننا إيه بالضبط؟» قلت بكل هدوء:

- «أنا عايزك تبقي مؤمنة حقيقية بالله.» قالت:
- «ونِعمَ بالله! كلنا عايزين نؤمن بالله هو فيه غيره؟» سألتها:

- «هل تعرفين الطريق الحقيقي للإيمان بالله؟ المسيح هو الطريق الوحيد للإيمان الصحيح بالله.» قالت:

- «مش فاهمة تقصد إيه!» قلت:

- «هات الإنجيل يا حمادة حتى أشرح لها ماذا أقصد»، وشرحت لها بالتفصيل كيف يكون المسيح هو الطريق الوحيد لأي إنسان يرغب في عبادة الله، وأن المسيح قال عن نفسه في يوحنا (14: 6): ﴿أَنَا هُوَ الطَّرِيقُ وَالْحَقُّ وَالْحَيَاةُ. لَيْسَ أَحَدٌ يَأْتِي إِلَى الآبِ إِلاَّ بِي.﴾

لم تستوعب مَهَا كل ما قلته، سوى العبارة الهامة: «أنا عايزك تكوني مؤمنة حقيقية بالله.» فتحت إنجيل متى وبدأت في قراءة عظة الجبل، لكني لاحظت تغير في وجه مَهَا وعدم قبولها لقراءة الإنجيل، فتوقفت عن القراءة فورًا، واستأذنتُ للانصراف.

بعد عدة شهور من هذه الزيارة، كنت في طريقي لحضور مؤتمر مسيحي في مكان قريب من منزل أخي حمادة، ففكرت في زيارته، وخصوصًا أن اليوم موافق يوم الجمعة وهو إجازة بالنسبة له.

فتح الباب ورحب بي ودعاني لتناول فنجان شاي، وقلت له «أنا في طريقي لحضور مؤتمر قريب منك، هل تحب أن تحضر معي؟» فرحب بالفكرة، لكن مَهَا رفضت الحضور. قلت لحمادة «سأنتظرك بالسيارة تحت البيت، حتى تنتهي من ارتداء ثياب الخروج»، وكنت أصلي من أجل زوجته، وبعد دقائق نزل حمادة ومعه زوجته وأولاده، وذهبوا معي إلى مكان المؤتمر.

انضم الأولاد إلى فصل مدرسة الأحد، وحمادة وزوجته حضرا معي محاضرة ألقيتها عن ملكوت الله، ذكرت فيها إن "ما فيش أديان سماوية ثلاثة"، هذه كذبة! لكن يوجد ملكوت الله، وهذا ما علمه لنا المسيح. والطريق للملكوت هو المسيح. وقبل انصرافي عَرَّفْت المسؤولين عن المؤتمر على حمادة وأسرته .

وفي اليوم التالي وبسبب أن أولادها كانوا يلعبون في النادي، ويرسمون ويلونون قصص من الإنجيل، طلبوا من مَهَا الذهاب إلى المؤتمر. ولقد سَمِعَتْ مَهَا ترانيم جديدة، وعظات وتعاليم عن حاجة كل إنسان لعمل المسيح الفدائي، وكانت المفاجأة، أنها وقفت في اليوم الأخير من المؤتمر، ورفعت دعاءً إلى الله أن يغفر كل خطاياها وسلَّمَت قلبها لله، وطلبت أن يدخل المسيح بروحه إلى قلبها.

كيف حدث ذلك؟ لا أعلم.. لكني أعلم شيئًا واحدًا، أن الله يسمع لكل دعاء، وهو قريب من الذين يدعونه بالحق، وأن كلمة الله لا ترجع فارغة بل تنجح فيما أُرسلت إليه، وهكذا تغيرت حياة أختي مَهَا، وأصبحت ابنة لله تعبده من كل قلبها.

بمجرد أن سمعت هذه الأخبار، قمت بزيارة سريعة لمنزلهم، ورسمت لها الرسم نفسه. وقلت لها: «أنت رقم 7 عليكِ مسؤولية الكرازة لآخرين، وتحويل العلاقات إلى قنوات لتوصيل محبة المسيح لهم.» فقالت: «مستحيل!» قلت: «هل يستحيل على الرب شيء؟» قالت: «لا طبعًا»، قلت: «دعينا نصلي من أجل عائلتك وصديقاتك وجيرانك.»

23 البَقَاء في المَوقِع

2
3

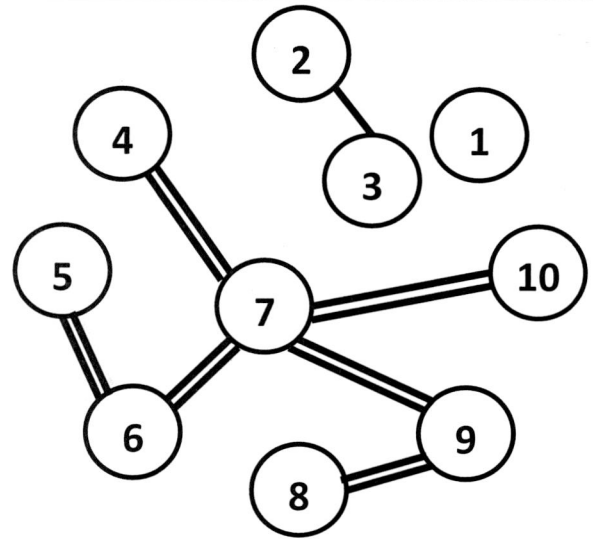

أخذت مَهَا هذا الأمر بجدية، وخصوصًا بعد ما تعلمَت عن المأمورية العظمى في إنجيل مرقس (15:16): ﴿اذْهَبُوا إِلَى الْعَالَمِ أَجْمَعَ وَاكْرِزُوا بِالإِنْجِيلِ لِلْخَلِيقَةِ كُلِّهَا.﴾

اجتمعت عائلتها في أحد البيوت للترحيب بضيوف عائدين من الكويت، وانتهزت مَهَا الفرصة وعرضت لهم فيلم يسوع، وفي أثناء العرض سأل أحدهم: «هل هذا عيسى علية السلام؟» قالت مها: «نعم»، قال: «وما دخلنا نحن بعيسى أوقفوا عرض هذا الفيلم!» قالت مَهَا بهدوء: «هل لأنه ليس بالفيلم راقصة عارية؟ [إحمر وجهه خجلًا] عموما أنتم أحرار، لكن لازم أقول لكم إن عيسى بيحبكم كلكم، وأنتم فكروا في هذا الموضوع!» فقام أحد الحاضرين وانتهرها بشدة، وحذرها من هذا الطريق.

وتعودَت مَهَا أن تذهب مع أولادها إلى المدرسة سيرًا على الأقدام، وعند الباب كانت تقف بعض الوقت مع بعض

صديقاتها من الأمهات، وفي مرة لاحظت أن صديقتها سعاد في حالة نفسية سيئة، فعزمتها على فنجان شاي، وفي البيت قصت سعاد على مَهَا قصة علاقتها غير الشرعية مع واحد من جيرنها، وانفجرت في البكاء، وقالت لها: «ماذا أفعل؟ أنا تعبانة قوي، وخايفة من الفضيحة، وخايفة من عذاب الضمير، وخايفة من ربنا، ومن عذاب القبر!»

وبحنان الأم قالت مَهَا: «عيسى المسيح بيغفر كل الذنوب»، توقفت سعاد عن البُكاء من هول الصدمة، وقالت لمَهَا: «هل أنت مسيحية؟» قالت مها: «أنا مؤمنة حقيقية بالله، وفهمتْ أن المسيح جاء ليغفر الذنوب.» وفتحت الإنجيل وقرأت معها يوحنا أصحاح (8: 2- 11):

﴿ثُمَّ حَضَرَ أَيْضًا إِلَى الْهَيْكَلِ فِي الصُّبْحِ، وَجَاءَ إِلَيْهِ جَمِيعُ الشَّعْبِ فَجَلَسَ يُعَلِّمُهُمْ. وَقَدَّمَ إِلَيْهِ الْكَتَبَةُ وَالْفَرِّيسِيُّونَ امْرَأَةً أُمْسِكَتْ فِي زِنًا. وَلَمَّا أَقَامُوهَا فِي الْوَسْطِ قَالُوا لَهُ: «يَا مُعَلِّمُ، هذِهِ الْمَرْأَةُ أُمْسِكَتْ وَهِيَ تَزْنِي فِي ذَاتِ الْفِعْلِ،وَمُوسَى فِي النَّامُوسِ أَوْصَانَا أَنَّ مِثْلَ هذِهِ تُرْجَمُ. فَمَاذَا تَقُولُ أَنْتَ؟» قَالُوا هذَا لِيُجَرِّبُوهُ، لِكَيْ يَكُونَ لَهُمْ مَا يَشْتَكُونَ بِهِ عَلَيْهِ. وَأَمَّا يَسُوعُ فَانْحَنَى إِلَى أَسْفَلُ وَكَانَ يَكْتُبُ بِإِصْبِعِهِ عَلَى الأَرْضِ. وَلَمَّا اسْتَمَرُّوا يَسْأَلُونَهُ، انْتَصَبَ وَقَالَ لَهُمْ: «مَنْ كَانَ مِنْكُمْ بِلاَ خَطِيَّةٍ فَلْيَرْمِهَا أَوَّلًا بِحَجَرٍ!» ثُمَّ انْحَنَى أَيْضًا إِلَى أَسْفَلُ وَكَانَ يَكْتُبُ عَلَى الأَرْضِ. وَأَمَّا هُمْ فَلَمَّا سَمِعُوا وَكَانَتْ ضَمَائِرُهُمْ تُبَكِّتُهُمْ، خَرَجُوا وَاحِدًا فَوَاحِدًا، مُبْتَدِئِينَ مِنَ الشُّيُوخِ إِلَى الآخِرِينَ. وَبَقِيَ يَسُوعُ وَحْدَهُ وَالْمَرْأَةُ وَاقِفَةٌ فِي الْوَسْطِ. فَلَمَّا انْتَصَبَ يَسُوعُ وَلَمْ يَنْظُرْ أَحَدًا سِوَى الْمَرْأَةِ، قَالَ لَهَا: «يَا امْرَأَةُ، أَيْنَ هُمْ أُولئِكَ الْمُشْتَكُونَ

عَلَيْكِ؟ أَمَا دَانَكِ أَحَدٌ؟» فَقَالَتْ: «لاَ أَحَدَ، يَا سَيِّدُ!» فَقَالَ لَهَا يَسُوعُ: «وَلاَ أَنَا أَدِينُكِ. اذْهَبِي وَلاَ تُخْطِئِي أَيْضًا.»﴾

قالت مَهَا: «انظري كيف غفَرَ المسيح للمرأة التي أمْسِكت في الزنى!» فقالت سعاد بصوت ضعيف: «عيسى المسيح جاء رحمة للعالمين.» وبعد لحظة صمت قالت وكأنها تتحدث إلى نفسها: «هو مين فينا الصح إحنا ولا هم؟ أنا مش عارفة حاجة خالص، ساعديني يا مَهَا أفهم!»

كل عدة أيام، تجلس سعاد مع مَهَا، تقرأ الإنجيل وتسأل أسئلة، ولما كَثُرَتْ الأسئلة، قالت مَهَا لسعاد: «تعالي نزور الشيخ بتاعنا، وهو يساعدنا في إجابة الأسئلة بتاعتك.»

التقيتُ بسعاد لأول مرة مع الأخت مَهَا في مكتب الكنيسة، وفُوجِئتْ بسعاد منقبة؟ وأسئلتها بسيطة وصريحة. قالت:

- «أول سؤال: مين فينا الصح إحنا ولا أنتم؟» قلت:

- «مين إحنا ومين أنتم؟» إحنا كلنا خليقة الله الواحد، وأولاد حواء وآدم.. قالت:

- «صحيح!» قلت:

- «الإجابة الصحيحة لسؤالك تحصلي عليها من الله»، رفعتُ إصبعي في اتجاه السماء، وقلت لها:

- «اطلبي منه سبحانه أن يُعرِّفك الحق»، واقترحت على مها أن تقرأ معها الكتاب المقدس المصور (كتب للأطفال)، حتى تحصل على معرفة كتابية، تساعدها على فهم الحقائق الروحية بعد ذلك.

وبعد شهور من القراءة والدراسة، حضرت سعاد مع مَهَا مؤتمرًا، وبعد عدة عظات هناك سلمت حياتها لله، واختبرت غفرانًا حقيقيًّا لكل خطاياها، وتمتعت بسلام الله الداخلي، الذي يفوق كل عقل.

الخلاصة: آمن حمادة بالمسيح، وساعد مَهَا أن تؤمن بالمسيح، ومَهَا ساعدت سعاد تؤمن بالمسيح، وسعاد ساعدت...

البقاء في الموقع: هو أحد أسرار انتشار الكرازة بين المسلمين. لا ينفع أن كل مؤمن جديد يترك بيته وعائلته وبلده. هذا التصرف غير كتابي، لكن الموقف الصحيح هو أن يتحمل كل مؤمن جديد مسؤوليته، لتوصيل الرسالة إلى أقاربه وأصدقائه بدون تجريح أو هجوم، ويكون مَلْحًا ونورًا لمجتمعه بمحبة واحترام، وهذا هو التعليم الكتابي المبني على كلمة الله، كما جاءت في رسالة كورنثوس الأولى (7: 17- 24) وخصوصًا عدد 20: ﴿الدَّعْوَةُ الَّتِي دُعِيَ فِيهَا كُلُّ وَاحِدٍ فَلْيَلْبَثْ فِيهَا.﴾ لكن أن يترك المؤمن الجديد بيته وشعبه ومجتمعه، فهذا استحسان بشري، إلا إذا كانت هناك ظروف صعبة جدًّا تستلزم غيرذلك، ونعرف في بعض البلاد أن المؤمنين الجدد يتعرضون لمشاكل صعبة ونقدر ذلك.

ونحتاج دائمًا أن يتحول كل مؤمن حقيقي -من أيَّة خلفية- إلى كارز بملكوت الله، ومنادٍ برسالة المصالحة مع الله. ﴿إِذًا نَسْعَى كَسُفَرَاءَ عَنِ الْمَسِيحِ، كَأَنَّ اللهَ يَعِظُ بِنَا. نَطْلُبُ عَنِ الْمَسِيحِ: تَصَالَحُوا مَعَ اللهِ.﴾

سؤالي لك أيها القاريء العزيز: «هل أنت رقم 7؟ وهل لك علاقات مع أشخاص غير مؤمنين بهدف ربحهم للمسيح؟»

24

قِصَّتِي مَعَ الْخَوْف

في سبتمبر 1990 تم طرد الأخ نبيل جبور من مصر، وتم منحه أربعة عشر يومًا لمغادرة البلاد، كانت الأسباب الحقيقية لطرده تتعلق بكتاب كتبه شخص مسيحي، أشار فيه عن خدمته لله بين المسلمين.

وكان نبيل جبور خادمًا متفرغًا في هيئة لخدمة الأسرة والتلمذة والكرازة، وخلال أربعة عشر يومًا قبل رحيله من مصر ،التقى بأصدقائه المقربين وأنا معهم لتبادل الآراء والتخطيط للمستقبل حتى تستمر الخدمة واتفقنا على أن يتولى القس نبيل إبراهيم مسؤولية الخدمة لكنه انسحب بعد شهور بسبب مشغولياته الكثيرة، وتوليت أنا المسؤولية بدلًا عنه.

«مَن أنا يا رب لأتحمل مسؤولية خدمة التلمذة؟ ﴿صَغِيرٌ أَنَا عَنْ جَمِيعِ أَلْطَافِكَ﴾ التي صنعتها بعبدك!» لكن لا أستطيع القيام بهذه المسؤولية! التي كان يقوم بها أخي نبيل.. ليس تواضعًا مني لكن إحقاقًا للحق، أن يعرف كل واحدٍ قدر نفسه وأنا عارف قدر نفسي ومحدودية إمكاناتي، فاعتذرت عن هذه المهمة الصعبة، لكن المسؤولين في الخدمة لم يقبلوا الاعتذار فقررت إقامة حوار معهم، وقدمت لهم بعض الإقتراحات:
الاقتراح الأول؛ تأسيس هيئة مصرية باسم هيئة التلمذة ورعاية الأسرة، تستخدم كتب التلمذة بعد اختصارها إلى ثلاثة كتب بدلًا من ستة.

الاقتراح الثاني؛ أن يتحمل المؤمنون المصريون نفقات وأعباء الخدمة رغم صعوبة وضعف الإمكانات.

وبعد شهور قليلة من بداية تحملي لمسؤولية التلمذة، زارني صديقي أبو سمرة وذكر في حديثه أن "الاستخبارات" قد استدعته، وسألوه سؤالًا واحدًا عن عمله، وباقي الوقت قرابة الساعة سألوه عن كل ما يعرفه عني بالتفصيل الدقيق. وقالوا له في نهاية زيارته: «خلي بالك من نفسك؟»

وبعد انصراف صديقي راجعت أفكاري: «أنا سمعت قصصًا كثيرة مختلفة عن "جهاز الاستخبارات".» فسألت نفسي سؤالًا: «هل الخدمة مع المسيح تعرض أمن الدولة المصرية للخطر؟ طبعًا لا، أنا أنادي بمحبة المسيح للجميع، هل هذه الرسالة تهدد سلام الأمن القومي بالخطر؟ أنا لا أهاجم الإسلام ولا أنتقد القرآن بل بالعكس تمامًا أُعَلِّمْ أن إنجيل المسيح الصحيح يطالبنا أن نحب المسلمين محبة صادقة من كل القلب وأن نصلي من أجل سلامة مصر وشعبها، ومن حقي الطبيعي أن أبشر بالمسيح بهدف إنقاذ حياة الناس من الجحيم، مع رفض فكرة الديانة المسيحية والإسلامية. لكن التعصب الأعمى وغياب القانون هو مصدر الخطر الحقيقي على مصر، لكن حمل رسالة المسيح تساعد الناس أن يكونوا مواطنين صالحين محبين لبلدهم ولرؤسائهم.»

امتلكتني بعض المخاوف، فسألت نفسي «ماذا أتوقع منهم؟ وماذا أفعل؟ هل أتوقف عن الخدمة؟ هل ما أفعله خطأ؟» قلت لنفسي: «أنا لا أفعل شيئًا ضد القانون! ومستحيل أن أتوقف عن خدمة المسيح»، وتذكرت الرسول بطرس وهو يصرخ في

وجـه اليهـود المتعصـبين قـائلًا: ﴿يَنْبَغِـي أَنْ يُطَـاعَ اللهُ أَكْثَـرَ مِـنَ النَّاسِ.﴾

بعد هذه الأحداث سافرتُ مرةً إلى قبرص لزيارة صديقي نبيل وشرحت له المخاوف التي تراودني وقضينا يومًا كاملًا في بحث هذه المخاوف. كان الحوار يشبه طبقات البصل، نخلع طبقة في كل مرة، حتى وصلنا إلى قلب البصلة.. لذا أخبرت نبيل أن ما كنت أخاف منه هو أن الشرطة السرية قد تأتي إلى شقتنا قبل الفجر وتطلب مني الذهاب معهم ليطرحوا عليَّ بعض الأسئلة، وفي الحقيقة ليأخذوني إلى السجن مباشرة، وما أخشاه هو أنهم يأخذوني بسرعة دون أن أتمكن من أخذ أدويتي اليومية ونظارة القراءة والكتاب المقدس ومعجون الأسنان وبيچامة.

فقال نبيل: «إن الأمر بسيط؛ لماذا لا تقوم بحزم حقيبة صغيرة بها كل هذه الضروريات وبهذه الطريقة ستكون جاهزًا؟!»

قلت له «هذه فكرة رائعة»، وبالفعل بعد عودتي طلبت من زوجتي تحضير حقيبة صغيرة بها غيارين [ملابس داخلية] وأدويتي والكتاب المقدس، وقلت لها «ضعيها دائمًا بجوار باب الشقة.»

كانت توقعاتي أن يقوم رجال الأمن في أي وقت باعتقالي بحجة التبشير للمسلمين، وأكيد عارفين كل علاقاتي بأصدقائي المسلمين الذين تحدثت معهم ومع غيرهم، وأنا مستعد للاعتقال.

وانتهى الخوف من داخلي تمامًا. استمرت الحقيبة بجوار الباب 14 سنة ولم يأت أحد من رجال "الاستخبارات"!

لقد كان الخوف واحدًا من أهم المُعطلات للخدمة لذلك درسنا كل ما يتعلق بموضوع الخوف، في كل الكتاب المقدس لمدة عام، مع قادة الخدمة. وفي النهاية عقدنا مؤتمرًا وناقشنا موضوع الخوف، وكان على كل فرد أن يكتشف ما هي أسباب خوفه.. على سبيل المثال واحد من الشباب اكتشف أن سبب خوفه كان يتعلق بالقلق من احتمال استجوابه من قبل "الاستخبارات"، وما كان مفيدًا لذلك الشاب هو أن يمارس جلسات تدريبية حول ما قد تكون عليه إجاباته للمحققين، وكانت جلسات دراسة الكتاب المقدس مع التدريب هي حل عملي ومهم لمشكلة الخوف.

في أغسطس سنة 2004 كنت راجعًا من مؤتمر للعابرين في الأردن ودخلت لأنام ساعة الظهر حتى أرتاح من إرهاق السفر، نمت لدقائق قليلة وجاء ابني يوقظني قائلًا: «إثنان شكلهما غريب، بملابس مدنية، ربما من أمن الدولة، ينتظرانك في الصالة.» ارتديت ملابسي بسرعة ودخلت إلى الصالة، وقلت: «مرحبًا بعم صلاح».. انتفض الرجل واقفًا في مكانه، وقال «مرحبًا يا أستاذ "صماويل".. كيف تعرف اسمي وأنا أول مرة أزورك؟» صافحته والشاب الآخر المرافق له، وطلبت منهم الجلوس وطلبت من ابني كوكاكولا للضيوف لأن الجو كان حارًّا. وقلت لرجل "الاستخبارات": «حضرتك بتحضر معنا كل سنة اجتماعات السنودس.» قال لي الرجل وهو في حالة ذهول: «وأنت ما لك ومال السنودس؟»[11] قلت له أنا شيخ في كنيسة انجيلية وعضو في لجنة من لجان السنودس، وغالبًا أحضر الإجتماع الأول للسنودس كل سنة وآراك هناك.

[11] السنودس هو الاجتماع السنوي لكل قسوس وشيوخ الكنيسة الإنجيلية المشيخية في مصر

سؤالي: ماذا وجدت "الاستخبارات" في الكنيسة بكل مذاهبها وطوائفها عبر السنين غير الحب والإخلاص والانتماء للبلد التي وُلِدْنَا فيها ونصلي دائمًا من أجل سلامتها ونعمل على رقيها؟

بعد تقديم بياناتي الشخصية وأرقام تليفوناتي لرجل الأمن صلاح سألته:

- «ما المشكلة بالضبط؟» قال:

- «بصراحة أنا مش عارف لكن الباشا "فلان" عايز يشوفك في الوزارة الساعة العاشرة قبل منتصف الليل.» قلت له بكل هدوء

- «اكتب لي استدعاء رسميًّا».. نظر لي بغضب، فقلت بسرعة :

- «لو لم تكتب لي استدعاء رسميًّا لن أذهب.»

أخرج ورقةً وقلمًا وكتب استدعاء باسم العقيد "فلان" من ضباط "الاستخبارات"، استلمت الاستدعاء من يده بابتسامة مصطنعة وكأنها دعوة لحضور زفاف وشكرته، فقام مع الشاب المرافق له وانتهت زيارتهما لبيتنا.

اجتمعَت الأسرة من حولي وعلى لسانهم سؤال واحد «ماذا ستفعل؟» وقالت زوجتي «من فضلك لا تذهب!» ضحكت ضحكة مصطنعة في محاولة لإخفاء اضطرابي أمام أولادي وهونت عليهم الموضوع، وختمت كلامي بطلب الصلاة من الجميع لأجلي حتى يعطيني الله الحكمة في اتخاذ القرار السليم.

بعد تناول طعام الغداء معًا خلوت بنفسي وتساءلت: «ماذا يحتاج أمن الدولة مني؟ أكيد "شدّ وِدن" [تعبير تحذيري يُستخدم للتأديب].» قررت أن أذهب إليهم بالاعتماد على الإله الذي أخدمه، وطلبت من الله ثلاث طلبات:

الأولى؛ لا تسمح بأسلوب الانتظار المُذِلّ (ممكن تستمر عدة ساعات في الانتظار دون أن تلتقي بأحد).

الثانية؛ لا تسمح أن أكذب في إجابة أي سؤال.

الثالثة؛ لا تسمح أن أتكلم عن أي شخص في الخدمة يؤدي إلى أذيَّة له.

وفي الساعة التاسعة ارتديت أجمل بدلة عندي وأخذت حقيبة صغيرة بداخلها الكتب الثلاثة للتلمذة (المنهج الذي أقوم بتدريسه في الكنائس)، وقررت أن أذهب إليهم عن طريق مترو الأنفاق لأن له محطه قريبة من وزارة الداخلية.

وصلتُ قبل العاشرة مساءً، وقدمت بطاقتي الشخصية مع خطاب الاستدعاء، وأمرني الشرطي بالجلوس في الاستراحة حتى سماع اسمي يُنَادَى في الميكروفون، وبمجرد دخولي لمحت عدسات مراقبة في كل ركن، فتحت واحد من الكتب الموجودة بالحقيبة ووضعت ساقًا فوق الأخرى، وبدأت في القراءة. وفي أقل من عشر دقائق دخل الشاب الذي زارني في الظهر مع العم صلاح ونادى على اسمي، وفهمت أن مجيئه لمنزلي كان للتعرف على شكلي من باب الاحتياط.

سار الشاب أمامي وأنا متأخرٌ عنه بخطوة، وكل عسكري في الطريق يرانا يُلقي التحية، حتى عامل الأسانسير، فتح الباب

لنا وألقى التحية. الحقيقة أنا تعجبت مما يحدث وشكرت ربنا من كل قلبي، وتسألت «هل ما أسمعه عن "جهاز الاستخبارات" تهويل وافتراءات؟!»

وصلنا للدور الثالث واستأذن مني الشاب المرافق لي للطرق على الباب وطلب عدم الدخول، ثم مرت لحظة سريعة وفُتح الباب وقال «الباشا في انتظارك.»

غرفة عادية فيها مكتب ورجلان ألقيت عليهم التحية الإسلامية كما تعودت في الشركة، وقف الرجلان وردوا التحية وطلبوا مني الجلوس بجوار المكتب قريبًا منهما، وجرى الحديث الآتي:

- «تحب تشرب إيه؟»
- «شكرًا أنا لسه جاي من البيت وشارب.»
- «لأ! لازم نشرب معًا.»
- «طيب أشرب شاي خفيف مع ملعقة سكر.»
- «هات يا ابني كوباية شاي للبيه.»

س1: «هل فيه حدّ مزعلك في المنطقة بتاعتك؟»

ج: «لا يا باشا كل الجيران ناس محترمة وما فيش أي مشاكل.»

س2: «والمسلمين المتشددين مثل صاحب المحل اللي جنبك، عاملين معاك إيه؟»

ج: «كلهم ناس كويسين، والعلاقات معهم ممتازة.»

س3: «إيه الخدمة اللي بتعملها في الكنيسة الأيام دي؟»

ج: «أنا بَادَرِّس برنامجًا للتلمذة.» وقمت من مكاني واتجهت نحو المكتب وسلمته ثلاثة كتب للتلمذة (ألقَى نظرة سريعة عليهم).

س4: «لماذا تسافر كثيرًا في داخل مصر وخارجها.»

ج: «علشان بَادَرِّس منهج التلمذة في أي كنيسة تطلب ذلك.»

س5: «ليه ناس كتير بتزورك في البيت؟»

ج: «بيت الخادم مفتوح دايمًا للناس وهدفي أن أخدمهم، وعليه يافطة (مرحبًا بالجميع).»

س6: «بس فيه مسلمين كتير بيزوروك!»

ج: «يا سعادة الباشا أنا إنسان مش متعصب، وعلشان كدا بيتي مفتوح للجميع، أي واحد عايزني أنا بأرحب به. (نظروا أحدهم للآخر نظرة ذات معنًى وكأنه يتأكد أن كل كلمة كُتبت).»

س7: «مين المسلمين اللي بيزوروك؟»

ج: «الحقيقه أنا مش باحفظ غير الاسم الأول: محمد، أحمد، حسن... وهكذا.»

س8: «(مُبتسمًا) ومين أكتر واحد بيزورك من المسلمين؟»

ج: «الدكتور يحي السعيد (قريب الوزير السابق مصطفي السعيد وله قرابة بالسيدة سوزان مبارك)»

هو: «دا نصاب وكذاب»..

أنا: «حضرتك تعرفه أكتر مني.»

(الدكتور يحي السعيد آمن بالمسيح بمعرفة القس منيس عبد النور وكان يأتي لزيارتي أحيانًا كثيرة بهدف دراسة الإنجيل، لكن بعض الخدام تشككوا فيه، وعائلته حرمته من كل ممتلكاته، وعاش سنوات صعبة بمفرده في شقته في شارع إبراهيم ناجي بحيّ شبرا. ثم سافر إلى أستراليا وعاش سنوات قليله، ومات هناك).

س9: «مين الخدام اللي بيساعدوك في خدمتك؟»

ج: «أكتر واحد من الخدام المهندس فيكتور شكري كان صديقي المقرب وأكتر واحد بيساعدني».. ثم قلت بتأثر «لكنه مات في حادث داخل مصنعه!»

س10: «(بغيظ) مين تاني بيساعدك؟»

ج: «الدكتور هاني ماهر وسافر لأمريكا.»

س11: «(بصوت عال) إحنا خايفين على ابنك ولازم تخلي بالك منه.»

ج: «(وكأني لم أفهم الرسالة) ابني صغير وبيذاكر في الثانوية العامة وملهوش دخل بالخدمة.»

ثم وقفا فجأة وشكراني على الوقت الذي أمضيته معهما.. وأنا في طريقي للباب صافحتهما وقلت للضابط الذي قام بالكتابة:

-«أنا تعرفت على حضرتك مرة في مكتب القس إكرام.» قال

-«صحيح يمكن شفتك مرة في الكنيسة.»

وخرجت من مبنى "وزارة الداخلية" في الحادية عشرة والنصف قبل منتصف الليل. وقبل أن أصل محطة المترو، رفعت يدي نحو السماء وقلت للملك العظيم صاحب كل السلطان: «ديفيد دا ابنك مش ابني.»

وصلت البيت، وكانت زوجتي وأولادي ينتظرون وهم في حالة قلق. شرحت لهم كل ما حدث، ما عدا الجملة الأخيرة "خلي بالك من ابنك"، لم أذكرها لأحد حتى قبل خروجي من مصر بعد سنتين.

سؤال مهم: «ما الهدف من استدعاء "جهاز الاستخبارات" لي؟» من وجهة نظري:

الاحتمال الأول؛ زرْع الخوف في قلبي.

الاحتمال الثاني؛ أن أصل أمامهم إلى مرحلة الكذب وبذلك أنكسر أمام نفسي وأشعر بالذنب.

الاحتمال الثالث؛ هو استخدامي للإيقاع والوشاية بآخرين من الخدام حتى أتقرب للأمن ويساعدوني في أيَّة مشكلة تعترضني... ما هي إستراتيجية إبليس؟

أولًا؛ زرع الخوف.. الخوف هو أكبر سلاح يستخدمه إبليس لتعطيل الخدمة رغم أنه خوف وهمي، والأخطر عندما نرفع شعار "الحكمة!" بدلًا من أن نعترف بمخاوفنا. فلنستخدم هذا الشعار الذي أومن به أنا شخصيًّا:

«اللي يخاف ما يخدم شي، واللي يخدم ما يخاف شي.»

ثانيًا؛ الكذب.. وإبليس هو الكذاب وأبو الكذاب وعلينا أن نتحرر من الكذب ونُشفى منه.

ثالثًا؛ الوشاية أو زرع خصومات بين الإخوة وهو مكرهة عند الرب.

يبقى سؤال أخير: «من هو الضابط الذي قام باستجوابي؟»

بعد عدة أسابيع من الاستجواب دُعيت مع كثيرين من الكهنة والقسوس والخدام لحضور حفل في فندق المريديان بحضور شيخ الأزهر والبابا شنودة، وكان يجلس بجواري القس رفعت فكري. وقبل بدء الندوة بلحظات وقف القس رفعت وصافح ضابط أمن الدولة في أثناء دخوله للصف الأول، ووقفت أنا أيضًا لمصافحته، ثم سألت القس رفعت «أنت تعرفه منين؟» قال: «دا العقيد أحمد.. رئيس جهاز أمن الدولة الخاص بالمسيحيين في مصر.» قلت له: «يا عمي لأ أنت غلطان دا الضابط الذي قام باستجوابي الشهر الماضي.» قال: «هو لا يكشف عن شخصيته.»

هنا لا بد أن أسجل بكل صدق أنني لم أتعرض لأيَّة إهانة في زيارتي الوحيدة للأمن، بل تلقيت معاملة إنسانية محترمة.

25

الشَّيخُ بَهَاء

الطالب بهاء الدين العقاد، حاصل على شهادة البكالوريوس في الهندسة قسم الميكانيكا، وبدأ يعمل في إحدى الشركات، وكان قبل تخرجه من الجامعة قد انضم إلى الجماعة السلفية، برغبة قلبية صادقة في التقرب إلى الله وعبادته، وأصبح من زعماء الجماعة البارزين، وبعد عدة سنوات من تخرجه، تمكن من الحصول على عقد عمل في السعودية مع كفيل سعودي تابع للجماعة. المهندس بهاء طار من الفرح لأنه كان يحلم بزيارة الأراضي المقدسة، والقيام بشعائر الحج، وزيارة قبر الرسول.

وبعد عام مُضنٍ من العمل في السعودية، اكتشف أن الكفيل السعودي نصاب، يقوم كل عام بتوقيع عقود عمل لنحو 100 مهندس مصري، يحصل من كل واحد منهم على 5000 جنيه ثمنًا للعقد، ويسافر المصريون للعمل فيكتشفون أن العائد النهائي بعد مصاريف الشهر ليس فيه فائض للأسرة في مصر، ومع المعاملة غير الإنسانية من جانب الكفيل السعودي، يضطر أغلبهم للعودة إلى مصر، ويقوم الكفيل السعودي بالتعاقد مع مهندسين جدد ويحصل من كل واحد منهم على 5000 جنيه ثمن توقيع العقد! صُدِم المهندس بهاء عندما اكتشف أن الكفيل السعودي نصاب، وقال في نفسه: «هل معقول أن شيخًا مسلمًا من أرض الإسلام يخون أخاه المسلم؟!».

وقبل أن يغادر الأراضي السعودية، انتهز موسم الحج وقام بمناسك الحج، لكنه صُعق مما رآه في أثناء ازدحام الحجيج!

وعاد بهاء إلى مصر أم الدنيا، وهو يستعيد الذكريات المؤلمة التي مر بها، وكانت مُحصلة خبرته أن الإسلام دين رائع! لكن المسلمين أفسدوه. وفي عام 1994 نشر كتابًا من 500 صفحة اسمه (دين الإسلام) يراجع فيه التقاليد المتبعة في الدين الإسلامي، وبعدها أصبح من الأعضاء المؤسسين لجماعة التبليغ والدعوة، في منطقة الطالبية التابعة لمحافظة الجيزة، وهي جماعة سلفية تعمل بنشاط في أسلمة المسيحيين، ولكن بدون عنف، وأصبح الشيخ بهاء إمامًا لمسجد الجماعة بالطالبية التابعة لمحافظة الجيزة، وبعد فترة وجيزة نتيجة لإخلاصه ونشاطه، صار عضوًا في مجلس إدارتها، وسَرعان ما اكتشف سرقات مالية من الزكاة المفروض أن تصل إلى الفقراء، يقوم بها أعضاء الجماعة!

قرر الشيخ بهاء الاعتزال عن هذه الجماعات، وعبادة الله بمفرده في داخل مكتبه، الذي أنشأه لتجارة عسل النحل، حتى يستطيع هو وأسرته أن يعيش حياةً كريمةً. وكان يختلي بربه بعد صلاة المغرب، بعيدًا عن أعين الناس، يناجيه ويسجد أمامه ويطلب رضاه، واستمر لسنوات على هذه الحال.

وفي مَكتَبِهِ، كان يكتب عباراتٍ لمناجاة الله، وعنده رغبة قلبية لمعرفة الله. وقرأ كتابًا للمفكر المصري فرج فودة، المفكر العالماني الذي كان يُطالب بفصل الدين عن الدولة، والذي رفض الانضمام إلى جماعة الإخوان المسلمين في الانتخابات التشريعية، وكتب مجموعة من الكتب التي تهاجم الأفكار

الإسلامية المتطرفة، وتهاجم منهج الجماعات وتحذر منه، مثل كتاب النذير، والإرهاب، وقبل السقوط، والحقيقة الغائبة، كلها كتب فيها نقد لاذع لفكر الجماعات، فأصدر فقيه الجماعة الإسلامية الشيخ عمر عبد الرحمن فتوًى بتكفير فرج فودة، وبعدها شنت جبهة علماء الأزهر هجومًا كبيرًا على فودة، وأصدرت بيانها في جريدة النور بتكفيره. وفي الثامن من يونيو عام 1992 تم اغتياله على يد عبد الشافي رمضان وأشرف سعيد، بتكليف من أبو العلا عبد ربه، وجميعهم لا يعرفون القراءة والكتابة. بعد سنوات مات عمر عبد الرحمن في السجن، ومات أبو العلا في سوريا بضربة جوية من الطيران السوري.

أسَّسَ فرج فودة قبل اغتياله الجمعية المصرية للتنوير، وهي التي تعمل على ترسيخ مبدأ حق التعبير عن الرأي، والدفاع عن الحريات الشخصية، واستمرت الجمعية في أداء رسالتها بعد رحيله وكانت تجتمع كل شهر في ندوة تناقش الحريات في مقر الجمعية 2 شارع أسماء فهمي - مصر الجديدة. ذهب الشيخ بهاء لأول مرة إلى مقر الجمعية للتعرف على نشاطها، وهناك رَحَّبَ به المسؤولون وقدموا له دعوة لحضور بعض المحاضرات التثقيفية، وعرف أن هناك محاضرة على وشك أن تبدأ، فدخل واستمع لمحاضرة قدمها لأول مرة في هذا اليوم الدكتور إكرام لمعي، عن ثقافة الزحام!

أعجب الشيخ بهاء بالمحاضرة، وأعجبه مقدمها لهدوئه وفكره الراقي، ولأنه رحب بأسئلته وأفسح له فرصة في الحوار، وبعد انتهاء المحاضرة تقدم إليه في رغبة للتعرف عليه وطرح عليه بعض الأسئلة.. انزعج الدكتور إكرام من شكل الشيخ بهاء: ملتحٍ لحيته طويلة، والجلباب الأبيض والطاقية

البيضاء والشبشب. أعطى الدكتور إكرام الشيخ بهاء الكارت الخاص وبه ورقم تليفونه، وقال له: «إذا كان عندك أسئلة اتصل بي في المكتب!» وانتهز الشيخ بهاء في اليوم التالي الفرصة وقام بالاتصال به، وحدد الدكتور إكرام ميعادًا للمقابلة، وفي الوقت نفسه اتصل بي وطلب مني الحضور، وقال لي في التليفون: «واحد من حبايبك جاي عندي، إنت أحسن واحد تجاوب على أسئلته.»

وصلت مكتب السكرتارية التابع للقس إكرام في كنيستنا، ورأيت الشيخ بهاء أمامي تعرفت عليه بسهولة بجلبابه الأبيض ولحيته الطويله، وبعد إلقاء تحية الإسلام عليه، رد عليها بابتسامة عريضة فمددت يدي وصافحته، ولمحت في يده بعض الأوراق مكتوبة بالكمبيوتر وعنوانها شدني "المسلمون مصدر الإرهاب"! قلت له: «هل تسمح لي أن أرى هذه الأوراق؟» ناولها لي وقرأت عليها اسم المؤلف: الشيخ بهاء العقاد!

كان مكتب الدكتور إكرام ممتلئًا بالضيوف، وكان من ضمنهم واحد من ضباط أمن الدولة جاء لزيارته، فطلبت من الشيخ بهاء أن يأتي معي إلى منزلي أفضل من الزحمة، فوافق على الفور. وصلنا المنزل وبدأت أستمع إليه.. قال: «أنا أبحث عن الله، وأول مرة أحضر جمعية التنوير، واستمعت للدكتور إكرام ألقى محاضرة أعجبتني، فطرحت عليه أسئلة وتوقعت أن يساعدني في بحثي، لكنه إعتذر لي، فاتصلت به لعلي أجد إجابة عنده، أنا باحث عن الله!»

ونظرت إليه وأحببته، ورأيت في عينيه الصدق، فقلت له: «أنا في خدمتك، ومن حق كل إنسان أن يصل لمعرفة حقيقة الله، والله لا يمكن أن يترك إنسانًا يبحث عنه.»

وفي منزلي وبعد واجب الضيافة، تناولت نسخة من الإنجيل كانت موضوعة على الطاولة وفتحتها على عظة الجبل، بدأنا القراءة من الأصحاح الخامس، وما أن وصلنا إلى الآية 8 ﴿طُوبَى لِلأَنْقِيَاءِ الْقَلْبِ، لأَنَّهُمْ يُعَايِنُونَ اللهَ.﴾ لمحت أن عيني الشيخ بهاء تدمعان في أثناء القراءة، فطرحت عليه سؤالًا: «كيف نصل إلى مرحلة نقاوة القلب؟» فقال لي: «لما يكون قلبي نظيف من الحقد والكراهية، نظيف من حب الشر والشهوة.» قلت «ربنا يساعدنا نعيش بقلب نقي!» أكملت القراءة في عدد 9 ﴿طُوبَى لِصَانِعِي السَّلاَمِ، لأَنَّهُمْ أَبْنَاءَ اللهِ يُدْعَوْنَ.﴾ قال: ﴿العالم اليوم يحتاج لهؤلاء الأشخاص الذين يتكلم عنهم السيد المسيح»، فوافقته.

واستأذن الشيخ للانصراف بعد أن صرفنا قرابة الساعتين، وناولته نسخة من العهد الجديد، لأنه ذكر لي أنه أول مرة يقرأ في الإنجيل، وقمت بتوصيله إلى محطة مترو الأنفاق وودعته بعد أن اتفقنا على الموعد القادم.

وفي اللقاء التالي قرأنا الأصحاح الأول من إنجيل يوحنا من (1-13) وهذا نصه:

﴿فِي الْبَدْءِ كَانَ الْكَلِمَةُ، وَالْكَلِمَةُ كَانَ عِنْدَ اللهِ، وَكَانَ الْكَلِمَةُ اللهَ. هذَا كَانَ فِي الْبَدْءِ عِنْدَ اللهِ. كُلُّ شَيْءٍ بِهِ كَانَ، وَبِغَيْرِهِ لَمْ يَكُنْ شَيْءٌ مِمَّا كَانَ. فِيهِ كَانَتِ الْحَيَاةُ، وَالْحَيَاةُ كَانَتْ نُورَ النَّاسِ، وَالنُّورُ يُضِيءُ فِي الظُّلْمَةِ، وَالظُّلْمَةُ لَمْ تُدْرِكْهُ. كَانَ إِنْسَانٌ مُرْسَلٌ مِنَ اللهِ اسْمُهُ يُوحَنَّا. هذَا جَاءَ لِلشَّهَادَةِ لِيَشْهَدَ لِلنُّورِ، لِكَيْ يُؤْمِنَ الْكُلُّ بِوَاسِطَتِهِ. لَمْ يَكُنْ هُوَ النُّورَ، بَلْ لِيَشْهَدَ لِلنُّورِ. كَانَ النُّورُ الْحَقِيقِيُّ الَّذِي يُنِيرُ كُلَّ إِنْسَانٍ آتِيًا إِلَى الْعَالَمِ. كَانَ فِي الْعَالَمِ، وَكُوِّنَ الْعَالَمُ بِهِ، وَلَمْ يَعْرِفْهُ الْعَالَمُ. إِلَى خَاصَّتِهِ جَاءَ، وَخَاصَّتُهُ لَمْ

تَقْبَلْهُ. وَأَمَّا كُلُّ الَّذِينَ قَبِلُوهُ فَأَعْطَاهُمْ سُلْطَانًا أَنْ يَصِيرُوا أَوْلاَدَ اللهِ، أَيِ الْمُؤْمِنُونَ بِاسْمِهِ. اَلَّذِينَ وُلِدُوا لَيْسَ مِنْ دَمٍ، وَلاَ مِنْ مَشِيئَةِ جَسَدٍ، وَلاَ مِنْ مَشِيئَةِ رَجُلٍ، بَلْ مِنَ اللهِ.﴾

وشرحت له ما ذكر عن المسيح، واستمعت منه للكثير من الأسئلة ، وكيف يكون المسيح ابن الله، مع أن الله لَمْ يَلِدْ وَلَمْ يُولَدْ وَلَمْ يَكُن لَّهُ كُفُوًا أَحَدٌ.

قلت له «الإنسان مكون من جسد ونفس وروح، وهو إنسان واحد»، قال «كلامك صحيح.» أكملت وقلت: «الله سبحانه وتعالى مكون من جوهر وعقل وروح. الله كائن بذاته ليس كمثله شيء، وهو كائن عاقل، مصدر كل عقل وتفكير موجود في الكون، وكائن حي، وهو مصدر الحياة.»

«كلامك صحيح، لكن أنتم المسيحيين تقولون: الآب والابن والروح القدس وهؤلاء ثلاثة!» ابتسمت وقلت له: «الاختلاف في المُسميات فقط، فنحن لا نؤمن بثلاثة آلهه! لكن نؤمن بإله واحد، الله سبحانه موجود بذاته وناطق بكلمته وحَيّ بروحه، ونسمي جوهر الله (الآب) ونسمي عقل الله الناطق (الابن) ونسمي روح الله (الروح القدس) لأن الله قدوس.»

انفتحت عيناه وقال: «نحن المسلمون نَتَّهمكُم بالشِّرك دون تفكير، وبدون فحص، وأنتم معشر النصارى لا تعرفون أن تعبروا عن إيمانكم بطريقة صحيحة!»

قلت له: «نحن لسنا نصارى! النصارى بدعة مسيحية ظهرت في الجزيرة العربية في القرن الأول الهجري وانتهت تمامًا.. ولكن معك حق، نحن نعبر عن إيماننا بتعبيرات خاطئة! نحن نقول: بِسم الثالوث الأقدس وهذا المصطلح لم يُذكر في

الكتاب المقدس ولا مرة واحدة، لكنه تعبير فلسفي استُخْدِمَ بعد مجمع نيقية سنة 325 ميلادية.

إيماننا الصحيح أن الله واحد، لا إله إلا هو، والكتاب المقدس يحتوي على 5000 آية تتحدث عن التوحيد، لكن وحدانيته وحدانية جامعة.»

وفي نهاية جلستنا قلت له: «هل ممكن نرفع دعاءً لهذا الإله الواحد أن يتحنن علينا ويكشف لنا عن ذاته؟» وقفنا بخشوع ورفعنا دعاءً إلى الله أن يرحمنا برحمته، وينقي قلوبنا، ويساعدنا أن نعرفه معرفة حقيقية ولا نتوقف عند المعرفه السطحية.

وفي اللقاء الثالث، قرأنا الكثير من معجزات المسيح في إنجيل لوقا. وقال الشيخ بهاء: «أنا أحب شخصية المسيح، وقلبه الطيب المتحنن على الناس، وخصوصًا على الضعيف والمريض، والشرير والفاسد والزاني، عكس ما تعلمته في الإسلام أن الله يكره الفاسقين والأشرار وكل كافرٍ أثيم.» قلت له: «معك حق من المهم جدًّا أن نعرف أن الله يُحبنا مهما كانت خطايانا، لكنه لا يحب الخطية التي تدمرنا.»

وقبل أن ينصرف، قلت للشيخ بهاء:«أنا مسافر الأسبوع القادم للخدمة في الأردن ومحتاج منك صلاة ودعاء حتى يوفقني الله في خدمتي [هل ممكن واحد غير مؤمن يصلي لأجلي؟] ولن يكون لنا لقاء الأسبوع القادم.» قال: «تصحبك السلامة! سأدعو لك إن شاء الله، لكن ماذا أفعل أنا في هذا الأسبوع؟ أنا متشوق لمعرفة الله سبحانه!»

وقلت له: «استكمل قراءة إنجيل لوقا».. ثم تذكرت كتاب "في خطى السيد"، الذي كتبه صديقي الدكتور نبيل جبُّور، الذي يتحدث فيه عن البدايات الصحيحة وعن استمرارية النمو في معرفتنا بالله، فناولته الكتاب وانصرف، على أمل اللقاء بعد أسبوع.

بعد عودتي من الخدمة في الأردن بعدة ساعات اتصل بي الشيخ بهاء، وهنأني بسلامة الوصول، وقال بصوت الباحث: «عندي سؤال مهم لك! فقلت له: «تعال وأنا في انتظارك»، قال: «لا اليوم للراحة من السفر لكن غدًا ألقاك إن شاء الله.»

في كل صباح تعودت أن أسجد أمام الله، وأسَلِّم يومي له وأطلب منه أن يرشدني، وتذكرت الشيخ بهاء وأنا أصلي فطلبت من الله أن يباركه، وفي أثناء قراءتي لأصحاح 11 من رسالة العبرانيين حسب نظام القراءة اليومية، كما تعودت، شعرت بروحي، أن هذا الأصحاح مهم للشيخ بهاء!

وفي الساعة العاشرة وصل الشيخ بهاء لمنزلي، وتعانقنا بحب شديد وكأننا أعز الأصدقاء، وبعد احتساء الشاي مع قطعة بسبوسة صَنَعَتهَا زوجتي، قلت للشيخ بهاء: «أنا عايز أقرأ معك أصحاح مهم.» قاطعني وقال لي: «لن أقرأ اليوم أي شيء!» انزعجت جدًّا من الرد! وسألته: «ماذا حدث؟» قال لي: «عندي سؤال مهم، ومنذ سفرك وأنا أبحث عن إجابة له!» قلت له: «تفضل ما هو سؤالك؟» فتح كتاب "في خطى السيد"، الذي أعطيته له قبل السفر، وأشار بيده إلى الرسم الهندسي الموجود في صفحة 15 من الكتاب..

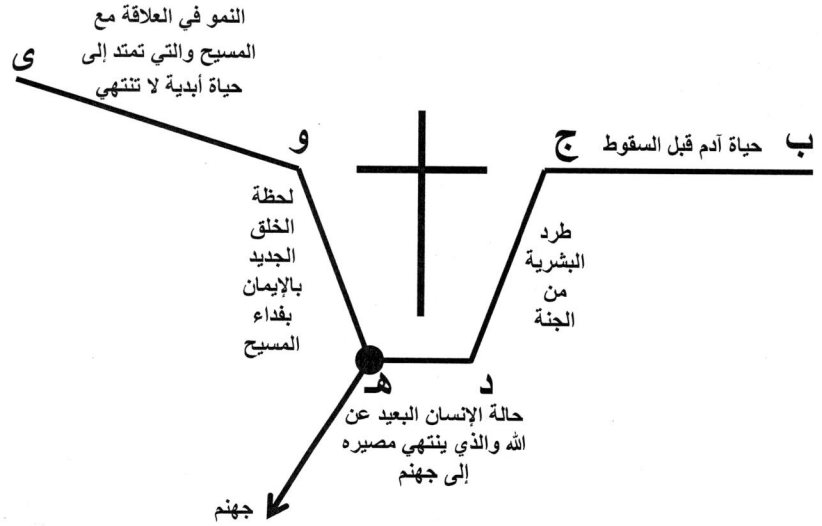

وقال لي: «أنا هنا عايش على مستوى (د هـ) البُعد عن الله، مش عاوز أنزل لجهنم، ومش عارف أعمل إيه علشان أطلع لنقطة (و)!»

كان الشيخ بهاء مهندسًا، وأعجبه الرسم الهندسي، وجذب انتباهه، وعمل الروح القدس في قلبه، فشعر أنه يعيش على مستوى (د هـ) إشارة إلى حياة الخطية والبعد عن الله!

وتذكرت الأصحاح 11 من الرسالة الى العبرانيين وقلت له: «الإجابة الصحيحة على سؤالك المهم موجودة في هذا الأصحاح.» بدأنا القراءة: ﴿وَأَمَّا الإِيمَانُ فَهُوَ الثِّقَةُ بِمَا يُرْجَى وَالإِيقَانُ بِأُمُورٍ لاَ تُرَى.﴾ قلت له: «ما رأيك في هذا التعريف عن الإيمان؟» قال: «تعريف رائع وواضح وبسيط، لكن أين إجابة سؤالي؟» قلت له: «الإجابة هي أن تؤمن أن المسيح كلمة

الله، جاء إلى أرضنا، ليموت بالنيابة عنا، ليدفع ثمن خطايانا، وكل ما علينا أن نفعله هو أن نؤمن بما فعله الله من أجلنا في المسيح، وأن نقبل هذا الموت البدلي نيابة عنا، وأن نفتح قلوبنا للمسيح ليسكن فيها، وهوالذي ينقلنا من (د هـ) إلى (و)!» قال:

- «يعني مفيش حاجة أعملها؟» قلت له:

- «المسيح عمل كل حاجة.. وكل ما نستطيع أن نعمله هو أن نؤمن به، ونقبله ليسكن في قلوبنا.» قال:

- «أما أنا (غ...) بصحيح!» قلت:

- «لماذا؟» قال:

- «لأن الموضوع سهل، وأنا طول الأسبوع أبحث عن ماذا أعمل ؟. ما هو العمل الذي أقوم به؟».. ثم قال «ساعدني لأنتقل من (د هـ) إلى (و).» قلت له:

- «دعنا نتكلم مع الله.. من فضلك صَلِّ إلى الله.» وقفنا أمام الله العظيم، الذي فعل كل شيء من أجلنا، وقلت للشيخ بهاء: «من فضلك ردد ما أقوله بإيمان: يا رب أشكرك من أجل محبتك لي، وأنا العبد الخاطيء أحتاج لغفرانك ورحمتك، أنا أقبل ما فعله المسيح من أجلي، وأومن أنه مات علي الصليب، ليدفع ثمن خطاياي.» بدأ في البكاء.. قلت له «أطلب منه أن يدخل إلى حياتك»، قال بأعلى صوته: «يا يسوع ادخل إلى قلبي، اجعل قلبي نقيًّا. آمين.» وانفجر في البكاء مرة أخرى.

وانتظرت لحظات، حتى يهدأ ويجفف دموعه، ثم سألته: «أين موقع الشيخ بهاء على الرسم؟» فتح الكتاب وبكل ثقة قال: «أنا هنا في نقطة (و) بعد إيماني بالمسيح.»

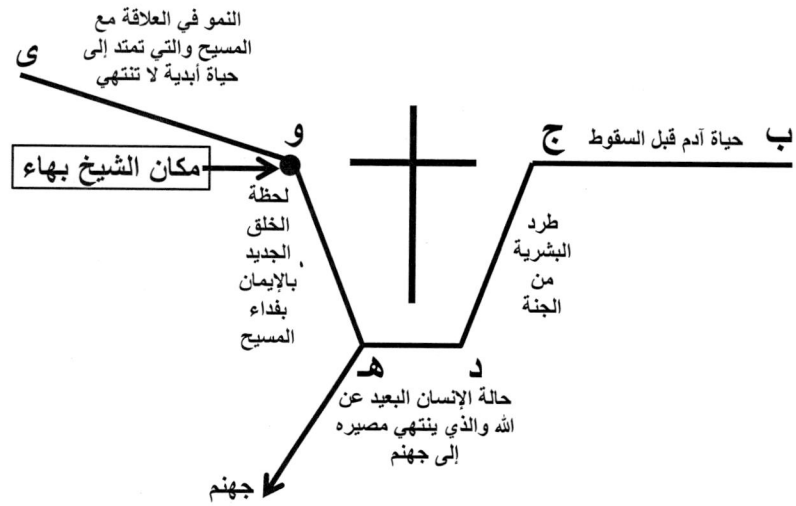

قلت له: «بالحقيقة هذا ما وعد به المسيح في يوحنا (5: 24): ﴿الْحَقَّ الْحَقَّ أَقُولُ لَكُمْ: إِنَّ مَنْ يَسْمَعُ كَلاَمِي وَيُؤْمِنُ بِالَّذِي أَرْسَلَنِي فَلَهُ حَيَاةٌ أَبَدِيَّةٌ، وَلاَ يَأْتِي إِلَى دَيْنُونَةٍ، بَلْ قَدِ **انْتَقَلَ** مِنَ الْمَوْتِ [د هـ] إِلَى الْحَيَاةِ [و].﴾»

رن جرس التليفون وسمعت صوت زوجتي: «أنت فين؟ إحنا واقفين عند باب المدرسة، في انتظارك.» تعودت أن أنقل زوجتي وبناتي من المدرسة إلى البيت بسيارتي، نظرت إلى الساعة، وقد تجاوزت الواحدة والنصف ظهرًا، ثلاث ساعات مرت وأنا لم أشعر بالوقت.. فاعتذرت منها، وقلت: «من فضلكِ هاتي البنات في تاكسي وتعالي علشان معي ضيف مهم.»

نظرت إلى الشيخ بهاء، ورأيت معجزة الخلق الجديد أمام عيني، وأنا مندهش: «هل بهذه السرعة يؤمن شيخ مسلم بالمسيح؟» وسألت نفسي:«لماذا أعطيته كتاب في "خطى السيد" دون تفكير مني؟» لكن الله يعرف كيف يتعامل مع القلوب المشتاقة إليه واستخدم الرسم الهندسي ليساعده كي يعرف احتياجه الشخصي للمسيح. فتحت إنجيل يوحنا الأصحاح الأول، وطلبت من الشيخ بهاء، أن يقرأ عدد 12: ﴿وَأَمَّا كُلُّ الَّذِينَ قَبِلُوهُ فَأَعْطَاهُمْ سُلْطَانًا أَنْ يَصِيرُوا أَوْلاَدَ اللهِ، أَيِ الْمُؤْمِنُونَ بِاسْمِهِ.﴾ سألته: «على ضوء هذا الوعد ما هو لقبك الجديد؟ قال بكل فرح: «أنا أصبحت ابنًا لله.» أخذته في حضني، وقلت له: «مبروك، أنت أخي في المسيح، وعليك أن تنمو للوصول إلى النقطة (ي) الاقتراب للتشبه بالمسيح، أمامنا رحلة طويلة من النمو الروحي كل يوم نتطور للأحسن.» رسالة رومية 8:29 ﴿لأَنَّ الَّذِينَ سَبَقَ فَعَرَفَهُمْ سَبَقَ فَعَيَّنَهُمْ لِيَكُونُوا مُشَابِهِينَ صُورَةَ ابْنِهِ، لِيَكُونَ هُوَ بِكْرًا بَيْنَ إِخْوَةٍ كَثِيرِينَ.﴾

وصلَت زوجتي مع أولادي، وتَعَجَّبَتْ لرؤية الشيخ بهاء يبكي، فقلت لها: «هذه هي المرة الرابعة التي يأتي فيها الشيخ بهاء إلى منزلنا، بينما تكونين أنتِ في العمل.» ثم قصصت عليها ما حدث منذ دقائق، فمدت يدها لتصافح الشيخ بهاء وتُهنئه بالولادة الجديدة.

وقبل الانصراف، اتفقنا على الموعد القادم لنستكمل دراستنا، في الكتاب المقدس، وطلبت منه أن يحفظ آية (يوحنا 1: 12).

وبعد أسبوع جاء الشيخ بهاء، وأعطاني عدة أوراق عن أهمية الكرازة للمسلمين! صُعقت عندما قرأت الأوراق (خطة

للكرازة بالمسيح لكل مصر) ونظرت إلى الشيخ بهاء نظرة تَعجُّب وخوف، فقال لي: «لا تنتظر مني أن أومن بالمسيح، وأترك أهلي وعشيرتي يهلكون! مسؤوليتي أن أُنقذ ما يمكن إنقاذه، وخصوصًا أنني غَرَرْت بكثيرين منهم، ويجب أن أبشرهم بالمسيح كما عرفته.»

وأحسست بمشاعره، وقلت له: «من حيث المبدأ، كلامك صحيح، لكن ما كتبته فيه خطر عليك.» قال: «إيماني بالمسيح خطر؟! ومحاولة إنقاذ إخوتي المسلمين خطر؟! لكن لن أترك أهلي يهلكون، فهذا مستحيل، خصوصًا بعد أن عرفت الحق، وليحدث ما يحدث.»

وبعد أيام عَرَّفت الشيخ بهاء على محمد عبد الحي، مسلم ملتحي يدَّعي أنه يرغب في معرفة المسيح، ويقرأ الإنجيل معي كل أسبوع، لكن بدون تغيير وأطلعه الشيخ بهاء على خطة الكرازة التي كتبها.

وبعد أيام من هذا الحديث، اصطحبت الشيخ بهاء معي لحضور مجموعة تلمذة يوم الثلاثاء 5 أبريل سنة 2005، في عزبة النخل حيث يقيم صديقي چون. وشارك الشيخ بهاء اختباره، وكيف أصبَحَ إنسانًا جديدًا. وبعد انتهاء جلسة التلمذة، قمت بتوصيل الشيخ بهاء إلى محطة أتوبيس القُللي في الساعة العاشرة مساءً، واتجهت إلى شبرا حيث أسكن، واستقل الشيخ بهاء الأتوبيس المتجه إلى الجيزة حيث يسكن.

وفي الصباح اتصل بي الشيخ بهاء وهومنزعج، قائلًا: «أصحابك [يقصد أمن الدولة] كسروا مكتبي.»

كنت قد قمت بزيارة لمكتب الشيخ بهاء منذ شهر، وشاهدت كتابات على الحوائط فيها مناجاة لله، وكيف حول المكتب لمكان لتجارة عسل النحل حتى يكون بابًا للمعيشة له ولأسرته. قلت للشيخ بهاء: «من فضلك تعال لمنزلي بسرعة، ووعدني بالحضور، أغمضت عينيّ ورفعت صلاة سريعة لله أن يحفظه في مشيئته.»

ومضت عدة ساعات ولم يحضر الشيخ بهاء، فقمت بالاتصال برقم تليفون البيت، أجابتني زوجته انتصار لأول مرة وهى تبكي وتقول: «أخذوه المجرمون، قبل أن يتمكن من الوصول إليك.» سألتها: «هل تعرفين إلى أين؟» قالت: «لم يذكروا أي شيء غير الشتائم والوعيد.»

تم اعتقال الشيخ بهاء على يد مباحث أمن الدولة (الاستخبارات) يوم الأربعاء الموافق 6 أبريل سنة 2005، وأخذوه إلى مقرهم في شارع ابن حيَّان بالجيزة، ولم توجه له تهمة محددة.

وبعد ثلاثة أيام قررتُ أن أقوم بزيارة منزل أخي الشيخ بهاء، وأطمئن على عائلته وأولاده، وبعد الزيارة قمنا بمحاولة لزيارة مقر أمن الدولة، وأخذت معي زوجته وابنه الكبير محمد.. جلست أنا في السيارة، وذهبَت زوجته للمسؤولين في محاولة لتوصيل بعض الأدوية المهمه له، وبكل أسف أنكر رجال أمن الدولة معرفتهم بأي شيء عن الشيخ بهاء!

وفي اليوم التالي اتصلتُ بصديقي المحامي أثناسيوس وليم، المختص بقضايا حقوق الإنسان وكان يعمل في مكتب الأستاذ نجيب جبرائيل المحامي المشهور في قضايا حقوق

الإنسان، الذي تجاوب مع القضية وقام الأستاذ أثناسيوس بزيارة الشيخ بهاء في مقر أمن الدولة بالجيزة، وسلمه بعض الملابس والأدوية ووجبة طعام، وعرف أن الشيخ بهاء محبوس حبسًا احتياطيًّا على ذمة التحقيق، وسيحولوه إلى سجن طرة في اليوم التالي.

وفي أول جلسة لمحاكمة الشيخ بهاء، أمرت المحكمة بإطلاق سراحه، ولكن مباحث أمن الدولة تجاهلت الحكم وأصدرت أمرًا جديدًا باعتقاله، إلى أجل غير مُسمًّى، وأمرت بتحويله إلى معتقل وادي النطرون (أصعب السجون المصرية) بحجة أنه كان يبشر المساجين الآخرين في سجن طرة بالمسيحية، مما أدى إلى افتعال مشاجرة معه في الزنزانة وانتهى الأمر بضربه ضربًا مبرحًا بيد سجين آخر، وقاموا بنتف شعر لحيته حتى يُمعِنوا في تعذيبه، فأرسلوه إلى معتقل وادي النطرون الممتليء بأُمراء الجماعات الإسلامية، بغرض أن يقوموا بتصفيته داخل السجن عندما يعرفون أنه تحول إلى المسيحية. لكن رغم كل هذا تمكنَّا من زيارته من خلال صديق مسلم مؤمن بالمسيح تطوع لزيارته، ومن خلاله وصلَتنا رسائل مشجعة منه عمَّا يفعله الله معه، وتمكنَّا من توصيل نصوص من الإنجيل إليه بطريقة بسيطة!

الله ظهر ليس فقط للرسول بولس في السجن، لكنه ظهر للشيخ بهاء أيضًا وشجعه، وعلمه أشياء يصعب تَعَلُّمهَا خارج السجن! بعد سنتين خرج الشيخ بهاء من السجن، وسافر الى امريكا وهو يعيش حياته الآن ابنًا لله.

26

مُحَمَّدٌ عَبْدُ الْحَيِّ

اتصل بي تليفونيًا القس يوسف بطرس راعي كنيستنا الإنجيلية بمنشية الصدر، وطلب مني الحضور لمكتب القس صفوت البياضي للأهمية، وعند وصولي إلى هناك لم يكن القس صفوت موجودًا. استقبلني القس يوسف بترحاب وقال لي: «يوجد شخص اسمه محمد عبد الحي يتصل كثيرًا بالقس صفوت ويطلب منه دراسة الإنجيل، وعنده أسئلة كثيرة. وأنا اقترحت على القس صفوت أنك أفضل شخص يمكنه أن يتقابل مع محمد ويساعده على إجابة أسئلته.»

وفتح لي القس يوسف باب المكتب وقال: «محمد سيصل بعد دقائق، واستأذن للانصراف.» بعد دقائق وصل الأخ محمد وفتحتُ له الباب، شاب في الثلاثين من العمر ملتح أسمر الوجه، نظر إليَّ وقال: «حضرتك مش القس صفوت!».. «نعم أنا مش القس صفوت لكن أنا صديقه وهو بيعتذر منك بسبب مشغولياته الكثيرة وأنا في خدمتك.» ثم سألته: «أنت بتعرف القس صفوت منين؟» قال: «من صورته في الجرايد!» سألته: «ماذا تريد من القس صفوت؟»

قال: «أنا عندي كتاب مقدس وأقرأ فيه ومش فاهم حاجات كتير وعندي أسئلة.» قلت له: «أهلًا ومرحبًا»، وسألته «متى نتقابل لنبدأ بحث أسئلتك؟» قال «الآن أنا جاي من المحلة الكبرى وبابحث عن حد يساعدني وقالوا لي أحسن حد

يساعدك الكنيسة الإنجيلية وأنا اتصلت بالقس صفوت مرارًا ومبسوط إنك تساعدني.» نظرت إلى ساعتي وهي تقترب من الواحدة ظهرًا وقلت له معتذرًا «أنا لازم أروح أجيب أولادي من المدرسة» فقال لي «ما فيش مشكله أنا في انتظارك حتى تنتهي من مسؤولياتك وممكن بعد الظهر نتقابل.» أعطيته عنوان كنيستي في شبرا وقلت له «نلتقي هناك الساعة الخامسة» وصافحته.

وقبل الخامسة كنت هناك وفوجئت بمحمد ينتظرني! رحبت به مرة ثانية وبدأنا في قراءة الأصحاح الأول من إنجيل لوقا وهو مستمتع بالقراءة حتى وصلنا للأصحاح الرابع. قلت له «هذا يكفي اليوم والأسبوع القادم نستكمل القراءة.» قال «الأسبوع القادم بعيد أنا نفسي نلتقي غدًا.»

والتقينا في اليوم التالي لنستكمل القراءة حتى وصلنا للأصحاح السادس ولاحظت عدم وجود أسئلة لكنه مستمر في القراءة، قلت له «دعنا نتوقف هنا ونلتقي الأسبوع القادم.» قال لي «أنا ممكن أكمل غدًا.» قلت له «ما رأيك أعرفك على صديق لي في المحلة الكبرى اسمه چون وهو يستكمل القراءة معك؟» قال «فكره جميلة بس أنا مبسوط من معرفتك فهل ممكن أتقابل مع چون مرة ومعك مرة أخرى ولا أنت زهقت مني؟!» قلت له «نتقابل مرة كل أسبوع ومرة مع چون حتى ترتاح من عناء السفر.» وبالفعل رحب چون بالفكرة واستكمل معه القراءه في الإنجيل.

وبعد عدة أسابيع اتصل بي چون تليفونيًا وقال: «معجزة حصلت هذا الصباح!» قلت له «خيرًا! احكِ لي ما حدث.» قال: «بالأمس حضر محمد عبد الحي لمنزلي وإحدى عينيه

ملتهبة وحمراء جدًّا وأنا انزعجت عليه وطلبت منه الحضور اليوم إلى جمعية نور الإنجيل لعرضه على طبيب العيون وصليت معه لطلب الشفاء من الرب، وحضر محمد في الصباح وقال إن المسيح ظهر له وشفى عينه!»

بصراحة أنا لا أصدق كل ما أسمعه وخصوصًا في موضوع الشفاء وظهور المسيح.. كلها اختبارات شخصية لا أعتمد عليها، ولا يجب الحديث عنها. ومع ذلك قلت لأخي چون مبروك المعجزة وربنا يكمل وخصوصًا بعد ما أكد لي أنه رأى عين محمد وهي متورمة جدًّا عندما لاحظ عدم انفعالي بما سمعت!

وبعد ساعة رن جرس التليفون وسمعت صوت الأخ محمد وهو يحكي لي المعجزة. وشعر بعدم انفعالي مع ما قاله، فسألني: «هو أنت مش مصدق والا إيه؟ ممكن تسأل الأخ جون وهو يقول لك ما حدث.»

بعد أسبوع جاء محمد لزيارتي في منزلي بحجة أنه عنده أسئلة ولكني لاحظت أنه ما زال يدخن ويحلف. طلبت منه أن يصلي فتلعثم ولم يستكمل جملتين! فسألته: «هو فيه حد يظهر له المسيح ولسه ما تغيرش؟» (أنا أعرف ما يفعله المسيح في حياة الناس: إنه يغيرهم تغييرًا جذريًّا).. قال محمد: «المسيح عارف ضعفي وأنا مش قادر ابطل التدخين!» قلت له: «التدخين مش هو المشكلة، اطلب من الله أن يرحمك ويحررك ويغيرك.»

واستمر محمد في جلساته مع چون دون أي تغيير حتى أن چون لاحظ ذلك. قلت لچون «ماذا يريد منا محمد عبد الحي؟» قال «يمكن من أمن الدولة!» قلت له: «دي تبقى

فرصة ذهبية!» قال «مش فاهم ماذا تقصد!» قلت «لو محمد من أمن الدولة فرصه يشوف إحنا بنعمل إيه. إحنا لا نفعل شيئًا يضر الأمن!» قال: «لا! التبشير للمسلمين بالنسبة لأمن الدولة ضرر على المجتمع الإسلامي.» قلت له «هل من حق المسلم في مصر أن يقوم بالدعوة الإسلامية؟» قال «نعم».. قلت «ومن حقي كمصري مسيحي أن أبشر المسلم بالمسيح. هذا حقي الطبيعي بالقانون!» قال «وفين القانون وفين العدل وفين المساواة إحنا لسه بدري علينا.» قلت «المشكلة فينا إحنا اللي بنتنازل عن حقوقنا!»

وأخذت معي محمد عبد الحي لمؤتمرات كثيرة عن تبشير المسلمين، وهو كان مسرور بالتعرف على كثيرين، بس رفض يقول اختباره وكيف شفاه المسيح ورفض يتصور مع أي شخص. اتصلت بالقس صفوت وطلبت مقابلته حتى يتعرف على محمد عبد الحي لأنه لم يره، وبالفعل كانت زيارة مشجعة وأعطى القس صفوت كتابًا مقدسًا هدية لمحمد.

وبعد سنة تقريبًا وكان يوم الخميس الموافق 1 ديسمبر سنة 2005 وأنا أجهز للاحتفال بعيد ميلاد ابنتي. اتصلت بي الأخت رانيا وهي مزعورة وتقول لي «إبراهيم زوجها لم يعد للبيت منذ أمس بعدما تقابل مع محمد عبد الحي الساعة العاشرة صباحًا في طنطا.»

إبراهيم خادم الله من الإسكندرية، زوج رانيا، كان يرد على أسئلة المشاهدين في إحدى القنوات المسيحية، ومحمد عبد الحي تعرف به في المؤتمر واتصل به يوم الأربعاء 30 نوفمبر، وطلب مقابلته في محطة قطارات طنطا.

وصل إبراهيم في الميعاد ووجد محمد في انتظاره على رصيف المحطة وبجواره يقف تاكسي وطلب من إبراهيم أن يركب معه. محمد ركب بجوار السائق وإبراهيم جلس بالمقعد الخلفي. وفجأةً طلب محمد تليفون إبراهيم يعمل منه مكالمة (حتى يمنعه من استخدامه للاستغاثة!) وتحرك التاكسي قرابة 500 متر ثم توقف، وفي لحظة سريعة ركب اثنان من الشباب (فتوَّات) واحد جلس عن يمين إبراهيم والآخر عن يساره.

شك إبراهيم فيما يحدث فسأل محمد عبد الحي: «إيه الحكاية بالضبط إنت واخدني على فين؟» محمد قال «ولا كلمة أسمعها منك»، ثم أخرج كل واحد من الركاب مطواه (قرن غزال) ووضعوها في جنب إبراهيم، وحاولوا حقنه بمخدر في الوريد تحت التهديد ولم ينجحوا لعدم الخبرة، فأعطوه مخدرًا بالفم وغاب عن الوعي.

بمجرد أن اتَّصَلَتْ بي رانيا، توقعت ما حدث، واتصلت بمحمد عبد الحي، وقلت له: «فين إبراهيم يا محمد؟»

قال: «إبراهيم مين.»

قلت: «إبراهيم يعقوب. أنت تقابلت معه أمس في محطة قطارات طنطا وبعدها اختفى. إنت وديته فين؟»

اضطرب محمد وتلعثم في الكلام، خصوصًا بعد أن ذكرت تفاصيل اللقاء، وقال:

«آه صحيح أنا تقابلت مع إبراهيم، لكن بعد كدا ماعرفش راح فين!»

قلت لـه بلهجـه آمـرة: «أمامـك سـاعة تبحـث فيهـا عـن إبراهيم وتبلغني.» بعد ساعة اتصلت بمحمد الذي أكد اهتمامـه بإبراهيم وطلب إمهاله فرصه لنهاية اليوم.

وفي السادسـة مسـاءً اتَّصَلتْ بي هيئـة الخدمـة التي يخدم فيها إبراهيم وأبلغوني بضرورة اللقاء معهم بعد ساعة في مكتب الهيئة. وبمجرد وصولي عرفت أن محمد اتصل برانيا زوجة إبراهيم وطلب فدية 4000 جنيهًا، وهم قرروا دفع المبلغ لإنقاذ إبراهيم وجهزوا المبلغ، ويريدونني أن أذهب معهم إلى المحلة!

أخذنا سيارة ركبنا فيها نحن الخمسة: وصفي وممدوح ومدحت ولوثر وأنا، وفي الطريق قال واحد منهم «أنا عارف ضابط في المحلة ما رأيكم نبلغه بالموضوع؟» تجاوب الضابط معنا لأنه أحسَّ بخطورة الموضوع، وأعطانا رقم تليفون ضابط في أمن الدولة في مدينة المحلة، الذي طلب منا أن نمهله بعض الوقت وطلب عدم السفر إلى المحلة حتى يتحرى عـن الموضوع بنفسه. وفي وقت الانتظار رن جرس تليفون مدحت وسمعت صوت محمد عبد الحي يتكلم معه ويطلب منه سرعة الوصول إلى المحلة لأن العصابة يريدون أن ينتهوا من الأمر الليلة. خطفت التليفون وتكلمت مع محمد، وبمجرد أن سمع صوتي قال لي: «من فضلك لا تذهب إلى المحلة. ارجع إلى بيتك، وأنا سأحضر إبراهيم غدًا.» تعجبت من هذا العرض وقلت له: «أنت رجل وستعملها.» سألت القاده: «ما رأيكم؟» قالوا: «نرجع وننتظر فلربما يفي محمد بوعده.»

اتصل بنا ضابط أمن الدولة في مدينة المحلة، وقال (ضاحكًا): «رُوحوا اعملوا محضر في القسم ضد محمد عبد الحي.»

وفي اليوم التالي (وكان يوم جمعة) اتصل بي محمد عبد الحي وقال: «أنا في أسيوط وسأرجع اليوم. سأُحضر إبراهيم وسآتي لزيارتك»، وفي الوقت نفسه اتصل بقادة الخدمة في مكتبهم وطلب منهم الذهاب إلى المحلة ودفع الفدية واستلام إبراهيم.

اتصل أصدقائي بي من الهيئة وأبلغوني بكلام محمد عبد الحي وتأكدت أنه يلعب بنا، إنها حرب أعصاب مقصودة. فقررنا بعدها التوجه للمحلة فورًا.

وبينما نحن في الطريق اتصل واحد من العصابة وطالبنا بسرعة الوصول. أخذت التليفون وحذرته من الكلام معنا بأسلوب التهديد. فقال لي: «ابنك اسمه ديفيد وفي كلية الهندسة، وحياة أمي لأخطفه وسيكون مع إبراهيم.» أغلقت التليفون في وجهه. وقال وصفي الذي كان يجلس بجواري وسمع التهديد: «ممكن نرجع علشان إحنا دخلنا في موضوع صعب؟!» قلت: «لن أرجع ولازم نكمل الطريق إلى المحلة.» اتصلت بزوجتي وطلبت منها أن تأخذ الأولاد وتذهب إلى الجدة. واستكملنا السفر حتى وصلنا إلى مدينة طنطا وتوقفنا للغداء، لأن مدحت لا يستطيع القيادة وهو جوعان. وفي أثناء الغداء اقترحت على القادة أن نتصل بالدكتور صفوت ونُعلِمه بكل ماحدث.

اتصل القس صفوت فورًا بمسؤول بالأمن (مساعد وزير الداخلية) وطلب منه التدخل. واتصل بنا وطلب عدم السفر إلى المحلة. وانتظرنا حتى الساعة الخامسة ولم يظهر أحد، فطلبت من وصفي إعطائي الفدية وانطلقت إلى المحلة لمقابلة محمد عبد الحي في منزله، وخصوصًا أن صديقي چون هناك ومؤكد أنه سيساعدني في الوصول إلى عنوان محمد.

وصلت جمعية نور الإنجيل وطلبت مساعدتهم. اجتمع نحو 10 من شباب الجمعيه وقررنا أن نصرخ إلى الله. كان اجتماع صلاة غير عادي بدموع وصراخ لله أن يسرع في نجدتنا. وطلبت من الله أن يرجع إبراهيم الليلة إلى زوجته. وبعد انتهاء الصلاة طلبت من چون أن يوصلني إلى منزل محمد، فرفض خوفًا على حياتي، فاتصلت بمحمد وطلبت حضوره للجمعية لاستلام الفدية، فرفض محمد الحضور! وانتظرت حتى الساعة العاشرة ولم يحضر أحد.

وقررت العودة للقاهرة ولكن صديقي مجدي حذرني من السفر لأن الضباب صعب على الطريق الزراعي، ولكني تذكرت التهديد الذي قاله واحد من العصابة أنه سيخطف ابني وسيحضره مع إبراهيم. وتوقعت أن تأخري سوف يزيد من حالة الخوف عند أسرتي، فركبت سيارتي وانطلقت إلى القاهرة.

وبمجرد أن خرجت من المحلة، رن جرس تليفوني المحمول وسمعت صوت محمد وهو يقول لي: «الحمد لله أنا خطفت إبراهيم من العصابة علشان خاطرك وسأقوم بتوصيله إلى الإسكندرية.» لم أصدقه إلا بعد سماع صوت صديقي إبراهيم على التليفون الذي أكد لي وجوده مع محمد في السيارة، فطلبت من محمد أن يوصله إلى محطة القطارات في طنطا وأنا في طريقي إلى هناك فوافق. ثم اتصل بي بعد دقائق وأبلغني أنه ترك إبراهيم داخل المحطة، فشكرته، وطلبت منه أن ينتظرني لأعطيه الفدية. ثم اتصلت بالقادة الموجودين من الظهر في طنطا، وطلبت منهم التوجه بسرعة إلى محطة القطار ليخبروني هل وجدوا إبراهيم هناك أم لا. بعد دقائق اتصلوا بي

وقالوا إن إبراهيم موجود لكن يحتاج إلى رعاية وسيأخذوه بسرعة لأقرب طبيب.

كنت حينها استمع لألبوم ترانيم لفريق تسبيح من تورنتو، وكانت كلمات الترنيمة تقول:

«أقوياء.. أقوياء في المسيح أقوياء..من العالم أقوى

من الشيطان أعلى ،كلامه لنا به يقيننا..يجعلنا أحكم من كل الأعداء»..

كدت أطير من الفرح، لعلمي أن إبراهيم سيكون في بيته هذه الليلة.

وصلت طنطا إلى المكان المتفق عليه مع محمد أمام البنك رغم خطورة الطريق وشدة الضباب، وكانت الساعة تقترب من منتصف الليل والظلام يملأ المكان. ورأيت محمد يتلفت يمينًا ويسارًا. ناديته وحضنته وشكرته على الموقف البطولي الذي قام به لإنقاذ إبراهيم من العصابة!. وأعطيته 4000 جنيهًا، فرفض استلامها بإصرارٍ شديد.

قلت له: وماذاستفعل مع العصابة ؟

قال: «أنا سأتصرف معهم!»

قلت: «نحن أبلغنا عنك أمن الدولة إنك خطفت إبراهيم، وأفضل حل أن تأتي معي للقاهرة»فقال: «لا تقلق أنا سأتصرف!»

فطلبت منه أن يرشدني لأول الطريق للقاهرة بسبب الظلام الشديد. فسألني: «أين سيارتك؟»

وهنا فقط أدركت المعجزة الحقيقية التي صنعها معي الله القدير؛ أنا أعاني خشونة في ركبتي اليسرى، فطلبت من أحد أقاربي وهو المهندس صلاح أن يشتري لي سيارة أتوماتيك. وقبل هذه الأحداث بأيام قليلة أخذ سيارتي الشاهين الرمادية اللون المعروفة لمحمد وللأمن، وأعطاني سيارة "تويوتا كورولا" أتوماتيك ميتالك فضي، ولم أتمكن بعد من تغيير أوراق الملكية، وبالتالي الأمن لا يعلم عن السيارة الجديدة، ولا محمد يعلم، وبالتالي دخلت المحلة رغم المراقبة الشديدة وخرجت دون علمهم وبدون قصد مني، لكن الله أنقذني من الوقوع في أيديهم، الله له كل السلطان على الأحداث وهو متسلط في مملكة الناس، بل أُعاد إبراهيم إلى زوجته في الليلة نفسها كما طلبنا من الرب القدير في صلواتنا.

وفي اليوم التالي اتصل بي صديقي إبراهيم من الإسكندرية وقال معي رسالة شخصية لك. قلت: «تفضل»، قال: «لا من فضلك تعال زرني بسرعة.» لذلك سافرت للإسكندرية في اليوم التالي مباشرة، وفي بيت إبراهيم استأذن من الضيوف الموجودين وأخذني على جانب، وقال لي: «محمد سيقتلك»، فضحكت فأمسك بملابسي وهزني بشدة وقال وهو يبكي: «الموضوع جدِّي لا تأخذه بتهريج أو استهتار!» قلت له «أشكرك لأنك أبلغتني بالرسالة، لكن يجب أن تعلم أن فوق العالي عاليًا يلاحظ ولا يمكن أن أموت إلا بإذنه هو مهما كان الأمر، وودعته وعدت للقاهرة.»

وكنت متوقعًا أن موضوع محمد عبد الحي انتهى عند هذا الحد، لكنه اتصل بي فطلبت منه الحضور لمكتب الراعي في الكنيسة. وحضر دون لحية!.. وقلت له: «احكِ لي كل ما

حدث» فقال «أنا تعرضت لضغوط من أمن الدولة لأنفذ كل ما حدث بعد أن عرفوا أني أتقابل معك.» قلت: «لا داعي للمراوغة أنا أريد أن أفهم شيئًا واحدًا: ماذا يريدون مني؟» قال «لا أعلم لكن ممكن أن تسجل لهم ما تريد.» (أخرج من الجاكت جهاز تسجيل صغير) وقال «سجل لهم رسالة»، سألته: «أنتَ سمعتني وأنا أُعَلِّمْ المسيحيين أن يحبوا إخوانهم المسلمين؟» قال «حصل» قلت «أنا لم أهاجم الإسلام ولم أنتقد القرآن فماذا تريدون مني؟» قال لي «اللي سجلته سأوصله لهم.» ولم يَعُدْ ثانية.

وبدأت محاولات للإزعاج بمكالمات تليفونية؛ يرن الجرس قبل الفجر وبمجرد أن أرفع سماعة التليفون يُغلَق الخط، وتكررت هذة الإزعاجات عدة مرات، ففهمت بسرعة المقصود من حرب الأعصاب.. وقررت قبل النوم فصل كل التليفونات في البيت حتى أنام مرتاحًا "واللي يرن يرن".

في أول أغسطس 2006 اتصل بي قسيس صديقي وسألني: «هل تعرف واحد اسمه محمد عبد الحي؟».. «طبعًا أعرفه وحضرتك تعرفه منين؟» قال «تعال زُرني ونحكي مع بعض.»

وفي البيت قال: «زارني في الكنيسة أبونا صموئيل وقال إن معه رسالة شخصية من الأنبا باخوميوس مطران البحيرة، وطلب مقابلة خاصة وأحضر لي في هذه المقابلة كتابًا ضخمًا من الدير (أنا لم أرَ مثل هذا الكتاب من قبل) وقال: الأنبا باخوميوس عايز يشوفك ويتكلم معك في موضوع وحدة الكنيسة. وحددنا الموعد واتفقنا نتقابل في دمنهور.

وصلت بسيارة صديق لي إلى المكان ورن جرس التليفون.. أبونا صموئيل: "من فضلك يا قسيس اترك سيارتك مع صديقك واعبر الشارع وأنا منتظر حضرتك في الميكروباص المقابل لك، وسامحني مش قادر أنزل علشان رجلي مكسورة وموضوعة في الجبس." ذهبت في اتجاه الميكروباص ورأيت أبونا يجلس خلف السائق فجلست أنا بجواره، فقال لي "لماذا لا تجلس بالخلف؟" تعجبت من كلامه وقلت له: "يا ابونا حضرتك ذكرت إن ما فيش حد تاني جاي معنا!" قال "صحيح لكن علشان تاخد راحتك!" (في هذه اللحظة قلبي امتلأ بالمخاوف).

وتحرك الميكروباص وبعد مسافة صغيرة توقف فجأة ولمحت ثلاثة رجال يعدُون بسرعة في اتجاه الميكروباص. انزعجت وبسرعة فتحت الباب وأطلقت رجلي للريح في الاتجاه المعاكس وتمكنت من التعلق في أتوبيس وهربت! وبعد ذلك اتصلت بالأنبا باخوميوس تليفونيًّا، فتعجب مما سمع ونفى أنه أرسل لي أي كاهن ولا أيَّة هدية.»

رجع القس إلى القاهرة وقام بعمل محضر في قسم قصر النيل وبعد استنفاذ عدة ساعات ما بين المأمور وضابط الأمن ثم أمين الشرطه الذي كتب المحضر وقيده ضد مجهول!

وفي اليوم التالي اتصل أبونا صموئيل بالقس:

وقال له: «لماذا هربت؟» سأله: «من أنت؟»

قال: «محمد عبد الحي»

قال القس: «من أنت؟ ولماذا فعلت ما فعلته؟»

- «اسأل الشيخ صموئيل!» - «ولماذا أسأله؟»

-قال: «لأنه قام بتنصير [يقصد تعميد] زوجتي!»

- القس «وأنا مالي ومال الشيخ صموئيل؟»

- «أنتم إنجيليين مع بعض وأنا عايز أتقابل معك ومعه

أحنيت رأسي بأسًى وأنا أستمع للقس. ثم قلت له «أنا لا أعرف زوجته»، لكني ذكرت له كل ما فعله محمد مع إبراهيم ومعي خلال سنتين، فسألني: «مَنْ وراء محمد عبد الحي؟» قلت «أمن الدولة!» قال: «وما دليلك؟» قلت «خطة أمن الدولة في زمن الرئيس مبارك هي ضرب الكنيسة باستخدام الجماعات الإسلامية حتى نركع أمام أمن الدولة ونخضع لكل ما يقولونه» وذكرت تفاصيل معجزة عين محمد؛ والاتقان في المكياج؛ وخطف إبراهيم وإرجاعه؛ ومحاولة خطفك؛ وخطف كاهن في المحلة وسحله، وغير ذلك الكثير من الحوادث المماثلة تمت وما زالت تتم في كنائس كثيرة!!

قال «لماذا كشف محمد عن نفسه وأنا لم أعرفه؟»

قلت له «الهدف الرئيسي للأمن هو زرع الخوف في قلوبنا بأيَّة وسيلة مشروعة أو غير مشروعة. السبب الآخر هو توصيل رساله من الأمن لي عن طريقك.» ونظرنا لبعضنا نظرة حزن على ما يحدث معنا في بلدنا!

أعتذر عن كتابة هذا الفصل لِمَا فيه من أخبار سلبية، لكن أهم خبر إيجابي أنه من جميع شرورهم نجانا الرب.

27

مُؤْتَمَرُ الْحُوَارِ الأَوَّلِ

كُنا في كل سنة نعقد مؤتمرًا صيفيًّا لأغلب مجموعات التلمذة لمزيد من الدراسة والتعارف والتسبيح. وفي كل مرة يكون معنا واحد أو أكثر من المسلمين العابرين يشاركنا اختباره أو كيف بدأ رحلة معرفته بالمسيح.

وفكرت مرة خارج المربع (أقصد خارج نطاق التفكير التقليدي)، وسألت نفسي: «لماذا لا نعقد مؤتمرًا ومعنا بعض المسلمين غير المؤمنين ونعطيهم فرصة يسمعوا ما نقوله ونفتح سويًّا حوارًا محترمًا؟» فوضعت شرطًا للمؤتمر القادم: أي خادم في التلمذة يرغب في حضور المؤتمر يجب أن يُحضر معه صديقًا مسلمًا يحضر معنا المؤتمر. لقد كانت الفكرة غريبة بعض الشيء، لكن البعض رحب وقرر دعوة صديق مسلم أو أكثر لحضور المؤتمر.

وكتبت خطابًا رسميًا من الكنيسة للدكتور "محمود حمدي زقزوق" وزير الأوقاف في ذلك الوقت، وطلبت موافقته على مؤتمر الحوار المسيحي الإسلامي، وطلبت ترشيح الشيخ إبراهيم رضا إمام مسجد الخازندار بشبرا ليكون متحدثًا عن الجانب الإسلامي، فوافق الوزيرالمحترم على عقد هذا المؤتمر، كما وافق الشيخ إبراهيم رضا على المشاركة في الندوات ووعدني بدعوة بعض الإخوة المسلمين من المسجد للاشتراك في المؤتمر، فرحَّبت بفكرته.

وفكرت في دعوة صديقي المهندس رمضان، وعرضت عليه الفكرة، فرحب ووافق على الحضور. كما عرضت الفكرة على الحاجَّة مُنَى مدرسة اللغة العربية بالمدرسة الإنجيلية، فوافقت بشرط أن يحضر معها زوجها المحامي وبنتاها وابنها في المرحلة الجامعية. ثم قدمت دعوة لزوجة الشيخ بهاء فوافقت على الحضور هي والأولاد. وكل واحد من الخدام عرض الفكرة على صديق مسلم، وكثيرون رحبوا بالحضور عكس ما كنا نتوقع.

وفي يوم السفر اعتذر الشيخ إبراهيم فجأة عن عدم الحضور ومعه كل مجموعة مسجد الخازندار بسبب أمر طارئ.. وطبعًا عرفت أنها تعليمات من أمن الدولة، تطالبه بعدم الاشتراك في هذا المؤتمر!

وصلنا إلى الإسكندرية وكان عددنا تقريبًا 65 شخصًا، 30 منهم من المسلمين.. واحد منهم مأذون شرعي؛ والأخ أيمن من جماعة الإخوان المسلمين؛ والشيخ رمضان من الجماعات؛ والحاجَّة مُنى وزوجها وأولادها؛ وزوجة الشيخ بهاء.. وغيرهم. ومن المسيحيين مجموعة من المنيا مع الأخ وحيد ومجموعات من الفيوم والقاهرة والمحلة، بالإضافة لمجموعة الإسكندرية.

وصلنا الإسكندرية يوم الأربعاء 1 مارس سنة 2006، وبعد نصف ساعة حضرت قوات الأمن إلى مبنى المؤتمر: مباحث الإسكندرية؛ وشرطة العامرية؛ وأمن الدولة من الاسكندرية؛ بالإضافة إلى أمناء الشرطة والعسكر!

سلمتُ مدير بيت المؤتمرات الشيخ زاهر خطابًا معتمدًا من السيد وزير الأوقاف بعقد المؤتمر، قدمه لضباط الشرطة فكان الردُّ غريبًا: «إحنا خايفين عليكم من المسلمين المتشددين!» بعد انصرافهم طلبت من العاملين في بيت المؤتمرات تخصيص مكان لإخوتنا المسلمين للصلاة واستجابوا فورًا وخصصوا غرفة كبيرة فرشوها بالسجاد ورفعوا منها كل الأثاث.

وفي الليلة الأولى للمؤتمر عقدنا ندوة عن الله في المسيحية والإسلام. تحدث عن الجانب الإسلامي الشيخ رمضان (من الجماعات الإسلامية التي لا تؤمن بالعنف) بدلًا من الشيخ إبراهيم الذي اعتذر فجأة. وقال «الله وحده لا شريك له سبحانه الحي القيوم لم يلد ولم يولد ولم يكن له كفوًا أحد.» وتحدث عن الجانب المسيحي المهندس إميل رمزي وقال «إن المسيح علمنا عن الله الواحد فقال اسمع يا شعبي الرب الهنا رب واحد»، ثم أخذ في سرد عشرات الآيات من الكتاب المقدس التي تتحدث عن التوحيد وكان موضوع التوحيد مناسبًا لبداية مؤتمر الحوار، وأغلب المسلمين فوجئوا بالتوحيد المسيحي والعرض الذي قدمه المهندس إميل، وقالوا: «إحنا كنا فاكرينكم مشركين!»

وأعطيتُ فرصة للأسئلة ولكل واحد من الحاضرين الحق في أن يكتب ما يريد، ولكن بعد استلام الأسئلة نظرت للساعة وهي تقترب من الثامنة مساءً، فأجَّلت إجابة الأسئله لبعد العشاء. وفي المطعم طلبت من أحد الحضور أن يقدم لله صلاة شكر على سلامة الوصول، ويطلب بركة على نعمة الطعام.

قدَّمَ بيت المؤتمرات لنا كمية طعام للعشاء فوق المعتاد إكرامًا للضيوف، وخصوصًا الأخوات المحجبات والإخوه الملتحين فهذه هي المرة الأولى التي يشهد فيها بيت المؤتمرات

مـؤتمرًا للمسلمين والمسيحيين! وبعدها توجهنـا إلـى قاعـة الاجتماعات، لكن إخوتنا المسلمين طلبوا التأجيل لحين الانتهاء من صلاة العشاء، فانتظرناهم ونحن نصلي من أجلهم.

وفكرت أن نبدأ ببعض الألعاب الجماعية التي تعلمتها في مؤتمرات الشباب، فطلبت تقسيم الحاضرين إلى مجموعتين، الشيخ رمضان قائد لمجموعة والمهندس إميل قائد للمجموعة الأخرى، واحمر وجهاهما خجلًا، ثم بدأت في طلبات مثل: عايز 5 كرافتات، أو جنيهًا فكَّة. وما أروع أن يعود الإنسان إلى مرحلة الطفولة وبالفعل انطلقت الضحكات من الجميع، ثم بدأنا بعدها مناقشة الأسئلة في جو من العلاقات الإنسانية.

كانت أغلب الأسئلة موجهة للمهندس إميل عن معنى التوحيد الجامع في المسيحية ومعنى عبارة الثالوث الأقدس وهل تعني عبادة اكثر من إله؟ أم تعني عبادة الإله الواحد الذي لا شريك له لكن بمفهوم آخر!.

وبعد ساعة من الحوار الراقي توجهنا إلى شاليهات النوم بعد عناء يوم طويل من السفر ومن الحوارات الساخنة. كل شاليه نام فيه 5 أشخاص، 2 منهم مسيحيون و3 مسلمون، أو العكس. وأنا نمت نومًا عميقًا في تلك الليلة بسبب الإرهاق الشديد. ولكن في الصباح عرفت أن المهندس إميل والشيخ رمضان استمرا يتحاوران حتى الثالثة صباحًا وهذا ما حدث في أغلب الشاليهات: حوار من أشخاص يبحثون عن إجابة أسئلة كثيرة تدور في أذهانهم ولم يجدوا فرصة مماثلة مثل هذه من قبل.

وفي اليوم التالي كانت المحاضرة عن الصلاة في المسيحية والإسلام، وكل متحدث له نصف الساعة يقدم ما يؤمن به، ذكر الشيخ رمضان أن الصلاة في الإسلام فرض من ربنا -سبحانه- فرضه على عباده المسلمين. على حين ذكر المهندس إميل أن الصلاة هي مناجاة وحديث قلبي من الإنسان لله الذي أحبه وليست فرضًا بل هي تعبير عن الحب لله.

وأعقبت ذلك فترة للأسئلة. ثم طرحتُ سؤالًا على المسيحيين: «هل تحفظون أول سورة في القرآن؟» أغلبية المسيحيين يعرفون سورة الفاتحة، لكن لا يحفظونها جيدًا، فطلبت منهم أن يرددوها مع إخوتنا من المسلمين.

﴿الْحَمْدُ لِلَّهِ رَبِّ الْعَالَمِينَ، الرَّحْمَنِ الرَّحِيمِ، مَالِكِ يَوْمِ الدِّينِ، إِيَّاكَ نَعْبُدُ وَإِيَّاكَ نَسْتَعِينُ، اهْدِنَا الصِّرَاطَ الْمُسْتَقِيمَ، صِرَاطَ الَّذِينَ أَنْعَمْتَ عَلَيْهِمْ غَيْرِ الْمَغْضُوبِ عَلَيْهِمْ وَلَا الضَّالِّينَ.﴾

رفع وحيد يده وسأل: «من هم الذين أنعمت عليهم؟» قلت له «سنؤجل الأسئلة عدة دقائق.» ثم سألت المسلمين «هل تعرفون صلاة المسيح التي علمها لتلاميذه؟» أغلبية المسلمين لا يعرفوها!

وتلوت لهم كلمات الصلاة:

﴿أَبَانَا الَّذِي فِي السَّمَاوَاتِ، لِيَتَقَدَّسِ اسْمُكَ. لِيَأْتِ مَلَكُوتُكَ. لِتَكُنْ مَشِيئَتُكَ كَمَا فِي السَّمَاءِ كَذلِكَ عَلَى الأَرْضِ. خُبْزَنَا كَفَافَنَا أَعْطِنَا الْيَوْمَ. وَاغْفِرْ لَنَا ذُنُوبَنَا كَمَا نَغْفِرُ نَحْنُ أَيْضًا لِلْمُذْنِبِينَ إِلَيْنَا. وَلاَ تُدْخِلْنَا فِي تَجْرِبَةٍ، لكِنْ نَجِّنَا مِنَ الشِّرِّيرِ. لأَنَّ لَكَ الْمُلْكَ، وَالْقُوَّةَ، وَالْمَجْدَ، إِلَى الأَبَدِ. آمِينَ.﴾

وسألت إخوتي المسلمين: «هل هناك أي شِرك في هذه الصلاة؟» قال الشيخ أيمن المأذون الشرعي الذي أصطحبه معه القس رفعت فكري: «لا يوجد شِرك في هذه الصلاة.» سألت مُعقِّبًا «هل تعرفون هذه الصلاة مرنمة؟» قالوا «لا». فطلبت من واحد من شباب المحلة أن يعزف لنا موسيقى هذه الصلاة. ثم سألت إخوتنا المسلمين هل من مانع أن نرفع هذه الصلاة معًا لله الواحد الذي خلقنا؟ قالوا «لا نعرف النص»، وحيث أنه لم تكن هذه الأمور مرتبة من قبل، لذلك طلبت من كل مسيحي أن يعطي أخاه المسلم الجالس بجواره كلمات الصلاة، ثم وقفنا معًا نرنم هذه الترنيمة.

وأمسكت دموعي بصعوبة وأنا أرى خليقة الله من مسلمين ومسيحيين يرنمون معًا ﴿أَبَانَا الَّذِي فِي السَّمَاوَاتِ...﴾

بعد انتهاء الفترة الصباحية لاحظت واحدًا من الاستخبارات السرية كان يجلس خلف الشيخ أيمن ويسجل ما نقوله. وعند نزولي للغداء عرفت أن كل رجال الأمن موجودين في حديقة بيت المؤتمرات لحمايتنا من المخاطر!

بين فترة الغداء والعشاء فترة طويلة، وأغلب المؤتمرين رفضوا الاستمتاع بفترة الراحة، وبعض الشباب اتجهوا إلى حمام السباحة خصوصًا أولاد الحاجَّة مُنى، أما باقي المؤتمرين فقد شكلوا عدة فرق للعب كرة القدم بغض النظر عن السن، فريق من القاهرة مسلمين ومسيحيين وفريق من الإسكندرية، وفريق من الفيوم والمحلة معًا، وفريق من المنيا.. وبدأوا ينظمون دوريًا في كرة القدم.

27 مؤتمر الحوار الأول

ذهبت للملعب لمشاهدة المباراة الأولى، وسمعت أصوات اللاعبين: «شوط يا محمد؛ هات يا مرقس؛ برافوا يا حسن؛ شكرًا يا مايكل.» الهدف الأول سجله وحيد في مرمى فريق القاهرة، فتعالت صيحات النصرة وتعانق لاعبو المنيا مع بعضهم البعض.. "ما فيش مسلمين ومسيحيين"، الكل مصريون يتمتعون بوقت جميل مع بعضهم بعيدًا عن أعين الأمن.

قبل الفترة المسائية طلبت من الأخ عاطف أن يطلب من رجال الأمن الموجودين أن يُشَرِّفُونا في حضور محاضرة المساء ولا يرسلوا مندوبًا عنهم يتجسس حريتنا. وافق العقيد (فلان) من شرطة العامرية، وضابط من أمن الدولة على حضور الندوة التي كانت بعنوان: حقوق الإنسان في المسيحية والإسلام. وجهزنا للضيوف مقاعدًا بجوار المنصة.

بدأ الشيخ رمضان وقال «إن الإسلام يحترم الحريات الشخصية ويحترم حرية التعبير وحقوق الإنسان» وحاول القس رفعت الاعتراض لكني طلبت منه عدم المقاطعة حتى الانتهاء من المحاضرة، ثم بدأ القس إكرام لمعي يتحدث عن الحرية الشخصية التي أعطاها الله سبحانه لكل إنسان فنحن وُلدنا أحرارًا، وليس من حق أحد أن يسلب هذه الحرية التي هي هبة من الله.

وبينما أنا أستمع لهم بإنصاتٍ شديد، جاءتني فكرة: «لماذا لا نعطي فرصة لرجال الأمن أن يعبروا عن رأيهم في هذه القضية؟»

وبعد انتهاء القس إكرام من كلامه عن حقوق الإنسان في المسيحية، استأذنت الحضور أن نستمع إلى رأي الأمن في

حقوق الإنسان. وبسرعة رفع أيمن (من الإخوان) يده إلى أعلى، فسألته ماذا تريد؟ فقال بصوت عال: «ما فيش حقوق إنسان في الأمن!» فقلت له بسرعة مُعلقًا على كلامه ومحاولًا تغيير تأثير كلماته على القاعة وتشجيع الضباط على المشاركة: «بصراحة أخي أيمن أنا أرى عكس ذلك، أرى الأمن يسهر على سلامتنا وسلامة هذا الوطن.» فقاطعني أيمن مرة أخرى وقال بصوته الجهوري وكأنه يلقي خطبة في المسجد: «دول بيسهروا على سلامة مناصبهم في أثناء "عصر مبارك".»

تكهرب الجو.. فقاطعته بشدة قائلًا: «هم الآن ضيوفٌ لنا، من فضلك لا تتكلم حتى نستمع إليهم (لاحظت أن الضابطين قد احمر وجهاهما) وبدأ سيادة العقيد وهو الأكبر سنًا، متلعثمًا كرد فعل طبيعي على ما قاله الشيخ أيمن، وقال: «نحن دائمًا نعمل ونسهر من أجل سلامة الشعب ومن أجل حفظ الأمن العام ونبذل قصارى جهدنا ونضحي براحتنا ليلًا ونهارًا ونؤمن بما جاء في وثيقة حقوق الإنسان. والحكومه المصرية وَقَّعَتْ في الأمم المتحدة على هذه الوثيقة.» أعطيت الميكروفون لضابط أمن الدولة، فأكمل الأقوال نفسها، وأثنى على ما قاله القس إكرام إن الله خلقنا أحرارًا، وعلى ما قاله الشيخ رمضان إن الإسلام يؤمن بحقوق الإنسان. صفقنا جميعًا لهم، وشكرتهما على حضورهما معنا. خشيت من فتح باب للأسئلة حتى لا ندخل في حالة من التوتر. واتجهنا للمطعم لتناول وجبة العشاء. وقبل انصراف الضابطين اعتذرت لهما على ما حدث، فقالا «نحن نعرف هؤلاء جيدًا ونعرف أفكارهم نحونا.»

وكانت المحاضرة الأخيرة في المؤتمر عن المرأة في المسيحية والإسلام، وكان من المفروض حضور متكلمات ولكنهن اعتذرن عن عدم حضور الندوة لأسباب غير معروفة، فطلبت من أختين مسلمتين وأختين مسيحيتين أن يُقدمنَ الموضوع، وبصعوبة أقنعتهن بضرورة أداء دورهن في ذلك اليوم.

وبدأت الحاجَّة مُنى في الكلام عن المرأة في الإسلام وكيف أكرمها الله سبحانه، ثم أعقبتها أخت مسلمة أخرى فقالت بالحرف الواحد: «أنا غيرانة من المرأة المسيحية بسبب الأمان الذي تتمتع به فهي لا تتعرض للتهديد بالطلاق ولا بالزوجة الثانية.» فتعالت أصوات المسلمين مُستنكرين ومُهاجمين، مما اضطرني للتدخل. وطلبت من الشيخ أحمد أن يتقدم للأمام ويدلي برأيه بهدوء، ثم تستكمل الأخت حديثها.. قال الشيخ أحمد إن الطلاق لا يتم إلا بموافقة الزوجين (الزوج والزوجة) وخصوصًا في حالة استحالة الحياة بينهما، وإن الزواج بزوجة ثانية يتم بموافقة الزوجة الأولى، وهذا أمر من الله أن يتزوج الرجل المسلم أكثر من زوجة ونحن لا نعترض على شرع الله!

وأكملت الأخت المسلمة حديثها فقالت: «اللهم لا اعتراض على الله في حكمه، لكن هناك أمرٌ صعب وهو سحق حرية المرأة بحيث أصبحت بلا إرادة وتعيش في حالة طاعة عمياء.» فقاطعها الإخوة المسلمون وعلى رأسهم الشيخ أيمن المأذون الشرعي. أوقفتُ المحاضرة وطلبت من الشيخ أن يتقدم للأمام، وطلبت من أخت مسيحية صحفية في مؤسسة روزاليوسف أن تأتي بجوار الشيخ. وسألتهما ما هو مفهوم الخضوع والطاعة؟

أجاب الشيخ أيمن أولًا فقال: «المرأة التي لا تخضع لزوجها تتعرض لغضب الله والملائكة، لأن المرأة بطبيعتها ضعيفة وتحتاج لقيادة الرجل»، قالت الأخت الصحفيه: «زوجي مهندس وعندما نشرع في بناء منزلنا فيجب أن أخضع وأوافق على كل ما يقوله. وأنا درست منهجًا في جامعة عين شمس للتربية فيجب على زوجي أن يخضع لكل التوجيهات التي أشاركه بها لتربية أولادنا بأحسن صورة.» صفق جميع الحاضرين -حتى الشيخ أيمن- لِمَا قالته الأخت. وانتهى وقت المحاضرة بسلام.

وانتهى وقت المؤتمر الأول للحوار المسيحي الإسلامي. وبعد تناول وجبة الغداء، اتجه كل واحد ناحية الأتوبيس المسافر إلى بلدته، وأنا كنت أول من أخذ مكانه في أتوبيس القاهرة لأرتاح. ومن النافذة رأيتِ مشهدًا لا يمكن أن أنساه: كل أعضاء المؤتمر يقفون معًا ولا يريدون السفر، ولسان حالهم يقول «لم نشهد مثل هذا المؤتمر في حياتنا»، وتم تبادل أرقام التليفونات وكل واحد يشد على يد الآخر بضرورة مداومة الاتصال، ثم تحركت الأتوبيسات كل في اتجاهه.

وبعد أسبوع من العودة اتصلتُ بالمهندس رمضان للاطمئنان عليه لكنه لم يرد، فعاودت الاتصال في مساء اليوم نفسه ولم أتلقَّ إجابة رغم أنني تركت رسالة. بالطبع انتابتني بعض مشاعر القلق، فتوجهت إلى مكتبه بالإدارة التعليمية وهناك وجدته في صحةٍ جيدةٍ، فسألته: «لماذا لم تُجب على اتصالاتي؟» فقال: «لازم أبلغ عن زيارتك لي للأمن!» سألته «لماذا؟» قال: «بكل أسف استدعوني في أمن الدولة في اليوم التالي من رجوعي! وسألوني من دعاك لحضور المؤتمر وماذا

فعلتم؟ وأخيرًا وعدتهم بتقديم أيَّة معلومات جديدة عنك!» سألته: «هل نحن تكلمنا أي كلام سلبي عن الإسلام؟!» قال: «ما هي دي المشكلة؛ عندما ذكرت لهم ذلك غضبوا وقالوا: حدث لك غسيل مخ في المؤتمر، قلت يا جماعة أنا مسلم متمكن ودارس، لكن ماحدث في المؤتمر جعلني أصحح مفاهيم كثيرة خاطئة عن المسيحيين ولم يدعُنِي أحد لترك الإسلام!»

قلت له «من فضلك بلغهم بزيارتي لك حتى تكون وفيًّا بوعدك ولو عايزني أقطع علاقتي بك لا مانع رغم أنك صديق غير عادي لي.» قال «نحن لا نفعل شيئًا خاطئًا، وسنستمر أصدقاء رغم أنف الجميع.»

تعجبت عندما اتصلت بالأخ وحيد وعرفت أن الأمر نفسه حدث معهم بالمنيا، وقام أمن الدولة باستجواب أغلب المشتركين في المؤتمر!

عندي سؤال لكل كنيسة في مصر: «هل من الممكن أن تقيموا مؤتمرًا مشتركًا للمسلمين وأعضاء كنيستكم بدلًا من المؤتمرات المكررة التي تعقدونها كل سنة؟»

وسؤالي الثاني: «هل من الممكن لكل واحد مسيحي في مصر أن يفتح حوارًا محترمًا مع صديقه المسلم حتى يعرف بماذا نؤمن؟ فَيَكُف الكثيرون منهم عن اضطهاد المسيحيين نتيجة اعتقادهم أنهم كفرة ومُشركين وعُباد الصليب، رغم أنه لا أحد من المسيحيين يعبد الصليب.. ويعرفون الحقيقة الغائبة عنهم أننا نحن المسيحيين موحدون بالله.

28

نَظْرَةٌ إِلَى الْمُسْتَقْبَلِ

اليوم وأنا أكتب هذا الكتاب أشعر بالصراع الذي يمر به كل مسلم يؤمن بالمسيح ويتساءل «أي طائفة أتبع؟ وما التعليم الصحيح الذي يجب أن أتمسك به؟ وهل يخرج من ديانة تطالبه بتطبيق الفروض ليدخل في ديانةٍ أخرى؟ أم يدخل في علاقة إيمانية صحيحة مع الله من خلال الإيمان بالمسيح؟!»

ولا أعرف كيف يمكن للكنيسة (بكل طوائفها) أن تساعد العابرين ليدخلوا إلى الإيمان الصحيح، وهل من الأفضل للعابرين أن يُكَوِّنُوا كيانًا جديدًا يستوعبهم؟ أم أن يبحثوا مع أنفسهم عن الطريق الأفضل لمستقبلهم؟

وأذكر مرة في زيارتي لأستراليا، أني التقيت بأحد رجال الدين المسيحي، فاقترح عليَّ أن نقضي وقتًا في جلسة دراسية حول الكتاب المقدس. في الحقيقة أنا فرحت جدًّا لهذه الفكرة واقترحت أن ندرس الأصحاح الثالث من إنجيل يوحنا.

لماذا هذا الاقتراح؟ لسببين: السبب الأول؛ أن السيد المسيح -له كل المجد- قدم لنا أهم تعليم في الإنجيل عن الولادة الجديدة أو الولادة من فوق أو الولادة الثانية أو الخليقة الجديدة (كلها مترادفات لكلمة واحدة).

ثانيًا؛ لأن موضوع الولادة من فوق من أهم نقاط الاختلاف في اللاهوت المسيحي.

رحب صديقي بهذا الاقتراح. وبعد احتساء كوب من الشاي بدأ في قراءة الأعداد الأولى من (يوحنا 3: 1-3):

﴿كَانَ إِنْسَانٌ مِنَ الْفَرِّيسِيِّينَ اسْمُهُ نِيقُودِيمُوسُ، رَئِيسٌ لِلْيَهُودِ. هذَا جَاءَ إِلَى يَسُوعَ لَيْلًا وَقَالَ لَهُ: «يَا مُعَلِّمُ، نَعْلَمُ أَنَّكَ قَدْ أَتَيْتَ مِنَ اللهِ مُعَلِّمًا، لأَنْ لَيْسَ أَحَدٌ يَقْدِرُ أَنْ يَعْمَلَ هذِهِ الآيَاتِ الَّتِي أَنْتَ تَعْمَلُ إِنْ لَمْ يَكُنِ اللهُ مَعَهُ.» أَجَابَ يَسُوعُ وَقَالَ لَهُ: «الْحَقَّ الْحَقَّ أَقُولُ لَكَ: إِنْ كَانَ أَحَدٌ لاَ يُولَدُ مِنْ فَوْقُ لاَ يَقْدِرُ أَنْ يَرَى مَلَكُوتَ اللهِ.»﴾

وقال مُعقبًا «كان نيقوديموس يُعْرَف في أوساط شعبه بأنه مُعلم ولا يفصح الإنجيل عن السبب الذي حدا بنيقوديموس إلى المجيء إلى يسوع ليلًا ربما لأنه كان يشعر بالحرج أمام الناس الذين يرونه مقبلًا إلى يسوع وربما شاهد بالأمس يسوع وهو يطرد باعة الحمام والصيارفة من الهيكل بسلطان عجيب كما جاء في ختام الأصحاح الثاني.»

(يوحنا 2: 13-16): ﴿وَكَانَ فِصْحُ الْيَهُودِ قَرِيبًا، فَصَعِدَ يَسُوعُ إِلَى أُورُشَلِيمَ، وَوَجَدَ فِي الْهَيْكَلِ الَّذِينَ كَانُوا يَبِيعُونَ بَقَرًا وَغَنَمًا وَحَمَامًا، وَالصَّيَارِفَ جُلُوسًا. فَصَنَعَ سَوْطًا مِنْ حِبَال وَطَرَدَ الْجَمِيعَ مِنَ الْهَيْكَلِ، اَلْغَنَمَ وَالْبَقَرَ، وَكَبَّ دَرَاهِمَ الصَّيَارِفِ وَقَلَّبَ مَوَائِدَهُمْ. وَقَالَ لِبَاعَةِ الْحَمَامِ: «ارْفَعُوا هذِهِ مِنْ ههُنَا! لاَ تَجْعَلُوا بَيْتَ أَبِي بَيْتَ تِجَارَةٍ!» فَتَذَكَّرَ تَلاَمِيذُهُ أَنَّهُ مَكْتُوبٌ: «غَيْرَةُ بَيْتِكَ أَكَلَتْنِي.»﴾

«وربما سمع عن تعاليم يسوع وشعر بجوع لتعليم جديد يشبع قلبة فقرر أن يَتَعَرف عليه وعلى تعاليمه، لذلك اعترف في بداية حديثه أن يسوع هو معلم أرسله الله، وكان رد يسوع أنت قصدتني لأجل التعليم لكن حاجتك الفعلية هي أن تولد ثانية لأن الخطية أفسدت الطبيعة البشرية وبهذه الطبيعة الفاسدة لا تقدر أن تدخل ملكوت الله إن لم تحصل على طبيعة جديدة. وفي كل مرة كان يسوع يقدم تعليمًا هامًّا كان يقول ﴿الحق الحق﴾، وهذه العبارة تنبهنا إلى أنه سيتبعها حقٌّ هام جدًّا. وقال له ينبغي أن تولد من فوق، أو بلُغتنا "لازم تتولد من فوق" حتى يتسنى لك الدخول الى ملكوت الله. ولم يستوعب هذا المعلم كيف يقدر شخص بالغ أن يولد ثانية فقد رأى أنه من المستحيل على أي رجل أن يدخل بطن أمه ثانية لكي يولد. لذلك قدم يسوع المزيد من الشرح قائلًا في عددي (5-6):

﴿أَجَابَ يَسُوعُ: «الْحَقَّ الْحَقَّ أَقُولُ لَكَ: إِنْ كَانَ أَحَدٌ لاَ يُولَدُ مِنَ الْمَاءِ وَالرُّوحِ لاَ يَقْدِرُ أَنْ يَدْخُلَ مَلَكُوتَ اللهِ. اَلْمَوْلُودُ مِنَ الْجَسَدِ جَسَدٌ هُوَ، وَالْمَوْلُودُ مِنَ الرُّوحِ هُوَ رُوحٌ.»﴾

ثم سألني صديقي: «ما المقصود من الماء والروح؟»

قلت له: «الماء هو كلمة الله والروح هو الروح القدس. أحد الترجمات اليونانية تفيد أن نص الآية ممكن أن يكون "الماء والروح" وممكن يكون "الماء أي الروح"، فالنص اليوناني يسمح لنا أن نقرأ عبارة "من الماء والروح" بترجمة مختلفة فحرف الواو في اليونانية **(kai)** ويمكن ترجمته إلى كلمة **(even)**، وبالتالي يمكن صياغة العبارة من الماء أي الروح.»

water even the spirit

قال: «حسب إيماني أن الماء هو المعمودية والروح هو إشارة إلى زيت الميرون الذي يرمز إلى حلول الروح القدس.»

قلت له: «بصراحة عبارة ينبغي أن تولد من فوق حيرت نيقوديموس لذلك ذكر يسوع له في عدد 6 نوعين من الولادة: ولادة جسدية وكل البشر يولدون بها (الطبيعة الإنسانية الفاسدة)؛ وولادة روحية من الله مباشرة (الطبيعة الجديدة) وفي عدد 7: ﴿لاَ تَتَعَجَّبْ أَنِّي قُلْتُ لَكَ: يَنْبَغِي أَنْ تُولَدُوا مِنْ فَوْقُ.﴾

أصبحَت دعوة يسوع هي لكل الناس أن يولدوا من فوق. وفي عدد 8: ﴿اَلرِّيحُ تَهُبُّ حَيْثُ تَشَاءُ، وَتَسْمَعُ صَوْتَهَا، لكِنَّكَ لاَ تَعْلَمُ مِنْ أَيْنَ تَأْتِي وَلاَ إِلَى أَيْنَ تَذْهَبُ. هكَذَا كُلُّ مَنْ وُلِدَ مِنَ الرُّوحِ.﴾

واستعان يسوع بالطبيعة لتوضيح حق روحي: كما أن الريح غير المنظورة تُعَبِّر عن ذاتها بتحركها وصوتها وتهبُّ حيث تشاء، هكذا من يولد من الروح، لا يخضع لقاعدة بشرية بل للروح القدس الذي يقوم بعملية التغيير الداخلي فيدركه الإنسان الجديد المولود من فوق من خلال عمله وتأثيراته، لذلك جاء في عدد 9: ﴿أَجَابَ نِيقُودِيمُوسُ وَقَالَ لَهُ: «كَيْفَ يُمْكِنُ أَنْ يَكُونَ هذَا؟»﴾

«طرح نيقوديموس سؤالًا مهمًّا وكأنه يقول: أنا موافق على احتياجي للولادة من فوق لكن كيف أحصل عليها؟ فأين إجابة هذا السؤال حسب رأيك؟»

أجاب رجل الدين: «الإجابة واضحة في عددي 5-6: ﴿أَجَابَ يَسُوعُ: «الْحَقَّ الْحَقَّ أَقُولُ لَكَ: إِنْ كَانَ أَحَدٌ لاَ يُولَدُ مِنَ الْمَاءِ وَالرُّوحِ لاَ يَقْدِرُ أَنْ يَدْخُلَ مَلَكُوتَ اللهِ. اَلْمَوْلُودُ مِنَ الْجَسَدِ جَسَدٌ هُوَ، وَالْمَوْلُودُ مِنَ الرُّوحِ هُوَ رُوحٌ.»﴾

قلت له بكل محبة: «لا بد أن إجابة السؤال ستأتي بعد السؤال أي بعد ما عَبَّرَ نيقوديموس عن رغبته في الحصول على الولادة من فوق، قائلًا: كيف يكون هذا؟»

دعنا نقرأ الأعداد من 10-13: ﴿أَجَابَ يَسُوعُ وَقَالَ لَهُ: «أَنْتَ مُعَلِّمُ إِسْرَائِيلَ وَلَسْتَ تَعْلَمُ هذَا؟! اَلْحَقَّ الْحَقَّ أَقُولُ لَكَ: إِنَّنَا إِنَّمَا نَتَكَلَّمُ بِمَا نَعْلَمُ وَنَشْهَدُ بِمَا رَأَيْنَا، وَلَسْتُمْ تَقْبَلُونَ شَهَادَتَنَا. إِنْ كُنْتُ قُلْتُ لَكُمُ الأَرْضِيَّاتِ وَلَسْتُمْ تُؤْمِنُونَ، فَكَيْفَ تُؤْمِنُونَ إِنْ قُلْتُ لَكُمُ السَّمَاوِيَّاتِ؟ وَلَيْسَ أَحَدٌ صَعِدَ إِلَى السَّمَاءِ إِلاَّ الَّذِي نَزَلَ مِنَ السَّمَاءِ، ابْنُ الإِنْسَانِ الَّذِي هُوَ فِي السَّمَاءِ.»﴾

«في هذه الأعداد يستنكر المسيح عدم فهم نيقوديموس المعلم اليهودي لهذا التعليم، وكأنه يسأله: لو أنت لا تفهم البديهيات الأرضية فكيف ستفهم الأمور السماوية؟»

وأكملت حديثي بهدوء شديد: «الأعداد من 10-13 جملة اعتراضية من المسيح على نيقوديموس وليس فيها إجابة السؤال لكن فيها إعلان سماوي أن يسوع الجالس بجوار نيقوديموس ليس مجرد معلم من الله لكنه موجود بجوار نيقوديموس وموجود في السماء في الوقت نفسه، فهو لم يكن مجرد معلم بشري أرسله الله بل هو الابن الكلمة الذي نزل من السماء. ثم أجاب على سؤال نيقوديموس في الأعداد من 14-16: ﴿وَكَمَا رَفَعَ مُوسَى الْحَيَّةَ فِي الْبَرِّيَّةِ هكَذَا يَنْبَغِي أَنْ يُرْفَعَ ابْنُ الإِنْسَانِ، لِكَيْ لاَ يَهْلِكَ كُلُّ مَنْ يُؤْمِنُ بِهِ بَلْ تَكُونُ لَهُ الْحَيَاةُ الأَبَدِيَّةُ. لأَنَّهُ هكَذَا أَحَبَّ اللهُ الْعَالَمَ حَتَّى بَذَلَ ابْنَهُ الْوَحِيدَ، لِكَيْ لاَ يَهْلِكَ كُلُّ مَنْ يُؤْمِنُ بِهِ، بَلْ تَكُونُ لَهُ الْحَيَاةُ الأَبَدِيَّةُ.﴾

كان نيقوديموس كدارسٍ للعهد القديم يُدرك ما حدث في سفر العدد (21: 5-9): ﴿وَتَكَلَّمَ الشَّعْبُ عَلَى اللهِ وَعَلَى مُوسَى قَائِلِينَ: «لِمَاذَا أَصْعَدْتُمَانَا مِنْ مِصْرَ لِنَمُوتَ فِي الْبَرِّيَّةِ؟ لأَنَّهُ لاَ خُبْزَ وَلاَ مَاءَ، وَقَدْ كَرِهَتْ أَنْفُسُنَا الطَّعَامَ السَّخِيفَ.» فَأَرْسَلَ الرَّبُّ عَلَى الشَّعْبِ الْحَيَّاتِ الْمُحْرِقَةَ، فَلَدَغَتِ الشَّعْبَ، فَمَاتَ قَوْمٌ كَثِيرُونَ مِنْ إِسْرَائِيلَ. فَأَتَى الشَّعْبُ إِلَى مُوسَى وَقَالُوا: «قَدْ أَخْطَأْنَا إِذْ تَكَلَّمْنَا عَلَى الرَّبِّ وَعَلَيْكَ، فَصَلِّ إِلَى الرَّبِّ لِيَرْفَعَ عَنَّا الْحَيَّاتِ.» فَصَلَّى مُوسَى لأَجْلِ الشَّعْبِ. فَقَالَ الرَّبُّ لِمُوسَى: «اصْنَعْ لَكَ حَيَّةً مُحْرِقَةً وَضَعْهَا عَلَى رَايَةٍ، فَكُلُّ مَنْ لُدِغَ وَنَظَرَ إِلَيْهَا يَحْيَا.» فَصَنَعَ مُوسَى حَيَّةً مِنْ نُحَاسٍ وَوَضَعَهَا عَلَى الرَّايَةِ، فَكَانَ مَتَى لَدَغَتْ حَيَّةٌ إِنْسَانًا وَنَظَرَ إِلَى حَيَّةِ النُّحَاسِ يَحْيَا.﴾

الحية تشير إلى الخطية واللعنة حسب تكوين 3، والنحاس يشير إلى تَحَمُل نار الدينونة وكشف يسوع الستار عن حق سماوي هو كيف تحدث الولادة من فوق.

ومثلما لدغت الحيات المحرقة جميع بني إسرائيل كان الموت هو النتيجة الحتمية، وعندما صرخ النبي موسى إلى الله كان الحل في عددي 8- 9 ليُعَلِمَه أن قوة الشفاء من لدغة الحية هو بالنظر إلى الحية النحاسية المعلقة على الخشبة، محكومٌ عليها باللعنة والموت لأن قوة الشفاء هي في مَنْ يتحمل الموت بدلًا عنهم، حيث أن كلمة الله ووعده لهم بالشفاء هي في خطة الله العجيبة والغريبة التي لم يستوعبها أحد منهم.

وهنا يأتي سؤال تلقائي: «لماذا ذكر يسوع موضوع الحية النحاسية لهذا المعلم؟» كان ذلك ليوضح له طريقة حصول الولادة من فوق عن طريق النظر بإيمان للمسيح المصلوب الذي مات نيابة عنا وتَحمَّل نار الدينونة وحمل

اللعنة، وكل إنسان يكتشف أنه ميت روحيًا بسبب لدغة إبليس (الخطية) يجد الحل في موت المسيح على الصليب. لذلك ذكر إشعياء (45: 22): ﴿الْتَفِتُوا إِلَيَّ وَاخْلُصُوا يَا جَمِيعَ أَقَاصِي الأَرْضِ، لأَنِّي أَنَا اللهُ وَلَيْسَ آخَرَ.﴾

من خلال أيَّة نظرة إيمانية.. مجرد التفاتة من إنسان خاطيء إلى المسيح المُعَلق على الصليب، يحصل الإنسان فورًا على الولادة من فوق، لكي لا يهلك كل من يؤمن به بل تكون له الحياة الأبدية. هذه الدعوة هي للخليقة كلها لأن يسوع يقول في عدد 16: هكذا أحب الله العالم.. أحب البشرية جمعاء ومدى محبته ظهر من كونه بذل المسيح نفسه عن الناس الخطاة لكي لا يهلك كل من يؤمن به. لقد رتب الله صراطا مستقيمًا يُمَكِّن الجميع من الحصول على الولادة الجديدة، وتصبح الحياة الأبدية ملكه منذ الإيمان، ﴿لأَنَّهُ لَمْ يُرْسِلِ اللهُ ابْنَهُ إِلَى الْعَالَمِ لِيَدِينَ الْعَالَمَ، بَلْ لِيَخْلُصَ بِهِ الْعَالَمُ. اَلَّذِي يُؤْمِنُ بِهِ لاَ يُدَانُ، وَالَّذِي لاَ يُؤْمِنُ قَدْ دِينَ، لأَنَّهُ لَمْ يُؤْمِنْ بِاسْمِ ابْنِ اللهِ الْوَحِيدِ. وَهذِهِ هِيَ الدَّيْنُونَةُ: إِنَّ النُّورَ قَدْ جَاءَ إِلَى الْعَالَمِ، وَأَحَبَّ النَّاسُ الظُّلْمَةَ أَكْثَرَ مِنَ النُّورِ، لأَنَّ أَعْمَالَهُمْ كَانَتْ شِرِّيرَةً.﴾

أجاب رجل الدين: «الموضوع انتهى في عدد 13 وليس للأعداد الباقية أيَّة علاقة بالموضوع!»

في الحقيقة أنا فوجئت بالإجابة وكنت مُحرجًا جدًّا لأني أحببت هذا الرجل وأقدِّر الفرصة التي أعطاها لي للحوار، لكني اضطررت أن أقول إن الولادة من فوق مصدرها الله وتتحقق عندما ينظر الإنسان الخاطيء إلى المسيح الذي مات على الصليب فَتَحدُث الولادة بعمل الروح القدس في قلب الإنسان وهذا الأصحاح لا يتحدث عن المعمودية.

انتهى الوقت المخصص لي لأن صديقي كان مرتبطًا بمواعيد زيارات كثيرة. ووقفنا معًا وصلى رجل الدين من أجل طلب بركة المسيح على حياتنا التي نحن في احتياج شديد إليها، ثم اشتركنا في الصلاة التي علمها المسيح لتلاميذه، وتصافحنا وانطلق إلى زيارات أخرى.

معنى المعمودية كما أومن بها

أولًا؛ ختم مَلْكِيَة: المُعَمَّد يشير إلى قبوله خلاص المسيح والإيمان بالإله الواحد الجامع، وأنه يعترف أمام الجميع أنه أضحى ملكيَّةً خاصَّةً لله.

ثانيًا؛ المعمودية رمز الخلاص من الدينونة (بطرس الأولى 3: 19-21). كما انسكب الماء على الفُلك من كل جانب وجازت تيارات غضب الله عليه وارتفع الفُلك فوقها، هكذا المُعَمَّدُون جازوا في المسيح فُلك النجاة تحت دينونة الله.

ثالثًا؛ المعمودية خِتان (كولوسِّي 2: 11-12). والقلب مكان الخِتان. وكما كان الخِتان يرمز إلى الانفصال عن العالم، فإن المعمودية اليوم أشبه بالدفن مع المسيح في القبر بعد الموت (الميت يُدفن) والقيامة معه بحياة أبدية جديدة لا تنتهي.

رابعًا؛ المعمودية إعداد للمجد (كورنثوس الأولى 2: 11-12).. إعداد المؤمنين لدخولهم السماويات.

خامسًا؛ المعمودية علامة ظاهرية لحقيقة داخلية، مثلا أبونا إبراهيم دخل الإيمان وهو أغرل وجاء الخِتان بعد الإيمان كعلامة ظاهرية لهذا الإيمان (رومية 4: 8-13 ؛ 2: 25-29).

وتوضح لنا المناقشة بين السيد المسيح والفقيه اليهودي نيقوديموس أن الولادة من فوق لا علاقة لها بالمعمودية، لكن تشبه تحول يرقة (دودة) القز إلى فراشة! الدودة قامت ببناء شرنقة من الحرير حول نفسها، ثم تحولت داخلها إلى فراشة ما زالت لديها نفس الحمض النووي، ومع ذلك فإن الفرق بين الاثنين كبيرٌ، الدودة كانت تزحف بينما تحلق الفراشة الجميلة في السماء.

الولادة من الله تعني إيجاد طبيعة جديدة روحية في داخلك.

وفي انتظار حوارتكم وتعليقاتكم بكل سعة صدر وبمحبة، لأنني ذكرت ما أفهمه من كلمة الله أن المعمودية لا تُخلِّص إنسانًا!

(أعمال الرسل 4: 12): ﴿وَلَيْسَ بِأَحَدٍ غَيْرِهِ الْخَلاَصُ. لأَنْ لَيْسَ اسْمٌ آخَرُ تَحْتَ السَّمَاءِ، قَدْ أُعْطِيَ بَيْنَ النَّاسِ، بِهِ يَنْبَغِي أَنْ نَخْلُصَ.﴾

29

المسيح والشريعة

منذ سنوات قدمت برنامجًا أسبوعيًّا في إذاعة حول العالم (مونت كارلو) بعنوان "المسيح والشريعة"، قدمته مع صديقي خادم الله الذي رحل عنا "عابد اسكندر"، وتناولت فيه علاقة المسيح بالشريعة.

أولًا؛ ما المقصود بالشريعة؟

هي الوصايا العشر التي أعطاها الله للنبي موسى بالإضافة إلى مزيد من التشريعات وصلت إلى 613 وصية. وكان على اليهودي أن يطبق هذه التشريعات كما جاء في سفر التثنيه (السفر الخامس في التوراة): ﴿وَإِنْ سَمِعْتَ سَمْعًا لِصَوْتِ الرَّبِّ إِلهِكَ لِتَحْرِصَ أَنْ تَعْمَلَ بِجَمِيعِ وَصَايَاهُ الَّتِي أَنَا أُوصِيكَ بِهَا الْيَوْمَ، يَجْعَلُكَ الرَّبُّ إِلهُكَ مُسْتَعْلِيًا عَلَى جَمِيعِ قَبَائِلِ الأَرْضِ، وَتَأْتِي عَلَيْكَ جَمِيعُ هذِهِ الْبَرَكَاتِ وَتُدْرِكُكَ، إِذَا سَمِعْتَ لِصَوْتِ الرَّبِّ إِلهِكَ.﴾ (تثنية 28: 1-2)، ومن يطبقها كلها له بركات أرضية كما جاء في الآيات من 3-14 ولكن تحت شرط أن تطيع جميع الوصايا، طاعة كاملة 100%. وفي عدد 15 تحذير: ﴿وَلكِنْ إِنْ لَمْ تَسْمَعْ لِصَوْتِ الرَّبِّ إِلهِكَ لِتَحْرِصَ أَنْ تَعْمَلَ بِجَمِيعِ وَصَايَاهُ وَفَرَائِضِهِ الَّتِي أَنَا أُوصِيكَ بِهَا الْيَوْمَ، تَأْتِي عَلَيْكَ جَمِيعُ هذِهِ اللَّعَنَاتِ وَتُدْرِكُكَ.﴾ وفي الأعداد من 16-28 لعنات أرضية، لمن يفشلون في الطاعة الكاملة!

نحن نعرف أن آدم في الجنة فشل في طاعة وصية واحدة، فكيف نتخيل أن محاولة طاعة 612 وصية من ال613 وصية يعتبر راسبًا! لأن درجة النجاح عند الله ليست 50 أو 80 أو 90 % كما تعودنا في دراستنا، لكن النجاح عند الله 100 % (طاعة كاملة لكل الوصايا).

لا تُقاس المخالفات المرورية بنوايا الشخص، ولكن بمدى السرعة التي كان يقود بها سيارته وكسره للقوانين. هكذا أيضًا في الشريعة.

ثانيًا؛ ما هو غرض الله من الشريعة؟

- أن تكون مرآة نقية ننظر إليها فنرى أنفسنا على حقيقتها، فنكتشف خطايانا الداخلية من أنانية وفساد وأفكار شريرة.

- أن تكون مقياسًا لنا فنكتشف أننا دون مقاييس الله، لأن الله قدوس وينتظر منا أن نكون قديسين. وإذا كان المقياس مصنوع من المطاط ويمكن تمديده فسوف نفشل في القياس بدقة. وإذا تم تخفيف التشريعات الإلهية لتتناسب مع قدرتنا على طاعتها فقد فقدت التشريعات قدرتها على إيقاظ ضمائرنا.

- أن تكون نورًا يرشدنا إلى الطريق المستقيم، فلا نميل يمينًا أو يسارًا.

ثالثًا؛ ماذا فعلت بنا الشريعة؟

- حاولنا استخدام الشريعة كسُلَّم نتسلقه بغرض الوصول إلى الله. فهل تجد نفسك تتسلق سلمًا في محاولة لكسب رضا الله من خلال التدين الصارم المبني على الفرائض؟
- تقود الشريعة الناس إلى اليأس بسبب استمرار الفشل في تطبيقها.
- تقود الشريعة الى الشعور بالذنب بسبب عدم النجاح الذي نصبو اليه.

موقف المسيح من الشريعة:

أولًا؛ عاش يسوع حياته كإنسان خاضع للشريعة وأطاع بدقة كل وصايا الله وحصل على درجة النجاح 100 %.

كل البشر أخطأوا، حتى الأنبياء، ما عدا يسوع لم يخطيء أبدًا..

يُسجل عنه العهد الجديد أنه .

- لم يعرف خطية: كورنثوس الثانية 21:5 ﴿لأَنَّهُ جَعَلَ الَّذِي **لَمْ يَعْرِفْ خَطِيَّةً**، خَطِيَّةً لأَجْلِنَا، لِنَصِيرَ نَحْنُ بِرَّ اللهِ فِيهِ.﴾
- لم يفعل خطية:بطرس الاولى 22:2 ﴿الَّذِي **لَمْ يَفْعَلْ خَطِيَّةً**، وَلاَ وُجِدَ فِي فَمِهِ مَكْرٌ.﴾
- ليس فيه خطية: يوحنا الاولى 5:3﴿وَتَعْلَمُونَ أَنَّ ذَاكَ أُظْهِرَ لِكَيْ يَرْفَعَ خَطَايَانَا، **وَلَيْسَ فِيهِ خَطِيَّةٌ**.﴾
- بلا خطية: عبرانيين 15:4﴿لأَنْ لَيْسَ لَنَا رَئِيسُ كَهَنَةٍ غَيْرُ قَادِرٍ أَنْ يَرْثِيَ لِضَعَفَاتِنَا، بَلْ مُجَرَّبٌ فِي كُلِّ شَيْءٍ مِثْلُنَا، **بِلاَ خَطِيَّةٍ**.﴾

- وهذا ما نطلق عليه **"بِرّ المسيح"**، لقد حصل على هذا البر لأنه عاش على أرضنا في طاعة كاملة ولم يفعل خطية. وفي إيماننا بيسوع يأخذ خطايانا على جسده المصلوب ويعطينا بره المثالي الذي يُرضي الله وهذا ما نحتاجه كما جاء في إشعياء 10:61 ﴿فَرَحًا أَفْرَحُ بِالرَّبِّ. تَبْتَهِجُ نَفْسِي بِإِلهِي، لأَنَّهُ قَدْ **أَلْبَسَنِي ثِيَابَ الْخَلاَصِ. كَسَانِي رِدَاءَ الْبِرِّ**، مِثْلَ عَرِيسٍ يَتَزَيَّنُ بِعِمَامَةٍ، وَمِثْلَ عَرُوسٍ تَتَزَيَّنُ بِحُلِيِّهَا.﴾

- عندما نصدق ما يقوله الله عنَّا (البِرّ الشرعي) تتغير علاقتنا مع الله القاضي الديان، إلى الله الآب المُحب، ولا نحتاج إلى تسلق سلم الأعمال الصالحة، لأنني حصلت على درجة النجاح 100% بسبب بر يسوع. وكلما ركزنا أكثر على **"برّ المسيح"** كلما زاد البر الحقيقي أي الطريقة التي نعيش بها حياتنا اليومية.

نوعان من البر:

- بعض الناس يحاولون الحصول على البر بأعمالهم الصالحة، لكن
النبي إشعياء يقول لهم (64: 6): ﴿قَدْ صِرْنَا كُلُّنَا كَنَجِسٍ، وَكَثَوْبِ عِدَّةٍ كُلُّ أَعْمَالِ بِرِّنَا، وَقَدْ ذَبُلْنَا كَوَرَقَةٍ، وَآثَامُنَا كَرِيحٍ تَحْمِلُنَا.﴾
- الكثير من المؤمنين بعد إيمانهم ببر يسوع رجعوا مرة أخرى لمحاولة إرضاء الله بالأعمال الصالحة وكأن بر المسيح لا يكفيهم.
- المؤمن الحقيقي يكتسي برداء بر المسيح ويعيش حياته اليومية بطريقة تظهر للآخرين بر المسيح.

ثانيًا: دعانا يسوع إلى جوهر الشريعة وركز على القلب والدوافع القلبية وليس على السلوك والمظاهر الخارجية.

- فبدلا من معالجة القتل قال في (متى 5: 22): ﴿وَأَمَّا أَنَا فَأَقُولُ لَكُمْ: إِنَّ
كُلَّ مَنْ يَغْضَبُ عَلَى أَخِيهِ بَاطِلًا يَكُونُ مُسْتَوْجِبَ الْحُكْمِ، وَمَنْ قَالَ لأَخِيهِ: رَقَا، يَكُونُ مُسْتَوْجِبَ الْمَجْمَعِ، وَمَنْ قَالَ: يَا أَحْمَقُ، يَكُونُ مُسْتَوْجِبَ نَارِ جَهَنَّمَ.﴾
- وبدلا من معالجة الزنى ركز على مصدر الزنى (متى 5: 28):
﴿وَأَمَّا أَنَا فَأَقُولُ لَكُمْ: إِنَّ كُلَّ مَنْ يَنْظُرُ إِلَى امْرَأَةٍ لِيَشْتَهِيَهَا، فَقَدْ زَنَى بِهَا فِي قَلْبِهِ.﴾
- وبدلًا من المبدإ القانوني عين بعين وسن بسن قال في (متى 5: 39):
﴿وَأَمَّا أَنَا فَأَقُولُ لَكُمْ: لاَ تُقَاوِمُوا الشَّرَّ، بَلْ مَنْ لَطَمَكَ عَلَى خَدِّكَ الأَيْمَنِ فَحَوِّلْ لَهُ الآخَرَ أَيْضًا.﴾
- وبدلا من الكراهية والعداوة قال في (متى 5: 44):
﴿وَأَمَّا أَنَا فَأَقُولُ لَكُمْ: أَحِبُّوا أَعْدَاءَكُمْ. بَارِكُوا لاَعِنِيكُمْ. أَحْسِنُوا إِلَى مُبْغِضِيكُمْ، وَصَلُّوا لأَجْلِ الَّذِينَ يُسِيئُونَ إِلَيْكُمْ وَيَطْرُدُونَكُمْ.﴾

ثالثًا: بدلًا من الطاعة العمياء للشريعة بغرض إرضاء الله لخص يسوع ال613 وصية في وصية واحدة بإنجيل (مرقس 12: 29-30): ﴿فَأَجَابَهُ يَسُوعُ: «إِنَّ أَوَّلَ كُلِّ الْوَصَايَا هِيَ: اسْمَعْ يَا إِسْرَائِيلُ. الرَّبُّ إِلهُنَا رَبٌّ وَاحِدٌ. وَتُحِبُّ الرَّبَّ إِلهَكَ مِنْ كُلِّ قَلْبِكَ، وَمِنْ كُلِّ نَفْسِكَ، وَمِنْ كُلِّ فِكْرِكَ، وَمِنْ كُلِّ قُدْرَتِكَ. هذِهِ هِيَ الْوَصِيَّةُ الأُولَى.»﴾

مامعنى هذة الوصية ؟
معناها أن العبادة لله هي حب:

- وعندما أحبه **أرنم** له تسبيحات الحب.
- وعندما أحبه **أصلي** له (حديث الحب).
- وعندما أحبه أقرأ **كتابه** الذي يكشف مدى حبه لي.
- وعندما أحبه أحب كل **من حولي** لأنهم خليقة الله الذي أحبه.

رابعًا؛ نظر المسيح إلى نظام الذبائح في شريعة العهد القديم، وأعلن أنها تشير إليه في إنجيل (مرقس 10: 45): ﴿لأَنَّ ابْنَ الإِنْسَانِ أَيْضًا لَمْ يَأْتِ لِيُخْدَمَ بَلْ لِيَخْدِمَ وَلِيَبْذِلَ نَفْسَهُ فِدْيَةً عَنْ كَثِيرِينَ.﴾

هو الذبيح الأعظم الذي بذل نفسه مرة واحدة وإلى الأبد، وحقق كل متطلبات الشريعة الالهية.

خامسًا؛ انتقد يسوع الرياء الديني:

- قال لرجال الدين في إنجيل (مرقس 7: 8): ﴿لأَنَّكُمْ تَرَكْتُمْ وَصِيَّةَ اللهِ
وَتَتَمَسَّكُونَ بِتَقْلِيدِ النَّاسِ: غَسْلَ الأَبَارِيقِ وَالْكُؤُوسِ، وَأُمُورًا أُخَرَ كَثِيرَةً مِثْلَ هذِهِ تَفْعَلُونَ.﴾
- تحدث عن مصدر النجاسة في انجيل (مرقس 7: 14 و15و20-23):

﴿ثُمَّ دَعَا كُلَّ الْجَمْعِ وَقَالَ لَهُمُ: «اسْمَعُوا مِنِّي كُلُّكُمْ وَافْهَمُوا. لَيْسَ شَيْءٌ مِنْ خَارِجِ الإِنْسَانِ إِذَا دَخَلَ فِيهِ يَقْدِرُ أَنْ يُنَجِّسَهُ، لكِنَّ الأَشْيَاءَ الَّتِي تَخْرُجُ مِنْهُ هِيَ الَّتِي تُنَجِّسُ الإِنْسَانَ... ثُمَّ قَالَ: «إِنَّ الَّذِي يَخْرُجُ مِنَ الإِنْسَانِ ذلِكَ

يُنَجِّسُ الإِنْسَانَ. لأَنَّهُ مِنَ الدَّاخِلِ، مِنْ قُلُوبِ النَّاسِ، تَخْرُجُ الأَفْكَارُ الشِّرِّيرَةُ: زِنىً، فِسْقٌ، قَتْلٌ، سِرْقَةٌ، طَمَعٌ، خُبْثٌ، مَكْرٌ، عَهَارَةٌ، عَيْنٌ شِرِّيرَةٌ، تَجْدِيفٌ، كِبْرِيَاءُ، جَهْلٌ. جَمِيعُ هذِهِ الشُّرُورِ تَخْرُجُ مِنَ الدَّاخِلِ وَتُنَجِّسُ الإِنْسَانَ.»﴾

تتحدث الشريعة عن صلب المسيح في نبوات كثيرة أهمها مزمور22 وإشعياء 53.

فما معنى الصليب؟

في الرسالة الى أهل (فيلبي 2: 2-11)، يصف الرسول بولس الجوانب الثلاثة للصليب:

- الصليب كأسلوب حياة: حياة خالية من الآنانية ومحبة الذات، والتركيز على خدمة الآخرين.

الأعداد من 2-4: ﴿فَتَمِّمُوا فَرَحِي حَتَّى تَفْتَكِرُوا فِكْرًا وَاحِدًا وَلَكُمْ مَحَبَّةٌ وَاحِدَةٌ بِنَفْسٍ وَاحِدَةٍ، مُفْتَكِرِينَ شَيْئًا وَاحِدًا، لاَ شَيْئًا بِتَحَزُّبٍ أَوْ بِعُجْبٍ، بَلْ بِتَوَاضُعٍ، حَاسِبِينَ بَعْضُكُمُ الْبَعْضَ أَفْضَلَ مِنْ أَنْفُسِهِمْ. لاَ تَنْظُرُوا كُلُّ وَاحِدٍ إِلَى مَا هُوَ لِنَفْسِهِ، بَلْ كُلُّ وَاحِدٍ إِلَى مَا هُوَ لآخَرِينَ أَيْضًا.﴾

- الصليب كثمن غالٍ: الطاعة حتى الموت- الأعداد من 5-8: ﴿فَلْيَكُنْ فِيكُمْ هذَا الْفِكْرُ الَّذِي فِي الْمَسِيحِ يَسُوعَ أَيْضًا: الَّذِي إِذْ كَانَ فِي صُورَةِ اللهِ، لَمْ يَحْسِبْ خُلْسَةً أَنْ يَكُونَ مُعَادِلاً ِللهِ. لكِنَّهُ أَخْلَى نَفْسَهُ، آخِذًا صُورَةَ عَبْدٍ، صَائِرًا فِي شِبْهِ النَّاسِ. وَإِذْ وُجِدَ فِي الْهَيْئَةِ كَإِنْسَانٍ، وَضَعَ نَفْسَهُ وَأَطَاعَ حَتَّى الْمَوْتَ مَوْتَ الصَّلِيبِ.﴾

- الصليب كنصر وقوة: القيامة والإنتصار والمُلك- الأعداد من 9-11: ﴿لِذلِكَ رَفَّعَهُ اللهُ أَيْضًا، وَأَعْطَاهُ اسْمًا فَوْقَ كُلِّ اسْمٍ لِكَيْ تَجْثُوَ بِاسْمِ يَسُوعَ كُلُّ رُكْبَةٍ مِمَّنْ فِي السَّمَاءِ وَمَنْ عَلَى الأَرْضِ وَمَنْ تَحْتَ الأَرْضِ، وَيَعْتَرِفَ كُلُّ لِسَانٍ أَنَّ يَسُوعَ الْمَسِيحَ هُوَ رَبٌّ لِمَجْدِ اللهِ الآبِ.﴾

في اليوم الذي آمنتُ فيه بالمسيح المصلوب، أخَذَ خطيتي وذنوبي وغفرها لي على حساب دمه الذي سفك بدلًا عني، وألبسني رداء البر الذي يغطيني، وحصلت على النصر الذي حققه المسيح على إبليس، وتحررت من الشريعة ونلت الحياة الأبدية.

فهل تمتعتَ بفداء المسيح، وترتديَ بِرَّه

30

لماذا أحببت يسوع؟

أبهرتني شخصية يسوع الإنسان!

فبعيدًا عن الإطار الديني، ومن جانب إنساني بحت، أرى في يسوع المسيح صورة مضيئة للإنسان الكامل، الذي حل في عالمنا وعاش على أرضنا، وواجه ظروفنا الحياتية بكل ما فيها من التحديات، لكنه ظل في حالة النقاء والطُهر، فلم يوجد في فمه غش ولا خداع ولا رياء ولا كذب، ولم يسلك في مشورة الأشرار، وفي طريق الخطاة لم يقف، وفي مجلس المستهزئين لم يجلس، بل كان ينطق بالصدق.. ويشهد بالحق.. ويعلن عن محبة الله وعن عدله وعن رحمته!

أبهرتني شخصية يسوع الإنسان!

فقد تحدى قوى الشر، وقهر الشيطان، فلم تنجح معه حيل الترهيب أو الترغيب، ولم يُجامل أو يُرائي أحدًا، بل واجه أصحاب السلطة والسطوة كاشفًا رياءهم، ولم يرهبه سلطان الظلم، بل ظل قويًا صلبًا، وتحمل الإهانة والتعيير، وواجه المكائد، وقَبِلَ أن يدفع الثمن إلى آخر قطرة من دمه!

أبهرتني شخصية يسوع الإنسان!

فلم تتملكه شهوة إنسانية، ولم تُغرِهِ ممالك الأرض، فلم يمتلك بيتًا أو سقفًا أو دابَّة يركبها أو وسادة يُسند عليها رأسه!

أبهرتني شخصية يسوع الإنسان!

الذي لم يحمل سيفًا، ولم يهدد أحدًا، بل ظل سلاحه الوحيد هو الحب الصادق الحنون الذي يأسر القلوب ويذيب القساوة والجفاء!

أبهرتني شخصية يسوع الإنسان في تعاملاته اليومية وفي ردود أفعاله الوديعة والهادئة:

فعندما واجه تلميذه الخائن يهوذا الذي جاء ليُسَلِّمه لصالبيه، قال له في شفقة ومودة: ﴿يَا صَاحِبُ، لِمَاذَا جِئْتَ؟﴾ (مت26: 50) ولو أنه قال ليهوذا: «ياخائن» لكان محقًا فيما قال!

أبهرتني شخصية يسوع الإنسان!

فقد جاء برسالة واضحة كالشمس، ولم يتحول عن الغرض الذي جاء من أجله، بل سار بخطوات ثابته نحو الصليب. ولم يستخدم سلطانه لرد الظلم الواقع عليه حتى في أحلك ساعات الليل حين كان عرقه يتصبب كقطرات الدم.

أبهرتني شخصية يسوع الإنسان في التزامه برعاية الضعفاء ورفعهم وإقامتهم وتشديدهم.

﴿قَصَبَةً مَرْضُوضَةً لاَ يَقْصِفُ، وَفَتِيلَةً مُدَخِّنَةً لاَ يُطْفِئُ، حَتَّى يُخْرِجَ الْحَقَّ إِلَى النُّصْرَةِ.﴾ (مت12: 20) كان يشجع المُضطهَدِين وينفخ حتى في شرارةٍ من الإيمان لكي تصبح لهيبًا. فالفتيلة المدخنة هي التي كادت تنطفئ، إذ قد فرغ زيتها، فما عادت تشتغل ولكنها تدخن. وهي النفوس المسكينة التي صارت مقطوعة الرجاء تقريبًا، لكن يسوع لا يفقد الرجاء في إصلاحها.

أبهرتني شخصية يسوع الإنسان الذي لم ينتقم وهو القَوِيُّ، بل قدم السماحة والغفران، بل وأوصى تلاميذه أن يغفروا لمن يسيء إليهم ويطردهم، وأن يصلوا من أجلهم ليمنحهم الله خيرًا وبركة.

أبهرتني شخصية يسوع الإنسان حين لم يعِد أتباعه بالخيرات الأرضية، أو بالسلطان أو الجاه أو السيادة أو الحكم، بل صارحهم القول إنهم سيجتازون في الضيقات والحاجة والظلم والقتل إن أخلصوا لدعوتهم.

أبهرتني شخصية يسوع الإنسان حين تعاطف مع الجميع، فقد كان يدرك أن جميع الناس ضعفاء مهما كانت مراكزهم أو سلطاتهم، ومهما غرَّهم المال أو القوة، لأنهم في النهاية يسقطون كالعشب اليابس ويهزمهم الضعف والمرض والشيخوخة.

أبهرتني شخصية يسوع الإنسان حين بكى حزنًا وألمًا على أورشليم؛ المدينة الظالمة التي رفضته وقتلته مثلما قتلت غيره من الأنبياء والمرسلين إليها، ولم تعرف ما هو لخيرها وسلامها.

أبهرتني شخصية يسوع الإنسان الذي جاء برسالة سلام، ولم يقدم لتلاميذه ميراثًا غير السلام، فحين ودعهم قال لهم: ﴿سَلاَمًا أَتْرُكُ لَكُمْ. سَلاَمِي أُعْطِيكُمْ.﴾ (يو14: 27) فما أحوج عالم اليوم إلى سلام المسيح!

أبهرتني شخصية يسوع الإنسان الذي التقيت به في يوم من الأيام، فعالج ضعفي وقبِلَ توبتي، ورفع شأني، وجعلني ابنًا من أبناء الله، بل وكلفني بحمل رسالته.. رسالة الحب والخير والرجاء لجميع البشر.

أبهرتني شخصية يسوع الإنسان الذي وجه قلبي ونظري إلى فوق، والذي منحني اليقين بالحياة الأبدية مستندًا لنعمته وغفرانه وقدرته وحبه وسلطانه، له كل المجد!

31

رِسَالَتِي الْأَخِيرَةُ

إلـى كـل شـخص آمـن بالمسيح مـن أيَّـة خلفيـة مسيحية أو إسلامية: «أنت مدعو أن تصير تلميذًا للمسيح.»

لأن المسـيح لـم يهـتم بكتابـة كتـاب لكنـه إهـتم بصـناعة التلاميذ، لأن التلمذة هي الهدف.. ذُكِرَت كلمة التلمذة 67 مرة في العهد الجديد.

وأبسط تعريف للتلمذة: التشبه بالمسيح..

﴿وَنَحْنُ نَعْلَمُ أَنَّ كُلَّ الأَشْيَاءِ تَعْمَلُ مَعًا لِلْخَيْرِ لِلَّذِينَ يُحِبُّونَ اللهَ، الَّذِينَ هُمْ مَدْعُوُّونَ حَسَبَ قَصْدِهِ. لأَنَّ الَّذِينَ سَبَقَ فَعَرَفَهُمْ سَبَقَ فَعَيَّنَهُمْ لِيَكُونُوا **مُشَابِهِينَ صُورَةَ ابْنِهِ**، لِيَكُونَ هُوَ بِكْرًا بَيْنَ إِخْوَةٍ كَثِيرِينَ.﴾
(رومية 8: 28- 29)

وتمرُّ حياة التلمذة بعدة مراحل:

﴿فَكَمَا قَبِلْتُمُ الْمَسِيحَ يَسُوعَ الرَّبَّ اسْلُكُوا فِيهِ، مُتَأَصِّلِينَ وَمَبْنِيِّينَ فِيهِ، وَمُوَطَّدِينَ فِي الإِيمَانِ، كَمَا عُلِّمْتُمْ، مُتَفَاضِلِينَ فِيهِ بِالشُّكْرِ.﴾
(كولوسِّي 2: 6- 7)

1.مرحلة المؤمن المبتديء – (النمو في تعميق الجذور):

- **الجذر الأول - يقين الخلاص:** ﴿خِرَافِي تَسْمَعُ صَوْتِي، وَأَنَا أَعْرِفُهَا فَتَتْبَعُنِي. وَأَنَا أُعْطِيهَا حَيَاةً أَبَدِيَّةً، وَلَنْ تَهْلِكَ إِلَى الأَبَدِ، وَلاَ يَخْطَفُهَا أَحَدٌ مِنْ يَدِي. أَبِي الَّذِي أَعْطَانِي إِيَّاهَا هُوَ أَعْظَمُ مِنَ الْكُلِّ، وَلاَ يَقْدِرُ أَحَدٌ أَنْ يَخْطَفَ مِنْ يَدِ أَبِي.﴾ (يوحنا 10: 27–29)

- **الجذر الثاني - يقين استجابة الصلاة:** ﴿إِلَى الآنَ لَمْ تَطْلُبُوا شَيْئًا بِاسْمِي. اُطْلُبُوا تَأْخُذُوا، لِيَكُونَ فَرَحُكُمْ كَامِلاً.﴾ (يوحنا 16: 24)

الجذر الثالث - يقين الغفران: ﴿إِنِ اعْتَرَفْنَا بِخَطَايَانَا فَهُوَ أَمِينٌ وَعَادِلٌ، حَتَّى يَغْفِرَ لَنَا خَطَايَانَا وَيُطَهِّرَنَا مِنْ كُلِّ إِثْمٍ.﴾ (1يوحنا 1: 9)

الجذر الرابع - يقين الانتصار: ﴿لَمْ تُصِبْكُمْ تَجْرِبَةٌ إِلاَّ بَشَرِيَّةٌ. وَلكِنَّ اللهَ أَمِينٌ، الَّذِي لاَ يَدَعُكُمْ تُجَرَّبُونَ فَوْقَ مَا تَسْتَطِيعُونَ، بَلْ سَيَجْعَلُ مَعَ التَّجْرِبَةِ أَيْضًا الْمَنْفَذَ، لِتَسْتَطِيعُوا أَنْ تَحْتَمِلُوا.﴾ (1كورنثوس 10: 13)

الجذر الخامس - يقين الإرشاد: ﴿تَوَكَّلْ عَلَى الرَّبِّ بِكُلِّ قَلْبِكَ، وَعَلَى فَهْمِكَ لاَ تَعْتَمِدْ. فِي كُلِّ طُرُقِكَ اعْرِفْهُ، وَهُوَ يُقَوِّمُ سُبُلَكَ﴾ (أمثال3:5-6)

2.مرحلة التابع المُكرَّس (أخذ قرار تكريس حياته للمسيح):

- المسيح يملك على حياة المؤمن (يصبح مركز الحياة): ﴿وَهُوَ مَاتَ لأَجْلِ الْجَمِيعِ كَيْ يَعِيشَ الأَحْيَاءُ فِيمَا بَعْدُ لاَ لأَنْفُسِهِمْ، بَلْ لِلَّذِي مَاتَ لأَجْلِهِمْ وَقَامَ.﴾ (2كورنثوس 5: 15).
- تمثل الكلمة والصلاة قناتي الري الرأسية للمؤمن الذي يكرس حياته للخضوع للكلمة كمصدر للنور

خاتمة: معاناة العابرين

(مز 119: 105): ﴿سِرَاجٌ لِرِجْلِي كَلاَمُكَ وَنُورٌ لِسَبِيلِي.﴾، وللصلاة كمصدر للحديث مع الله ﴿وَيُكَلِّمُ الرَّبُّ مُوسَى وَجْهًا لِوَجْهٍ، كَمَا يُكَلِّمُ الرَّجُلُ صَاحِبَهُ.﴾(خر 33: 11)

- تصبح شركته مع المؤمنين هي الجزء الأول من قناة الفيض الأفقية كمصدر تطوير وثقل لحياته، (أمثال 27: 17): ﴿الْحَدِيدُ بِالْحَدِيدِ يُحَدَّدُ، وَالإِنْسَانُ يُحَدِّدُ وَجْهَ صَاحِبِهِ.﴾

- تصبح شهادته عن عمل المسيح في حياته وكرازته اليومية، هي الجزء الثاني من قناة الفيض الأفقية تساعده على النمو، ﴿فَلَمْ يَدَعْهُ يَسُوعُ، بَلْ قَالَ لَهُ: «اذْهَبْ إِلَى بَيْتِكَ وَإِلَى أَهْلِكَ، وَأَخْبِرْهُمْ كَمْ صَنَعَ الرَّبُّ بِكَ وَرَحِمَكَ.»﴾ (مر 5: 19) كما هو موضح بالرسم.

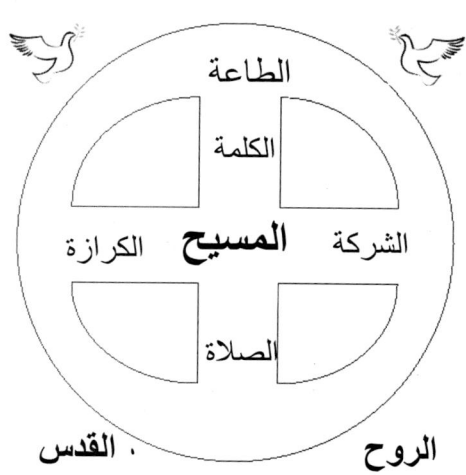

3. مرحلة التلميذ - الخضوع لشروط التلمذة:

الدخول للملكوت لا يُكلف أي شيء،أما رسم التلمذة فيكلف كل شيء.

- ﴿وَكَانَ جُمُوعٌ كَثِيرَةٌ سَائِرِينَ مَعَهُ، فَالْتَفَتَ وَقَالَ لَهُمْ: «إِنْ كَانَ أَحَدٌ يَأْتِي إِلَيَّ وَلاَ يُبْغِضُ أَبَاهُ وَأُمَّهُ وَامْرَأَتَهُ وَأَوْلاَدَهُ وَإِخْوَتَهُ وَأَخَوَاتِهِ، حَتَّى نَفْسَهُ أَيْضًا، فَلاَ يَقْدِرُ أَنْ يَكُونَ لِي تِلْمِيذًا. وَمَنْ لاَ يَحْمِلُ صَلِيبَهُ وَيَأْتِي وَرَائِي فَلاَ يَقْدِرُ أَنْ يَكُونَ لِي تِلْمِيذًا. وَمَنْ مِنْكُمْ وَهُوَ يُرِيدُ أَنْ يَبْنِيَ بُرْجًا لاَ يَجْلِسُ أَوَّلًا وَيَحْسِبُ النَّفَقَةَ، هَلْ عِنْدَهُ مَا يَلْزَمُ لِكَمَالِهِ؟ لِئَلاَّ يَضَعَ الأَسَاسَ وَلاَ يَقْدِرَ أَنْ يُكَمِّلَ، فَيَبْتَدِئَ جَمِيعُ النَّاظِرِينَ يَهْزَأُونَ بِهِ، قَائِلِينَ: هذَا الإِنْسَانُ ابْتَدَأَ يَبْنِي وَلَمْ يَقْدِرْ أَنْ يُكَمِّلَ. وَأَيُّ مَلِكٍ إِنْ ذَهَبَ لِمُقَاتَلَةِ مَلِكٍ آخَرَ فِي حَرْبٍ، لاَ يَجْلِسُ أَوَّلًا وَيَتَشَاوَرُ: هَلْ يَسْتَطِيعُ أَنْ يُلاَقِيَ بِعَشَرَةِ آلاَفٍ الَّذِي يَأْتِي عَلَيْهِ بِعِشْرِينَ أَلْفًا؟ وَإِلاَّ فَمَا دَامَ ذلِكَ بَعِيدًا، يُرْسِلُ سِفَارَةً وَيَسْأَلُ مَا هُوَ لِلصُّلْحِ. فَكَذلِكَ كُلُّ وَاحِدٍ مِنْكُمْ لاَ يَتْرُكُ جَمِيعَ أَمْوَالِهِ، لاَ يَقْدِرُ أَنْ يَكُونَ لِي تِلْمِيذًا. (لوقا 14: 25-35).
- الشرط الأول: يبغض كل الأقرباء، أي لا يسمح لأحد أن يأخذ الأولية، غير المسيح.
- الشرط الثاني يُنكر(يُبغض) نفسه، الكف عن معرفة أنفسنا، والتركيز على معرفة المسيح .
- الشرط الثالث: يحمل صليبه، (الإستعداد الدائم للموت من أجل المسيح).

- الشرط الثالث: يحسب النفقة، هل قراره بإتباع المسيح صحيح، وقادر على الإستمرارية رغم الصعوبات.

- الشرط الرابع: يترك محبته للمال، أي يتحرر من سلطان المال على حياته.

4. مرحلة المُتلمِذ:

- ﴿وَمَا سَمِعْتَهُ مِنِّي بِشُهُودٍ كَثِيرِينَ، أَوْدِعْهُ أُنَاسًا أُمَنَاءَ، يَكُونُونَ أَكْفَاءً أَنْ يُعَلِّمُوا آخَرِينَ أَيْضًا.﴾ (2 تيموثاوس 2: 2)
- الرسول بولس ربح تيموثاوس للمسيح، وعَلَّمَهُ أن يكرز ويُتلمذ لآخرين لهم الرؤية نفسها ليكرزوا ويُتلمذوا آخرين يكونون قادرين على الكرازة لمن حولهم.. (أربعة أجيال).
- ﴿لأَنَّكُمْ أَنْتُمْ أَيُّهَا الإِخْوَةُ تَعْلَمُونَ دُخُولَنَا إِلَيْكُمْ أَنَّهُ لَمْ يَكُنْ بَاطِلًا، بَلْ بَعْدَ مَا تَأَلَّمْنَا قَبْلًا وَبُغِيَ عَلَيْنَا كَمَا تَعْلَمُونَ، فِي فِيلِبِّي، جَاهَرْنَا فِي إِلهِنَا أَنْ نُكَلِّمَكُمْ بِإِنْجِيلِ اللهِ، فِي جِهَادٍ كَثِيرٍ. لأَنَّ وَعْظَنَا لَيْسَ عَنْ ضَلاَل، وَلاَ عَنْ دَنَسٍ، وَلاَ بِمَكْرٍ، بَلْ كَمَا اسْتُحْسِنَّا مِنَ اللهِ أَنْ نُؤْتَمَنَ عَلَى الإِنْجِيلِ، هكَذَا نَتَكَلَّمُ، لاَ كَأَنَّنَا نُرْضِي النَّاسَ بَلِ اللهَ الَّذِي يَخْتَبِرُ قُلُوبَنَا. فَإِنَّنَا لَمْ نَكُنْ قَطُّ فِي كَلاَمِ تَمَلُّق كَمَا تَعْلَمُونَ، وَلاَ فِي عِلَّةِ طَمَعٍ. اَللهُ شَاهِدٌ. وَلاَ طَلَبْنَا مَجْدًا مِنَ النَّاسِ، لاَ مِنْكُمْ وَلاَ مِنْ غَيْرِكُمْ مَعَ أَنَّنَا قَادِرُونَ أَنْ نَكُونَ فِي وَقَارٍ كَرُسُلِ الْمَسِيحِ. **بَلْ كُنَّا مُتَرَفِّقِينَ فِي وَسَطِكُمْ كَمَا تُرَبِّي الْمُرْضِعَةُ أَوْلاَدَهَا**، هكَذَا إِذْ كُنَّا حَانِّينَ إِلَيْكُمْ، كُنَّا نَرْضَى أَنْ نُعْطِيَكُمْ، لاَ إِنْجِيلَ اللهِ فَقَطْ بَلْ أَنْفُسَنَا أَيْضًا، لأَنَّكُمْ صِرْتُمْ مَحْبُوبِينَ إِلَيْنَا. فَإِنَّكُمْ تَذْكُرُونَ أَيُّهَا الإِخْوَةُ تَعَبَنَا وَكَدَّنَا، إِذْ كُنَّا نَكْرِزُ لَكُمْ بِإِنْجِيلِ اللهِ، وَنَحْنُ عَامِلُونَ لَيْلًا وَنَهَارًا كَيْ لاَ نُثَقِّلَ عَلَى أَحَدٍ مِنْكُمْ. أَنْتُمْ شُهُودٌ، وَاللهُ، كَيْفَ

بِطَهَارَةٍ وَبِبِرّ وَبِلاَ لَوْمٍ كُنَّا بَيْنَكُمْ أَنْتُمُ الْمُؤْمِنِينَ. كَمَا تَعْلَمُونَ كَيْفَ كُنَّا نَعِظُ كُلَّ وَاحِدٍ مِنْكُمْ **كَالأَبِ لأَوْلاَدِهِ، وَنُشَجِّعُكُمْ.**﴾ (1 تسالونيكي2: 1-11)

- المُتَلمِذ يتمتع بقلب "أب" يتحنن على أولاده المؤمنين
- المُتَلمِذ يكون (كالمُرضِعَة)، فيهتم بالمؤمنين الجُدد.

5. مرحلة التشبه بالمسيح:

الهدف أن تكون شبه المسيح. رسالة رومية (29:8)

﴿لأَنَّ الَّذِينَ سَبَقَ فَعَرَفَهُمْ سَبَقَ فَعَيَّنَهُمْ لِيَكُونُوا مُشَابِهِينَ صُورَةَ ابْنِهِ، لِيَكُونَ هُوَ بِكْرًا بَيْنَ إِخْوَةٍ كَثِيرِينَ.﴾

تكون شبه المسيح في محبته للخطاة (لو15: 1-2)

﴿وَكَانَ جَمِيعُ الْعَشَّارِينَ وَالْخُطَاةِ يَدْنُونَ مِنْهُ لِيَسْمَعُوهُ. فَتَذَمَّرَ الْفَرِّيسِيُّونَ وَالْكَتَبَةُ قَائِلِينَ: «هذَا يَقْبَلُ خُطَاةً وَيَأْكُلُ مَعَهُمْ!»﴾

تكون شبه المسيح في وداعته (مت11: 29)

﴿احْمِلُوا نِيرِي عَلَيْكُمْ وَتَعَلَّمُوا مِنِّي، لأَنِّي وَدِيعٌ وَمُتَوَاضِعُ الْقَلْبِ، فَتَجِدُوا رَاحَةً لِنُفُوسِكُمْ.﴾

تكون شبه المسيح في غفرانه (لو23: 34)

﴿فَقَالَ يَسُوعُ: «يَاأَبَتَاهُ، اغْفِرْ لَهُمْ، لأَنَّهُمْ لاَ يَعْلَمُونَ مَاذَا يَفْعَلُونَ.»﴾

- تكون شبه المسيح في خدمته (مر10: 45) ﴿لأَنَّ ابْنَ الإِنْسَانِ أَيْضًا لَمْ يَأْتِ لِيُخْدَمَ بَلْ لِيَخْدِمَ وَلِيَبْذِلَ نَفْسَهُ فِدْيَةً عَنْ كَثِيرِينَ.﴾

خاتمة:

معاناة العابرين

كل مسلم آمن بالمسيح يواجه مجموعة هائلة من المشكلات والصعوبات:

- نظرة عائلته له باعتباره سبب العار والفضيحة لهم.
- نظرة المجتمع الإسلامي له باعتباره مرتد يستوجب القتل.
- الطرد من الدراسة أو من العمل بأيَّة حجة.
- التعرض لفقدان أسرته والانفصال عنهم.
- مطاردة أمن الدولة لهم أينما ذهبوا.
- صعوبة تعليم أولادهم الإيمان الجديد.
- فقدان كل ممتلكاته المالية.

ما الحل الذي تقدمه الكنيسة لهم؟

- هل يمكن اعتبار المؤمن الجديد هو مسلم موحد بالله من خلال المسيح، ولا نُطلق عليه لقب مسيحي حتى يتجنب إثارة مشاعر الكراهية؟
- هل يمكن أن يحتفظ بإسمه كما هو دون تغيير؟

- هل من الممكن أن نعلمه أن يحتفظ بأسرته ويعيش في وسطهم ليكون نورًا لهم؟
- هل من الممكن إيجاد نظام تعليمي في بيوتهم حتى نساعدهم على تعليم أولادهم ما يرغبون فيه؟
- هل من الممكن أن نثق فيهم بدون أي شك ونترك المستقبل يكشف عن حقيقة إخلاصهم؟
- هل من الممكن أن يحدث زواج من أي طرف دون انزعاج؟
- هل من الممكن أن نفتح لهم أبواب العمل ليعيشوا حياة شريفة تحفظهم من الاحتياج والتجريح.

أخيرًا أيها الأحباء..

إن كانت لديكم أيَّة اقتراحات أخرى، يمكنكم أن ترسلوها لنا لنستفيد منها.

عزيزي القارئ الكريم..

من فضلك، اكتب رأيك في الكتاب وتعليقك في ثلاثة سطور، فلربما أتمكن من تضمينه في الطبعة الثانيه للكتاب.

من فضلك، اكتب لي أيَّة أسئلة ترغب في الحصول على إجابة لها.

اقتراح:

يمكن دراسة هذا الكتاب

في المجموعات الصغيرة لإعداد الخدام للكرازة العملية.

يمكنك مُتابعتي كل يوم سبت

في برنامج "أولاد إبراهيم" على قناة "الكرمة" الفضائية

الساعة الثانية عشر والنصف ظهرًا بتوقيت كاليفورنيا.

www.alkarmatv.com

إذا رغبت في مراسلتي، يمكنك الكتابة إليَّ على البريد الألكتروني:

sam_faw@hotmail.com

Sam.faw.khair@gmail.com

ويمكنك أيضًا الاتصال بي على تليفون: 303-4752 (626) 1+